기꺼이
나의 죽음에
동의합니다

기꺼이
나의 죽음에
동의합니다

진 마모레오, 조해나 슈넬러 지음 | 김희정 옮김

있는 힘껏 산다는 것,
최선을 다해 죽는다는 것

위즈덤하우스

욜란다 마틴스에게 이 책을 바친다.

관대함과 품위를 잃지 않고
존엄한 죽음을 추구한 그녀로 인해
나의 내적 여정이 시작되었고,
이 책이 태어났다.

기러기

메리 올리버

착한 사람이 아니어도 괜찮아.

사막 수백 리를

무릎으로 걸으며 참회하지 않아도 괜찮아.

연약한 동물인 네 몸이 사랑하는 것을 사랑하도록 허락하면 돼.

절망에 대해 들려줘, 너의 절망, 그러면 나의 절망도 들려줄게.

그런 동안에도 세상은 돌아가지.

그러는 동안에도 태양과 투명한 조약돌 같은 빗방울들은

세상의 풍경을 아우르며

대초원과 우거진 숲과,

산과, 강을 훑으며 지나갈 거야.

그러는 동안에도 기러기들은 맑고 푸른 창공을 날으며

다시 집으로 향할 거야.

당신이 누구든, 얼마나 외롭든,

세상은 당신의 상상에 자신을 맡긴 채,

기러기처럼 당신에게 외치리니, 기칠고도 들뜬 목소리로,

거듭 거듭 외치리니,

세상이라는 가족 안에 당신의 자리가 있다고.

● 차례 ●

일러두기

* 본문의 주는 모두 옮긴이의 주다.
* 외국어 인명, 지명은 국립국어원 외래어표기법을 따랐다. 다만 국내에서
  관습적으로 굳어져 통용되는 경우는 그대로 표기했다.

프롤로그

욜란다, 파트 1

욜란다 마틴스의 삶을 끝맺게 할 약을 오전 10시에 투여하기로 되어 있었다. 그런데 딱 한 가지 문제가 있었다. 혈관에 주사 바늘을 삽입해야 할 간호사가 아직 도착하지 않은 것이다.

집 안의 분위기는 이미 엘리베이터보다 더 많이 오르락내리락하고 있었다. 욜란다의 가족과 친구 열두어 명이 그녀와 작별하기 위해 모여 있었다. 쾌활하고 도회적인 사람들이다. 토론토 아넥스에 있는 빅토리아 시대 건물을 세심하게 복원한 이곳은 욜란다의 친구 패티의 집이다. 누군가가 트리 장식용 꼬마전구들을 줄줄이 걸어뒀다. 모여든 사람들 중 일부는 커피를 만들어 마시고 일부는 테킬라와 샴페인을 손에 들고 있어서, 부엌에 있는 잔이란 잔은 모두 동원된 듯했다. 부엌에는 커다란 정사각형 아일랜드 식탁뿐 아니라 보이는 곳마다 꽃다발과 갑 휴지가 놓여 있다. 짓궂은 유머 감각을 지닌 욜란다는 경쾌한 분위기의 '죽음 플레이리스트'를 만들었고, 그녀와 그녀를 사랑하는 사람들은 한 시간 내내 이야기를 나누고, 울고, 웃고, 춤추고, 〈영원히 젊기를Forever Young〉과 〈카르마 카멜레온Karma Chameleon〉을 고래고래 따라 불렀다. 하지만 10시라는 운명의 시간이 다가왔다가 지나가자, 사람들이 나를 흘끔흘끔 쳐다보기 시작했다.

● ● ●

때는 2018년 7월, 내가 처음으로 누군가를 도와 죽음을 맞이하게 한 지도 18개월이 지났으니 이 일의 엄청난 장점을 여러 번 경험한 후였다. 마지막으로 동의 의사를 밝힐 때 환자의 얼굴에 떠오르는 안도의 표정. 지금 욜란다를 위해 모인 사람들처럼, 사랑하는 사람이 스스로 정한 규칙에 따라 (많은 경우) 자신의 침대 위에서 죽음을 맞이하는 것을 목격하기 위해 모인 이들이 자아내는 슬프면서도 기쁜 기운. 후에 나를 꼭 껴안고, 내 옆에 가까이 앉아 지금 막 이별을 고한 사람에 관한 이야기를 해주는 가족들. 내가 눈물을 흘리는 건 바로 그즈음이다. 나는 거의 대부분 울곤 한다.

내가 욜란다를 처음 만난 것은 2017년 11월이었다. 그녀는 확실한 환자 중 한 명이었다. 나이는 마흔다섯 살밖에 되지 않았지만 희귀 폐 질환으로 30년간 투병 생활을 해온 터였다. 그 럼에도 그녀는 대단한 삶을 살아왔다. 하버드대학교의 과학 연구원이었고, 비행기에서 뛰어내리는가 하면 산호초가 있는 깊은 바다로 뛰어들기도 했다. 강한 성격의 소유자여서 친구들은 농담으로 그녀를 보스라고 불렀다. 욜란다는 원하는 걸 결국 쟁취하는 사람이라는 말도 자주 했다. 하지만 지난 2년 사이 대단했던 삶의 범위가 많이 줄어들어서 약, 서류, 통증으로만 점철된 생활을 하게 됐다. 돈도 없었고, 남자 친구도 없었고, 에너지도 고갈됐으며, 집중력도 점점 줄어들기 시작했다. 다른 선택의 여지가 없어진 그녀는 토론토에서 동쪽으로 한 시간가량 떨어진 휘트비의 부모님 집으로 이사를 하고, 가끔 이곳 패티네서 머무르곤 했다. 욜란다는 자신의 본래 모습을 점점 잃어가고 있었다. 떠날 때가 된 것이다.

그리고 그날이 왔다. 욜란다는 줄무늬 셔츠와 레깅스에 연한 청색 실크 가운을 걸치고 벨벳 슬리퍼를 신었다. 거기에 더해 산소통과 연결된 투명한 플라스틱 관을 목에 한 번 느슨하게 감고, 그 끝을 코에 꽂았다. 관이 충분히 길었기 때문에 거실, 식당, 부엌이 모두 한 공간으로 연결된 1층을 자유롭게 누비면서 자기 죽음을 축하하는 칵테일 파티의 주인 행세를 톡톡히 해냈다. 시간이 째깍째깍 흘러갔다. 모든 사람이 내가 욜란다의 마지막 여정을 시작해주기를 원한 건 아니었지만, 정해진 시간이 되자 모두 각오를 단단히 했다. 여분의 시간은 반가우면서도 어색했다.

그사이 내 시선은 계속 문 쪽을 향했다. 아무도 눈치채지 못하게 슬쩍 사무실에 전화를 했었다. 우리는 쇠약하고 나이 든 환자들에게 혈관 주사를 놓는 데 익숙한 커뮤니티 홈케어 센터에서 일하는 간호사들의 도움을 받고 있었다. 에이전시에서 분명 내 요청에 응답을 했었는데, 간호사는 도대체가 감감무소식이었다. 마음이 급해진 나는 비상시에 연락하는 간호사들 중 한 명인 유리에게 전화를 했다. 그가 늘 보여주는 초자연적인 평정심은 하늘 아래에 불가능한 일이 없을 것 같은 느낌을 갖게 한다. 그는 회의 참석 중이었지만 바로 차를 타고 와주겠다고 했다.

10시 20분에 나는 사람들에게 말했다. "오늘 같은 날은 가능한 한 모든 것을 철저하게 준비하려고 하는데 마음대로 되지 않을 때가 있어요." 나는 늘 단도직입적으로 말하곤 한다. 사람들이 그것을 원한다는 걸 알게 되었기 때문이다. 이 단계, 이 마지막 단계에 이른 사람들에게는 미사여구가 필요 없다. 자신이 처한 상황이 어떤지 너무도 잘 알고 있는 사람들 아닌가.

"혈관 주사를 놓기로 한 간호사가 오지 않았어요." 내가 설명했다. "하지만 다른 간호사가 오고 있는 중입니다. 20분 정도 걸릴 거예요."

잠깐 침묵이 흘렀다가 대화와 음악이 다시 시작됐다. 욜란다의 동생이 가까운 데 있는 주류 판매점으로 뛰어갔다. 그 가게가 오전 10시에 연다는 사실은 묘하게 불행 중 다행으로 느껴졌다. 그는 샴페인을 더 사 왔고, 누군가가 음악의 볼륨을 높였다.

사실 문제가 하나 더 있었다. 하지만 나는 언급하지 않았고,

욜란다도 하지 않았다. 대부분의 의료 조력 사망Medical Assis-tance in Dying, MAiD은 시간에 구애받지 않는다. 마지막 순간은 결국 오게 되어 있고, 몇 분 일찍 혹은 늦게 온다 해도 별 상관이 없다. 하지만 욜란다의 의료 조력 사망에는 데드라인이 있었다. 자신이 죽을 것이라는 사실, 정말로 죽을 것이라는 사실에 의문의 여지가 없게 되자 욜란다는 그것이 헛되지 않은 죽음이 되어야 한다고 결심했다. 그녀는 자신의 질병이 남긴 룬 문자 같은 수수께끼가 새겨진 폐를 토론토 종합병원 병리학과에 기증할 예정이었다. 병리학과에서는 그녀의 시신에서 폐를 꺼내기 위해 오후 1시에 수술실을 예약해두었다. 나는 장의사가 그녀의 시신을 패티의 집에서 병원으로, 거기서 다시 장의사 측으로 운반할 수 있도록 예약했다. 그녀를 실망시킬 수 없었고, 실망시키지 않을 생각이었다. 차질 없이 해내겠다고 그녀에게 약속했었다.

나는 침착함을 절대 잃지 않겠다는 결의를 다시 한번 다졌다. 그러나 욜란다, 확신에 차 있는 그녀는 감정을 감출 필요가 없었다. 이 순간은 그녀의 짧은 삶 대부분의 기간 동안 끊임없이 다가오고 있었고, 이제 그녀는 도망치는 대신 그것을 가까이 끌어당겨 품었다. 그녀가 봄에 한 이야기가 계속 떠올랐다. 영적 돌봄 서비스를 원한다는 그녀를 도와 이를 공식적으로 요청했지만 시스템의 문제로 실현되지 않은 후, 그녀는 이 짐을 혼자 지고 살아나가기가 너무 고단하다고 말했다.

우리도 애를 쓰지 않은 건 아니다. 그러나 입원한 환자에게는 온갖 도움이 마련되어 있었지만, 욜란다처럼 치명적인 질병을 앓으면서도 집에서 지내는 환자를 도와줄 수 있는 상담사는 없었다. 영적 지원을 해줄 수 있는 상담사와 그녀를 연결해주려 했던 병원 관계자는 미안하다고 했다. 나도 미안했다.

그러나 상담사를 만나는 것이 현실화되지 않은 후 욜란다는 새로운 계획을 세웠다. "박사님이 내 이야기를 해주세요." 그녀가 내게 말했다. 그것은 부탁이 아니었다.

그렇게 해서 이 책의 여정이 시작됐다.

시작

이건 옳은 일이야,
내가 적임자야!

나는 표정과 감정을 모두 중립 상태로 유지했다. 그러나 서서히 나 자신으로 돌아오면서 나의 반응은 죽음과 관련된 것이 아니라는 생각이 들었다. 내게 영향을 준 것은 과정 자체였다. 너무도 형식적이고, 일상적이고, 임상적인 느낌의 과정이었다. 차가웠다.

그것은 내가 의학 조력 사망을 시행하겠다고 결심했을 때 상상했던 것이 아니었다. 모든 '시행'이 이렇게 비인간적인 느낌이라면 어쩌지?

2015년 2월 6일. 흐린 날이었다. 아침 7시, 나는 시내에 있는 체육관의 러닝머신 위에서 출근 전 운동을 마무리하고 있었다. 눈 높이 위에 설치된 텔레비전은 뉴스 채널에 맞춰져서 일상적인 뉴스와 교통 상황, 날씨 예보 등이 보도되고 있었다. 과도하게 바삐 돌아가는 머리로 과도하게 바쁜 그날의 일과를 점검하고 있었기 때문에 뉴스에는 별다른 주의를 기울이고 있지 않았다.

그때 모든 것을 뒤바꾼 단어들이 화면 아래 자막으로 올라왔다. 카터가 국가를 상대로 낸 소송에 대한 캐나다 대법원의 판결이 오랜 논쟁 끝에 드디어 나왔다는 소식이었다. 판결은 9 대 0,

만장일치였다. 심각한 질환을 가진 사람이 조력 사망을 요청하는 것을 금지하는 것은 캐나다의 인권 및 자유 헌장, 특히 개인의 삶과 자유, 안전을 보장받을 권리에 어긋난다는 판결이 나온 것이다. 법원은 의사가 환자의 사망을 돕는 것을 금지하는 형법 조항이 헌법에 어긋난다는 사실을 인정했다. 그리고 각 지방 정부에는 이 새로운 법을 반영할 법안의 틀을 짜는 데 1년의 기간이 주어졌다.

다시 말해서, 지금까지 계속 고통을 견디거나 불법으로 생을 마감할 방법을 찾는 식의 암울하기 짝이 없는 선택지밖에 허락되지 않았던 캐나다인은 이제 1년이 지나고 나면 인도적이며, 신뢰할 수 있고, 합법적인 죽음을 요청할 수 있게 된 것이다.

나는 러닝머신에서 내려와 헐떡거리며 텔레비전 화면을 뚫어져라 쳐다봤다. 처음 숨을 들이켤 때는 놀라운 마음이었지만, 두 번째 숨에는 감격했고, 세 번째 숨에는 결의를 다졌다. 바로 이 일을 내 다음 커리어이자, 마지막 커리어로 삼겠다는 결심. 조력 사망을 오랫동안 지지했지만 내가 죽기 전에 이 일이 가능해지리라고는 생각지도 못했다. 이제 사람들이 자신의 삶을 마감하는 것을 도우면서 45년에 걸친 의사로서의 내 커리어를 끝마칠 수 있게 된 것이다.

당시를 돌이켜보면, 약간의 허세가 느껴지기도 한다. '이건 옳은 일이야! 내가 적임자야!' 나는 토론토에서 가족 의료를 위해 거의 50년을 일해오면서 환자와 가정의 사이의 오랜 인연과 친근하고 전면적인 관계가 가져오는 장점들을 경험했다. 요람에서 무덤까지 환자를 돌보는 것이 의사로서의 내 이상이었다. 환자를 청소년기부터 돌보기 시작해서 끝까지 가는 것 말이다. 젊은 환자들이 "제가 죽을 때까지는 은퇴하시면 안 돼요!"라고 하면 나는 "겁내지 말아요, 내가 먼저 죽을 테니까"라고 대답하곤 했다.

하지만 본인이 원하는 생애 말기 돌봄을 제공해주지 못하는 환자가 많았다. 중병을 앓는 사람이나 치매가 진행되고 있는 사람들은 생명 연장을 위한 치료를 원치 않았다. 그들은 순조롭게 세상을 떠나도록 내가 도와주기를 원했다. 끔찍한 고통 속에서 마지못해 살면서 가장 기본적인 개인 위생까지 다른 사람의 신세를 지고 싶어 하지 않았다. 자녀도 못 알아볼 정도로 치매가 진행될 때까지 살고 싶어 하지 않았다. 그런 환자들 중 너무 많은 수가 갑자기 사라지곤 했다. 그들을 매우 잘 아는 나는 그 이유를 이해했다. 자기 손으로 문제를 해결한 것이다. 내게도 말하지 못한 것은 내가 조금이라도 그들을 도왔다는 단서가 나오면 나는 형사법에 의해 처벌될 것이기 때문이었다.

내 환자들은 모두 최선의 케어를 받을 수 있도록 내가 그들 편에 서서 도울 것이라 기대했다. 대부분의 경우 조력 사망은 우선 고려 대상이 아니고, 아주 소수만 그런 요청을 하는 것이 사실이다. 하지만 이제 그 선택지가 합법화되었으니 원하는 사람에게 제공하고 싶었다.

세월이 흐르는 동안 나는 개인의 건강을 돌보는 일이 전문 클리닉, 암 전문의, 암 병동, 고통 완화 치료 팀 등으로 점점 더 조각조각 파편화되어가는 과정을 목격했다. 사람들이 전문가를 원한다는 건 나도 이해한다. 그러나 그런 전문 클리닉에서는 사람보다 증상이 우선시되는 경우가 많다. 거의 평생을 돌봐왔기 때문에 글자 그대로 몸의 안팎을 손바닥 보듯 훤히 파악하고 있는 환자들이 중병에 걸리면, 환자 돌보기의 자연스러운 연장인 생애 말기 돌봄 과정에 내가 관여할 수 있는 비중이 점점 줄어들었다. 그뿐 아니라 몇십 년 동안 내 환자였던 노인들이 장기 요양 시설로 옮기면서 내 클리닉을 방문하는 것이 점점 더 어려워지는 사례도 수없이 많았다.

거기에 더해 환자의 응급실 방문과 그에 따른 입원 횟수가 늘어나면, 캐나다 의료 체계에 따라 만성 질환 돌봄 센터로 보내져서 그곳 의료진의 보살핌을 받게 된다. 낙상에서 심리적 혼돈, 심장 질환에서 숨이 찬 증상에 이르기까지 크고 작은 건강상의 문제가 일어날 때마다 내 환자들은 점점 더 가정의인 내가 아니라 종합병원과 응급실 의사들의 손으로 넘어가게 된다. 의료 조력 사망 업무에 참여하기 위해서는, 생애 말기 돌봄이라는 패키지 전체를 맡을 준비가 필요하다는 사실을 나는 깨달았다.

하지만 그 일을 하는 법을 어떻게 배울 수 있을까? 누군가가 죽는 것을 돕는 것이 더 이상 범죄 행위가 아니게 됐을지는 모르지만 현실적으로 그게 어떤 의미일까? 이를 배울 수 있는 교육 과정도 존재하지 않았다. 의료 조력 사망에는 환자를 잠들게 하고, 폐를 마비시키고, 심장을 정지시키는 등 수많은 약이 동원된다는 사실은 알고 있었다. 하지만 가정의로 일하면서는 한 번도 다뤄본 적이 없는 약들이었다.

또, 의료 조력 사망에는 수없이 많은 결정이 수반되어야 한다는 것도 알고 있었다. 환자들이 조력 사망 심사 요청을 하는 이유를 이해하기 위해 그들과 죽음에 관해 이야기하는 방법을 다시 배워야 할 필요가 있었다. 고통 완화 돌봄 지지자와 의료 조력 사망 지지자 사이에 벌어지고 있는 뜨거운 논쟁에 참여하기 위해서도 다양한 정보로 무장해야 할 것이었다.

고통 완화 치료는 목숨을 위협하는 불치병을 가지고 살아가는 환자들에 대한 전문적인 의료 행위다. 고통 완화 의료 전문의는 환자의 삶의 질과 증상 관리에 초점을 맞춘다. 환자가 자신에게 주어진 선택지와 대안들에 대해 이해하도록 도울 뿐 아니라, 환자와 환자 가족을 모두 돌볼 때가 많다. 환자가 편안히 지내는 데 필요한 도움을 확보하는 것 또한 돕는다. 고통 완화 돌봄은 호스피스 의료로 자연스럽게 넘어가서, 환자를 치료하던 의사가 어느 시점이 되면 그들이 편안한 죽음을 맞이할 수 있도록 돕는다. 일부 고통 완화 돌봄 지지자들은 환자의 통증이 잘 제어되고 다른 필요 또한 충족이 된다면 조력 사망을 요청할 이유가 없다고 믿는다. 그러나 조력 사망 지지자들은 의견을 달리한다. 의료 조력 사망을 원하는 이유가 통증 말고도 너무도 많다는 것을 알기 때문이다.

의료 조력 사망이 합법화되기 전까지 이 주제는 암 병동에서 일하는 의료 관계자들 사이에서만 오가는 논쟁이었다. 그곳에서는 받아들이기 힘들지만 죽음이라는 것이 예상 가능하고, 단계적으로 진행되는 과정이기 때문이다(예를 들어 PPS, 즉 완화 의학 수행 지수가 X라면 X주 정도 더 살 수 있다). 원래 심장내과나 신장내과와 같은 곳에서는 생애 말기 돌봄에 관한 대화를 할 생각 조차 하지 않았다. 의료계 종사자들은 사람마다 '삶의 질'에 대한 인식과 기대가 다르다는 것을 고려하고, 각자에게 그것이 어떤 의미인지를 깊고도 솔직하게 논의할 필요가 있었다.

대법원 판결에 따르면 새로운 의료 조력 사망법은 2016년 6월 전에는 효력을 발휘하지 않을 예정이었다. 그때까지 의료 서비스 실행 책임을 가진 각 지방 정부에 이 새로운 법을 관할권 내에서 적용할 방법을 마련하도록 기회를 주기 위함이었다. 나도 그렇게 주어진 1년 동안 독학을 하기로 결심했다.

요즘 가정의 전공 졸업생들은 고통 완화 치료 전문 프로그램을 9개월 동안 밟을 수 있다. 그러나 나처럼 예전에 가정의학을 선택한 세대가 일하기 시작했을 때만 해도 그런 프로그램은 어디에도 없었고, 이제는 바쁘게 돌아가는 클리닉을 운영해야 했기 때문에 그 프로그램을 이수할 시간이 없었다. 대신 나는 일주일에 이틀을 하던 산과 진료 대신 고통 완화 진료를 하기로 결심하고, 내가 찾을 수 있는 가장 유능한 고통 완화 전문의들과 함께 지내며 배우기로 했다. 생애 말기의 온갖 난관을 주의 깊게 관찰해서, 후에 의료 조력 사망을 실행하는 데 필요한 지식을 쌓을 생각이었다. 거기에 더해 세 가지 서로 다른 관점, 다시 말해 입원 환자의 고통 완화 치료, 도시와 농촌의 다양한 공동체 내에서의 고통 완화 치료, 그리고 호스피스 의료 경험을 모두 할 예정이었다. 언제라도 그 분야에 뛰어들기만 하면 의사와 간호사가 두 팔을 벌려 나를 환영해주고 내가 알아야 할 모든 것을 가르쳐주리라.

하지만 그건 내 생각일 뿐이었다.

●●●

내 독학 수련 과정의 첫 부분인 입원 환자의 고통 완화 치료를 위해 제프 마이어스 박사를 찾았다. 그는 당시 서니브룩 건강 과학 센터의 고통 완화 치료과 과장이자 토론토대학교의 고통 완화 치료과를 이끌고 있었다. 턱수염을 기른 건강한 모습의 그는 경력을 듣고 예상했던 것보다 젊었고, 타의 추종을 불허할 만한 호기심과 어떤 도전에도 굽히지 않는 기개를 지니고 있었다. 제프(금방 그렇게 이름을 부르는 사이가 되었다)는 압도적인 존재감을 가진 사람이었지만 친근하고 솔직한 태도로 나를 금세 편안하게 만들어줬다. 에너지가 넘치는 사람이라는 표현 말고는 다른 말이 생각나지 않는데, 그걸로는 부족하다. 나도 꽤 동작이 빠른 편인데도 넓은 병원의 여러 층을 누비고 다니는 그를 쫓아다니려면 글자 그대로 뛰어야 했다. 그는 절대 엘리베이터를 타지 않고 계단을 이용했다. 그와 함께 다니는 날은 날씨가 좋기를 기도했다. 건물들 사이를 끊임없이 왔다 갔다 해야만 했기 때문이다.

처음 내가 배우고 싶다는 의사를 전하자 그는 회의적인 태도를 보였다. "가정의들은 이미 모두 고통 완화 치료를 하고 있잖아요." 그가 말했다.

"실상은 그렇지 않아요." 나는 그렇게 대답하면서, 병이나 건강 상태가 악화되어 전문의와 종합병원, 고통 완화 병동, 호스피스 병동으로 가게 되면서 내 환자였던 사람이 더 이상 내 환자가 아니게 되는 과정을 빠르게 되뇌었다. 내가 환자의 임종을 돌보는 경우에도 침대 옆을 지키고, 밤을 새워 간호하고, 가족들을 위로하고, 증인이 되어주는 역할밖에 할 수가 없었다. 수동적인 역할에 때로는 무력감을 느끼기도 했다. 뭔가를 바꾸고 싶었다. 한 시간이 지난 후에도 제프와 나의 대화는 끊이지 않고 있었다.

제프는 의료 조력 사망에 초점을 맞추는 대신 캐나다의 헬스케어 재원을 고통 완화 치료의 질과 양을 높이는 쪽으로 안배하기를 원했다. 그는 고통 완화 치료 전문의들이 인구의 노령화 때문에, 특히 대도시에서 감당하기 힘든 양의 업무를 소화해내고 있는 현실을 직접 경험하고 있었다. 그는 해결책을 찾고 있었고, 나는 그걸 찾아주고 싶었다. 예를 들어, 반칙인 줄 알면서도 나는 의료 조력 사망 전문의와 고통 완화 치료 전문의가 한 팀이 되어 생애 말기 상담과 돌봄 의료 서비스를 제공하면 부담을 줄일 수 있지 않겠냐고 도전적으로 물었다. 물론 현실적으로는 그렇게 되면 나도 환자 가정을 방문하고 24시간 언제라도 응급 호출에 응해야 한다는 의미였는데, 내가 연중무휴 호출 대기를 해본 것은 정말 오래전 일이었다. 하지만 나는 문제를 옆으로 밀어두고 나중에 생각하는 데 매우 뛰어났다. 그보다는 다양한 아이디어를 내며 열을 올리는 쪽이 좋았다.

제프는 에이즈가 퍼지기 시작할 무렵 미국 서부의 태평양 연안 지역에서 고통 완화 클리닉을 시작했다. 그는 의사들도 교과서에만 배웠던 매우 희귀한 질병으로 죽어가는 다수의 환자를 포함해, 갑자기 대거 죽어나가는 사람들을 돌보는 과정에서 지금 알고 있는 통증 및 증상 완화에 대한 지식을 모두 습득했다.

그가 인간면역결핍바이러스, 즉 HIV가 퍼지기 시작했던 초기의 일들을 이야기하는 동안 내가 했던 경험도 떠올랐다. 샌프란시스코-뉴욕 왕복 비행 편의 승무원이었던 그 동성애자 환자는 1979년 내 진료실을 찾아와서 동성애자들 사이에 자주 보이는 이상한 피부암에 대해 이야기했다. 그게 바로 카포지육종이었고, 나중에 에이즈의 전조 증상으로 밝혀졌다. 같은 해에 《뉴잉글랜드 의학 저널New England Journal of Medicine》에는 이 피부병이 특이할 정도로 빠르게 퍼져 나가고 있다는 사실을 담은 첫 논문이 게재되었다. HIV가 체내에 들어오면 우리 몸의 면역 체계가 몇몇 특정 질환과 싸우는 능력을 잃게 된다. 카포지육종이 그중 하나였는데, 피부 병변으로 나타나긴 하지만 실제로는 피부에 혈액을 공급하는 혈관의 내벽이 손상되는 병이었다. 폐, 내장, 위 같은 다른 신체 기관도 공격 대상이 되어서 치명적인 결과를 낳는다.

내게 찾아온 승무원 환자도 병에 걸렸다. 얼마 가지 않아, HIV는 동성애자들 사이에서뿐 아니라 수혈을 받은 환자들에게서도 나타났다. 제프는 의학계가 아직 병의 정체에 대해 이해하지 못한 상황에서 겁날 만큼 빠른 속도로 죽어가는 환자들을 돌본 개척자였다. 그 환자들을 배척하고 도외시하는 사람들만 많고, 그들을 돕는 사람은 극소수에 불과했다. 제프와 나의 공통점은 연민이었고, 내 생각에 바로 그 점이 우리 두 사람의 관계를 단단하게 해줬던 것 같다. 그는 내 계획을 앞장서서 지지해주는 아군이 되었다.

제프가 나를 위해 세운 계획은 내가 상상했던 것보다 훨씬 더 원대했고, 예상치도 못했던 다양한 방식으로 나를 자극했다. 나는 관찰을 생각했지만 그는 "참여"라고 말했다. 나는 발가락을 담그는 정도를 생각했지만 그는 "몰입과 확장"을 제안했다. 내가 얼기설기 짜놓은 수련 계획을 그는 구체적인 것으로 만들었다. 그는 학계와 동떨어진 지역 병원으로 나를 보냈다. 그곳에서는 가정의가 고통 완화 치료를 전담하고 있었다. 그는 또 자신이 아는 범위 내에서 가장 이상적인 호스피스 케어를 경험할 수 있게 해주었다(이 부분은 나중에 더 자세히 이야기하겠다).

제일 먼저 홈그라운드에서 일하는 그를 따라다니며 관찰했다. 서니브룩의 전이성 유방암 클리닉이었다. 응급실이 됐건 클리닉이 됐건, 그가 가는 곳이면 어디든 따라다니는 내 모습이 아마 그가 끌고 다니는 장난감처럼 보였을 것이다. 우리는 병원 건물들 사이를 뛰어다녔다. 병실에서 응급 진료를 한 다음에 바로 클리닉으로 뛰어가서 탈수 환자에게 급히 수분을 공급하는 과정을 관장하고, 돌아서서 바로 그 순간 사랑하는 사람의 죽음이 가까워졌다는 것을 알게 됐지만 전혀 마음의 준비가 되어 있지 않은 가족들과 복도에 선 채로 상담을 해줬다.

제프는 큰 그림 또한 놓치지 않았고, 문제를 누구보다 먼저 알아차리고 해결책을 찾아냈다. 예를 들어, 근무하는 종합병원의 전이성 유방암 클리닉과 자신이 운영하는 고통 완화 치료 서비스를 연결해서 병이 깊어지는 환자들의 돌봄이 부드럽게 이어지도록 했다(이 두 서비스가 이미 연계되어 있지 않다는 사실도 현 의료 시스템의 전형적인 실책이다. 이 일을 해냈다는 사실만으로도 내가 선생님을 잘 선택했다는 걸 확인하기에 충분한 증거였다). 그는 현장에 있으면서 위기를 관리하고, 클리닉을 찾은 여성들에게 생길 갑작스럽거나 어려운 문제들에 대처해야 하는 의사들의 이야기에 귀를 기울이고 도움을 줬다. 환자를 관리하던 간호사가 증상이 급속도로 악화되는 환자를 식별해내면 제프나 내가 개입을 했다. 제프가 나를 꾸짖은 것은 그가 보기에 내가 환자 한 명에 너무 많은 시간을 할애하고 있을 때가 유일했다. 암 환자의 요구는 언제나 긴급하다고 그는 말했다. 속도를 올려요! 뛰세요!

일주일에 두 번씩 3개월을 제프에게 배우겠다던 내 계획은 6개월로 늘어났다. 사례들은 복잡했고, 배울 것은 너무 많았다. 전이성 유방암은 병명에서 짐작할 수 있듯 신체의 여러 부위를 치료해야 하는 증상이다. 치료 방법에는 어떤 것들이 있을까? 거의 매주 새로운 접근법과 최종 실험 단계의 치료법이 쏟아져 나오는데 환자는 이 방법을 활용할 수 있는 조건에 부합하는가? 증상을 검토해서 특정 치료법을 처방하는 것이 내가 해야 할 일이었지만 머리가 어지러울 지경이었다. 뼈 통증에 마약성 진통제보다 셀레브렉스 같은 소염제를 처방하는 것이 더 효과적일까? 암이 전이된 어깨뼈에 방사능 치료를 받은 후 얼마나 지나야 통증이 완화되기 시작할까? 제프의 목표는 단순했다. 환자에게 조금이라도 더 시간을 벌어주는 것이었다. 그건 누구나 원하는 일이 아닐까?

생애 말기에 직면하게 되는 문제는 결국 우리가 생애 전체에 걸쳐 해결해야 하는 문제라는 사실을 깨닫는 데는 얼마 걸리지 않았다. 모든 것을 다 고려해야 하고, 모든 것이 곧바로 결정되어야 했다. 나는 머리가 빙빙 돌고 불안에 휩싸이기 일쑤였다. 내 가정의 진료실에서는 이렇게 치열하고 긴급한 상황은 거의 일어나지 않았다. 나는 제프에게 통증을 줄이기 위해 이렇게 여러 가지 약물과 투여 시간을 복잡하게 고려하는 일은 오랫동안 해보지 않았다고 고백했다. 그런 환자들을 만나는 클리닉에서는 끊임없이 내가 실수하지 않을까 하는 두려움에 시달렸다. 통증을 완화하는 약물의 양을 늘리기 위한 계산을 잘못하거나, 통증뿐 아니라 메스꺼움까지 완화해주는 올바른 뇌신경의 경로를 잊어버리는 실수 말이다. 감당하기 힘들 정도로 수많은 약물과 약물마다 있는 사용 금지 조건들로 가득한 세계에서 길을 잃지 않기 위해 애쓰는 일은 완전히 새로운 경험이었기 때문에, 나는 얼른 찾아볼 수 있는 작은 커닝 페이퍼를 지니고 다녔다(사실 모두 그렇게 했다). 그렇다고 아마추어처럼 커닝 페이퍼를 맨날 꺼내보고 싶지는 않았다. 나를 만나는 여성 환자들은 내가 확신과 자신감을 가지고 있다는 느낌을 받아야만 했다. 그때까지 내가 해왔던 고통 완화 치료는 이렇게 적극적이었던 적이 없다.

2016년 법 시행 예정일을 향하는 카운트다운이 계속되는 동안, 캐나다 전역의 병원들은 각자의 윤리 및 절차 가이드라인에 부합하는 조력 사망 정책을 확립하기 위해 애쓰고 있었다. 예외는 대부분 종교적인 이유로 조력 사망 자체를 고려조차 하지 않겠다고 거부하는 병원들뿐이었다. 다행히도 내 홈베이스인 토론토 시내의 위민스 칼리지 병원은 이 문제를 긍정적이고 적극적으로 검토하고 있었다.

이미 바빴던 나는 더 바빠졌다. 위민스 칼리지의 의사, 간호사, 약사, 그리고 마취과, 윤리 및 사회 복지 담당 부서 직원들 스물두어 명이 병원의 의료 조력 사망 정책 초안을 마련하는 임무를 맡았는데, 그 그룹에 자원했기 때문이다. 나는 역시 토론토 시내에 있는 마운트 시나이 병원과 오타와 시빅 종합병원 등에서 이미 만들어진 정책들을 모아 그룹 성원들에게 돌렸다. 각 기관마다 같은 정책을 처음부터 만들 필요가 없지 않은가? 시간 낭비다. 비슷한 생각을 가진 전문가들이 이미 열심히 일해서 만들어놓은 결과물을 신뢰하고 이용할 필요가 있었다.

나는 위민스 칼리지 병원에서는 집에서 임종할 상황이 안 되는 환자들이 조력 사망을 할 수 있도록 병실 몇 개를 확보하는 것이 좋겠다고 생각했다. 여론 조사를 하면 항상 인구의 70퍼센트가 자기 침대에서 임종하기를 원한다고 대답하지만 실제로는 대다수가 병원에서 사망한다. 나는 의료 조력 사망을 할 수 있는 만큼 최대한 개인의 상황에 맞추어야 한다고 소리 높여 주장했고, 매달 열리는 회의에서 내 주장에 힘을 실어주는 동료들에게서 힘을 얻었다. 하지만 동시에 비즈니스 측면에서 이 서비스를 재정적으로 정당화해야 하는 위원회의 필요 때문에 숨이 막히기도 했다.

$$\bullet\bullet\bullet$$

캐나다에서 의료 조력 사망이 합법화된 2016년 6월 즈음, 나는 이미 스스로 세운 독학 프로그램의 2단계에 접어들어 있었다. 바로 병원 밖 지역 공동체 내에서의 고통 완화 치료 분야였다. 마운트 시나이 병원의 테미 라트너 고통 완화 치료 센터에 베이스를 두고 환자를 집에서 치료하는 고통 완화 전문의 샌디 부크먼과 데이비드 켄들이, 토론토 도심을 누비며 환자들을 만날 때 나를 데리고 다녀달라는 부탁에 응해준 것이다. 두 사람과 함께 나는 내 인생의 첫 조력 사망에 참여하게 된다.

샌디 부크먼 박사는 따뜻한 할아버지를 연상시키는 인물로, 다정하면서도 열심히 일하는 의사였다. 당당하고 매우 점잖은 인상의 데이비드 켄들 박사는 당시 반쯤 은퇴한 상태였지만 공동체 내 고통 완화 치료를 위해 여전히 일주일에 2, 3일은 일하고 있었다. 켄들 박사도 나처럼 처방전을 쓰는 것보다 환자 가족들의 이야기를 듣는 데 더 많은 시간을 할애했다.

주택, 아파트, 실버타운, 장기 요양 시설 등에 있는 환자들을 그들의 거주지에서 만났지만 치료는 병원에서 할 때와 매우 유사했다. 거기에 더해 환자를 돌보는 이들에게도 세심한 주의를 기울였다. 보수를 받는 전문 요양사든, 가족 혹은 친구든 환자를 돌보는 사람은 한순간도 긴장을 늦출 수 없기 때문에 그들 또한 의료진의 도움과 시기적절한 지원이 필요했다.

여기서도 배울 것이 너무 많았다. 장기 요양 시설의 생애 말기 돌봄 프로그램은 불친절한 건 아니었지만 공장 같은 느낌이 물씬 날 때가 많았다. 이제 막 입주를 한 그 환자를 검진한 것도 그런 시설 중 하나에서였다. 그의 1인용 병실은 모든 벽에 그림 액자가 겹겹이 기대어 있었다. 알고 보니 그가 평생 모은 아름다운 이누이트 예술품들이었다. 방문한 목적을 이루는 것 말고 다른 질문을 할 시간은 전혀 없었다. 그가 어떤 사람인지, 어떤 삶을 살아왔는지, 그에 대해 설명해줄 사람이 왜 아무도 없는지 등의 더 인간적인 질문들 말이다.

우리는 그의 병실에서 나와서 복도를 지나 별다른 이유 없이 식음을 전폐하고 의식을 잃어버린 중증 알츠하이머병 환자를 진단하러 갔다. 닥터 데이비드(우리 모두 켄들 박사를 그렇게 불렀다)는 성인이 된 환자의 딸과 그녀가 아버지를 위해 생각하고 있는 생애 말기 돌봄의 목표에 관해 친절하면서도 솔직한 대화를 나눴다. 나는 데이비드의 말을 듣는 동안 딸의 얼굴이 축 처지다 못해 거의 녹아내리는 듯한 것을 보고 있었다. 그녀는 바로 그 순간 자기 아버지가 그곳에서, 아마도 곧 세상을 뜨게 되리라는 것을 비로소 깨달은 것이었다. 데이비드가 영양 공급용 삽관이나 종합병원 이송, 인공호흡 등을 하지 않는 게 좋겠다는 제안을 침착하게 하는 동안 그녀는 흐느껴 울었다. 그러나 결국 그녀도 데이비드와 의견을 같이했다.

데이비드는 또 직원들에게 그녀의 아버지 병실의 문을 잠그는 것이 좋겠다고 조언했다. 다른 환자들이 실수로 그 방에 들어가는 것을 방지하기 위함이었다. 아무런 반응도 하지 못하는 상태로 잠긴 방에 혼자 갇혀 있는 상태를 상상하자 나는 갑자기 몸이 휘청거렸다. 엘리베이터를 기다리고 있었다. 환자를 가득 실은 첫 번째 엘리베이터를 보내고 또다시 도착한 엘리베이터에 환자가 가득 탄 것을 보면서 밀실 공포증이 엄습했다. 나는 계단 쪽, 다시 말해 탈출구를 향해 고개를 까닥했다. 데이비드는 상냥한 얼굴로 고개를 저었다. "이 층은 잠겨 있어요." 그가 나에게 상기시켰다. "그리고 우리는 여기 직원이 아니에요." 내게 닥친 공황 상태가 적절치 못하다는 말까지 덧붙이지는 않았다. 우리는 계속 기다렸고, 결국 엘리베이터에 탈 수 있었다. 그때만큼 바깥 공기가 반가웠던 적은 없다.

잠깐 덧붙이자면, 그 환자는 사흘 후 의식이 돌아왔고 다시 음식을 먹기 시작했다. 이번에도 별다른 이유는 없었다. 몇 년이 지난 후, 토론토에서 코로나19로 사망한 케이스의 대부분이 장기 요양소에서 발생했고, 그 시설도 그중 하나였다.

나는 두 멘토와 함께 보통 하루에 개인 거주지와 시설을 포함해 네 군데에서 여섯 군데 정도를 방문했다. 내 첫 커리어가 병원 밖 왕진 담당 간호사였던 것에 감사할 때가 많았다. 해밀턴의 거친 동네에서 일하면서 환자 집에 들어갈 때 예상치 못한 일을 예상하는 법을 배워둔 게 도움이 됐기 때문이다.

시간을 절약하기 위해 샌디나 데이비드가 환자 가족과 이야기하는 동안 내가 환자를 진단했다. 무엇이든 해야 직성이 풀리는 성격 때문에 관찰자로 동행하는 내 역할을 넘어설 때가 많았다. 어느 날 아침, 자기 집에서 살고 있는 환자의 방에 들어가 보니 환자가 반쯤 의식을 잃은 채 신음 소리를 내고 있었고 대소변을 본 상태였다. 돌보는 사람들은 어쩔 줄 몰라 하며 옆에 서 있었다. 나는 "환자를 씻기는 걸 도와줘요!" 하고 외쳤다. 딱히 명령조는 아니었지만 비슷한 효과가 나긴 했다. 힘을 합쳐 환자의 옷을 갈아입히면서 나는 그녀의 의식이 얼마나 있는지, 통증 반응 수준은 어떤지 등을 확인했다. 거실에서 그녀의 남편과 긴히 대화를 하고 있던 샌디와 눈이 마주치자 나는 입 모양으로 말을 했다. '환자 상태가 좋지 않아요.' 그는 한눈에 환자의 상태를 알아보고 바로 필요한 약을 챙기러 밖으로 나갔다. 나는 환자를 돌보는 사람들과 함께 머물면서 그들이 잘못한 것은 아무것도 없다고 안심시키며 그들의 걱정을 덜어주기 위해 애썼다.

20분 후 샌디는 지금 당장 주사할 것과 추가로 다섯 번 더 사용할 수 있도록 준비된 모르핀제를 가지고 돌아왔고, 남편에게 아내의 통증을 어떻게 완화할 수 있는지 가르쳐줬다. 샌디와 나는 아무 말도 하지 않았지만, 우리 둘 다 그녀가 몇 시간 내로 숨을 거두리라는 것을 알고 있었다.

그 몇 주 동안 나는 병원 밖 고통 완화 치료 시스템에서 간호팀이 어떤 식으로 움직이는지를 배우는 귀중한 경험을 했다. 어느 날 아침 일찍 나는 에밀리 오코넬의 집을 방문했다. 그녀는 토론토와 인근 지역을 아우르는 지역 건강 통합 네트워크 '가정 및 공동체 돌봄 지원 서비스' 중 하나인 토론토 다운타운 네트워크에서 고통 완화 치료 대상 환자를 등록하는 코디네이터였다. 토론토에서 일하는 고통 완화 치료 담당 간호사는 한 명도 빠짐없이 아침마다 야간 당직 고통 완화 전문의, 교대 간호사, 코디네이터가 참여하는 단체 전화 통화로 하루를 시작한다. 매우 밀도가 높은 통화를 20분에서 30분 정도 하면서 목록에 있는 환자 하나하나에 대한 중요한 정보를 공유한다. 밤새 비상 진료 요청이 있었는지, 미해결 문제와 잠재적으로 벌어질 수 있는 문제가 무엇인지에 관한 대화도 모두 이때 이루어진다. 이렇게 높은 수준의 지원 활동을 하는데도, 날마다 각 간호사가 개별 환자에 대한 정보를 손바닥 보듯 훤히 파악하고 있다는 사실에 깊은 감명을 받았다. 종합적이고, 효율적이며, 효과적인 정보가 현장에서 전달되고, 거기 걸맞은 돌봄이 현장 내에서 벌어지고 있었다. 흠잡을 데가 없었다. 만점이었다!

그날의 전화 회의가 끝난 후 나는 에밀리가 등록 요청한 환자들을 만나기 위해 방문하는 곳들을 따라다녔다. 우리는 환자가 어떤 서비스와 장비를 필요로 하는지에 관해 환자 가족들과 대화를 나눴다. 공적, 사적 영역에서 어떤 식의 인적 지원을 받는 것이 가장 도움이 될지에 관해서도 토론했다. 그리고 물론 비용에 관한 이야기도 오갔다.

에밀리와 함께 다니며 본 것들은 이전에도 본 적이 있었다. 해밀턴에서 왕진 간호사로 일할 때, 토론토에서 가정의로 처음 왕진을 다니기 시작했을 때 본 현장들 말이다. 만성 질환을 앓는 환자를 돌보는 일은 대부분 가족, 특히 어머니, 배우자, 딸이 감당한다. 그들은 닫힌 문 뒤에서 누구도 알아주지 않는 힘든 일을 해내면서 밤을 지새우고, 끝나지 않을 것 같은 긴 낮 시간을 견디며, 자신이 돌보는 사랑하는 이에게 닥칠 재난을 막는 유일한 방어벽 역할을 한다. 그들이 지는 부담은 절대적이며, 자기 희생은 계산할 수조차 없다.

비슷한 수준의 전문 요양사를 고용하는 비용은 천문학적이다. 지방 건강 보험으로 하루 두세 시간 정도는 커버할 수 있다면 그마저도 양질의 보장이라고 간주된다(그나마 그것도 어디까지나 '커버할 수 있다면' 수준이다). 심지어 개인 보험마저도 24시간 요양사 비용을 지불하는 경우는 드물다. 진정으로 완전한 생애 말기 돌봄을 집에서 누리는 것은 가족이나 친구가 계획의 일부로 참여하지 않는 한 엄청난 부자들 아니고는 불가능한 일이다.

환자 가족들은 사랑하는 사람이 고통 완화 치료를 필요로 한다는 사실을 깨닫고 그 충격에서 아직 벗어나지도 못했는데, 홍수처럼 밀려드는 정보로 인해 거의 마비될 지경에 이르고 마는 경우가 많다. 에밀리는 고도의 기술을 발휘해서 그들이 새로운 현실에 연착륙할 수 있도록 돕는다. 그녀가 보여준 모범이 내게는 신이 보낸 선물처럼 느껴졌다. 그녀 덕분에 내가 필요로 했던 현실적인 정보를 얻을 수 있었다. 병원 병상 상황, 추가로 구할 수 있는 다양한 도움의 종류, 돌봄 계획을 세울 때 알아야 하는 기본 지식, 사람들을 안내하는 데 필요한 필수 정보와 선택지 등등. 곧 의료 조력 사망도 또 하나의 선택지로 거기에 추가될 것이었다.

토론토 지역의 가정 돌봄 체계가 어떻게 운용되는지를 잘 알게 되자, 의료 조력 사망법이 효력을 발휘한 후 다른 지역 건강 통합 네트워크의 코디네이터들과 직접적인 관계를 맺는 것이 훨씬 쉬웠다. 트램에서 옆에 서 있던 간호사와 그녀의 환자에 대해 이야기하다 우리도 모르는 사이에 의료 조력 사망이 그녀의 신념과 배치된다면 어떻게 해야 할지에 관한 개인적인 대화로 깊이 빠져든 적도 있다. 의료 조력 사망을 요청하는 환자들 중 많은 수가 다른 무엇보다 간호 케어가 필요한 사람들인데, 요양사, 환자 가족, 그리고 의료 일선에 있는 사람들보다 그 사실을 더 잘 아는 사람은 없다. 그들이야말로 상황이 악화되고 처참한 일이 벌어지는 것을 제일 먼저 알아차리는 사람들이다. 에밀리와 함께한 시간 덕분에 그 사실을 상기할 수 있어 고마웠다.

의료 조력 사망을 시행하기 시작한 지 몇 달 후, 이 부분을 다시 한번 절감하게 된 계기가 있었다. 혼자 사는 말기 암 환자에 대한 적합성 심사를 하던 중이었다. 진료를 하다가 갑자기 그녀가 화장실을 가야 했는데, 내 도움 없이는 화장실까지 갈 수가 없었다. 용무를 본 후에도 내 도움 없이는 화장실에서 나올 수 없었다. 일주일에 한 번씩 그녀를 방문하던 친구가 지금까지는 어찌어찌 도왔지만 이제 그녀마저 다른 도시로 이사를 가고 만 상황이었다.

그녀를 진료한 후, 그런 상태로 혼자 두고 나와버릴 수는 없는 일이었다. 그래서 간호 케어 코디네이터에게 전화를 했다. 간호사가 언제 방문할 수 있을까요? 빨라야 내일이에요. 호스피스에 입원시킬 수는 없을까요? 빨라야 2주 후 가능합니다. 왜 아무도 고통 완화 치료 시스템에 이 환자를 등록시키지 않았을까요? 흠, 지금까지는 그녀의 친구가 모든 걸 알아서 했으니까요.

나는 짜증이 나서 폭발할 지경이 됐다. 그건 내가 할 일이 아니었다. 매우 자주 발생하는 일이지만 이 여성을 위한 노후 의료 케어 시스템이 제대로 작동하지 않은 것이다. 어쩌다 양질의 생애 말기 돌봄을 받을 수 있는 것이 운에 달린 일이 되어버린 것일까? 왜 어떤 사람은 사랑을 받으며 제대로 작별 인사를 하며 떠날 수 있고, 어떤 사람은 비참한 상황에 혼자 남겨져야 하는 것일까? 의료 조력 사망을 지지하는 사람들과 고통 완화 돌봄 프로그램을 지지하는 사람들은 마치 이것이 양자 선택의 문제라도 되는 듯 반대 진영으로 나뉘어 대립각을 세울 때가 많다. 그러나 1년간 독학을 하는 동안 이 두 진영은 같은 흐름 속에 있다는 것이 점점 더 분명해 보였다. 환자들에게 가능한 한가장 다양한 선택지를 주고 양질의 돌봄을 제공하기 위해서는 고통 완화 돌봄과 조력 사망이 함께 작동해야 한다.

의료 조력 사망을 요청한 후 내가 심사를 하게 된 그 여성은 다른 돌봄의 선택지가 주어지지 않았기 때문에 그런 요청을 한 것일까? 만일 그렇다면 나는 전혀 양심의 가책 없이 그녀의 요청을 승인할 수 있을까? 그녀의 상황은 이렇게 절박해지기 몇 달 전까지는 아니더라도 몇 주 전에 이미 해결이 되었어야 했다. 의료 조력 사망은 새로운 선택지지만, 다른 선택지가 전혀 없이 단 하나 남은 선택지가 아니어야 한다는 사실을 나 자신에게 상기시켰다. 상황은 좋아질 것이다. 어떤 이유로든 사회의 안전망에서 빠져나가고 뒤에 남겨진 사람들을 돕는 시스템이 점점 더 좋아져야만 하지 않겠는가.

나는 내가 의료 조력 사망을 시행하기 시작하면 죽을 준비가 완벽히 된 사람들 옆을 지키며 하프를 연주하는 천사 같은 역할을 하게 될 것이라 상상했다. 하지만 어떤 경우에는 환자가 더 살 수 있도록 도움을 보내달라고 요청하는 확성기 역할을 내가 하게 될 것이라는 사실도 배우게 됐다.

●●●

의료 조력 사망법이 발효된 지 한 달여가 지난 2016년 7월, 샌디 부크먼의 환자 중 한 명이 조력 사망을 요청했다. 나는 마음을 다잡으며 생각했다. '이제 시작됐군.' 부크먼 박사는 동료 하셰미 박사에게 도움을 구했다. 활기 넘치는 그는 이미 의료 조력 사망을 한 건 시행해서 모든 과정에 익숙해 보였다('의료 조력 사망을 시행하기'라는 표현은 캐나다 의학계와 의회가 조력 사망을 묘사하는 데 사용하는 극도로 절제된 단어들이다. 환자가 목숨을 끊는 것을 위해 의학적 도움을 주는 과정을 훨씬 더 직접적으로 표현하는 나라들이 많다. 예를 들어 네덜란드에서는 의사들이 "어제 환자 한 명을 죽였어"라고 말한다).

나는 부크먼 박사와 하셰미 박사를 환자의 아파트에서 만났다. 사무적이고 적극적인 인상의 그 환자를 여기서는 테드라고 부르자. 테드는 네 명의 증인과 함께 기다리고 있었다. 나중에 안 일이지만, 그들은 모두 친한 친구나 가족이 아니라 테드가 사업 관계로 만난 동료들이었다. 그 사실을 알고 나서야 많은 것이 이해가 됐다. 당시 나는 테드의 침실에서 별 감정이 느껴지지 않는다는 사실에 충격을 받았다. 사실 테드의 침대는 그냥 바닥에 놓인 매트리스였다. 이미 아파트에서 짐을 빼기 시작했기 때문이었다. 그렇게 하는 것이 효율적이라는 건 부인할 수 없지만, 내게는 가슴 아플 정도로 모든 게 차갑게 느껴졌다.

테드는 샌디 부크먼이 '의료 조력 사망을 시행한' 첫 환자 중 하나였기 때문에 샌디는 우리의 도움을 고맙게 받아들였다. 나는 현장에서 목격을 할 기회가 주어진 것에 감사했다. 난 한 페이지짜리 서류에 주입된 약 이름과 시간을 순서대로 기입하는 일을 맡았다. 마운트 시나이 병원은 아홉 부문으로 된 법적 동의서도 마련했는데, 골자는 환자가 '시행'을 시작하는 순간 동의 의사를 분명히 해야 한다는 것이었다.

샌디는 테드의 침대 옆 바닥에 앉아서 동의서에 적힌 문장들을 하나하나 읽어 내려갔다. 테드는 심각한 질병, 혹은 장애를 가지고 있었다. 그 질병 혹은 장애의 상태가 극도로 악화되어서

복구할 수 없는 수준으로 신체 능력이 축소되었고, 치료 불가능한 엄청난 고통을 초래하고 있었다. 테드는 그 고통을 완화할 수 있는 다른 수단들을 제안받았지만 모두 거부했다. 테드는 이 시술이 자신의 죽음을 초래하리라는 사실을 알고 있었다. 그리고 강요에 의해 이 선택을 하는 것이 아니었다.

이즈음부터 테드를 괴롭히는 것이 또 하나 늘었다. 바로 짜증이었다. 그는 곧바로 동의를 하고 서명을 했다(구두 동의로도 충분하지만 어떤 의사나 환자들은 가능하면 서명도 더했다).

나를 포함한 의사들은 모두 작은 부엌 쪽으로 들어갔다. 카운터 위에는 열 개쯤 되는 약병과 주사들이 줄지어 늘어서 있었다. 엄청났다! 나는 하셰미 박사가 익숙한 솜씨로 척척 주사기에 차례로 약물을 주입하는 것을 지켜봤다. 우리는 다시 침실로 돌아갔고, 샌디가 테드에게 마지막으로 한 번 더 물어봤다. "시작하길 원하시나요?"

테드는 욕지거리를 걸쭉하게 내뱉었지만 결론은 "네"였다.

나? 나는 곧바로 사무 모드로 들어갔다. 이런 식으로 나 자신을 훈련시킨 것은 오래전 일이다. 일을 하기 시작한 후부터는 항상 취해온 태도다. 그 순간 해야 할 일을 제외하고는 다른 모든 감정이나 생각의 문을 닫는다. '제기랄, 지난 45년 동안 의사로 일하면서 환자를 살리는 데 헌신해왔는데 이 사람은 죽으려고 하고 있고, 그런 사람을 내가 돕고 있다니' 같은 생각은 하지 않았다. 나는 '이제 A 약물을 주입할 시간이군' 하고 생각했다. 그런 다음 '이제 B 약물을 주입할 시간이군' 하고 생각했다. 내 임무는 기록하는 것이었고, 나는 기록하는 데 집중했다. 생각해 보면 내가 머릿속에 떠오르는 것을 그렇게 많이 막을 수 있다는 게 신기하다. 그러나 그런 생각도 많이 하지는 않는다.

첫 약물인 미다졸람은 순식간에 테드를 잠들게 했다. 두 번째 약물 리도카인은 혈관 벽의 감각을 무디게 했다. 그 약을 쓰는 이유는 깊은 혼수상태를 유도하는 세 번째 약인 프로포폴이 주입되면서 혈관이 타는 듯한 느낌이 들 수 있기 때문이다. 환자가 깨어날 정도는 아니지만 몸을 뒤척여서 증인들을 불편하게 할 수 있다. 네 번째 약 로쿠로늄은 테드의 폐와 심장을 멈추게 했다. 약을 주사하고 다음 약을 주사하기 전 샌디는 매번 식염수로 주사관을 씻어냈다. 모든 것이 침묵 속에 효율적으로 진행됐고, 테드는 5분도 되기 전에 숨을 거뒀다. 샌디는 몇 분 더 기다린 다음 사망 시간을 선언했다.

나는 표정과 감정을 모두 중립 상태로 유지했다. 그러나 서서히 나 자신으로 돌아오면서 나의 반응은 테드의 죽음과 관련된 것이 아니라는 생각이 들었다. 내게 영향을 준 것은 과정 자체였다. 너무도 형식적이고, 일상적이고, 임상적인 느낌의 과정이었다. 차가웠다. 테드의 보금자리는 이미 해체된 후였고, 참석자들은 무관심했으며, 죽음은 능숙하게 전달됐다. 그것은 내가 의학 조력 사망을 시행하겠다고 결심했을 때 상상했던 것이 아니었다. 모든 '시행'이 이렇게 비인간적인 느낌이라면 어쩌지? 결국 나 자신을 비참하게 만들 일에 헌신하겠다고 결심한 것일까?

그러다가 조를 만났다.

2장

조

내가 어떤 느낌으로 사는지
이해해주면 좋겠어요.

웃음소리가 몇 번 들렸다. 그리고 조가 말했다. "마음이 평화로워요." 우리 모두를 안심시키는 말이었다. 조가 들은 마지막 소리가 웃음소리라는 사실이 나는 기뻤다.

의료 조력 사망에서 나는 죽음의 사신 역할을 한다. 내가 환자를 죽음에 이르게 하는 책임을 진다. 이 일을 하기 위해서는 그 짐, 내가 적극적으로 누군가의 죽음을 초래했다는 짐을 질 수 있어야 한다.

조에 관해 오고 간 수많은 이메일들을 다시 읽어보니, 나는 '시행'을 주로 한 방식(단출하게 혹은 엄숙하게)으로 기억하지만 기록을 통해 현실은 훨씬 복잡했었다는 것을 깨닫고 살짝 충격을 받았다. 그런 면에서 대부분의 사람들이 고인을 기억하는 방식에서 나도 벗어나지 못한다는 걸 알 수 있다. 바로 특정 감정과 기억이 큰 부분을 차지하면서 다른 감정이나 기억들은 존재감을 잃는 방식 말이다.

조는 캐나다에서 가장 유명한 구두 제조사인 바타에서 가죽 구매 일을 했다. 그는 자기 의견이 확고한 사람이어서, 가령 어울리지 않는 구두를 신고 있는 사람을 보면 자기 생각을 그 사람에게 말해주고야 마는 성격이었지만 교조적이지는 않았다. 결혼을 두 번 했고 두 번 다 이혼을 했지만 전처들과 좋은 관계를 유지했다. 전 세계를 여행했고, 가는 곳마다 가능하면 골프를 즐겼다. 당뇨병이 있긴 했지만 하루에 팔굽혀펴기를 500번씩 했다(그는 그 점, 아니 자기가 전반적으로 힘이 세다는 사실을 자랑스러워했다). 은퇴를 하면 카리브해 섬의 해변에 수수한 바를 여는 것이 꿈이었지만 어머니 소피를 돌보느라 그 꿈을 접어야 했다. 그는 자기가 출장을 가 있는 동안 혼자 지내야 하는 어머니를 위해 롤리라는 고양이를 입양했다. 그러나 얼마 가지 않아 고양이가 조를 돌본다는 사실이 명백해졌다. 롤리는 조의 혈당이 평소보다 너무 낮아지는 것을 바로 감지했다. 그런 일이 벌어지면 그를 코로 툭툭 치고 소리를 내면서 주변을 맴돌며 신호를 보내곤 했고, 조는 그제서야 롤리가 하려는 말을 이해하고 자기 혈당을 확인했다.

조는 66세에 흔히 루게릭병이라 알려진 ALS 진단을 받았다. 꽤 오랫동안 손발 끝에 감각이 느껴지지 않았기 때문에 당뇨병보다 더 심각한 병 때문일 것이라고 예상하기는 했었다. 골프를 같이 치는 친구들이 그를 위해 아이스버킷 챌린지를 했다. 그는 그게 바보 같은 일이라고 생각했다. 친구들이 심장마비에 걸릴까 걱정이 되어서였다.

2년 후 조의 어머니가 돌아가셨고, 조는 더 외로워졌다. 그런데 롤리까지 조를 공격하기 시작해서 갑자기 그를 할퀴곤 했다.

그렇게 할퀸 상처 중 일부는 감염되었는데, 그건 당뇨 환자에게 위험한 일이었다. 롤리를 안락사시켜야 할 때가 온 것이었다. 그 일은 최후의 일격처럼 느껴졌다. 그는 한밤중에 어머니의 묘지 발치에 롤리를 묻고 집에 와서 그들이 있는 저세상으로 가려는 시도를 했다. 목숨을 앗아갈 정도라고 생각한 많은 양의 인슐린을 주사한 것이다.

"조가 자살 시도를 하리라는 건 오래전부터 알고 있었어요." 몇 년이 지난 후 그의 사촌 웬디가 내게 말했다. "조는 계획을 다 짜두고 있었어요. 손까지 마비되기 전에 과량의 인슐린을 주사해서 자살할 수 있을 것이라 생각했어요. 하지만 겁을 냈죠. 내가 함께 있어주겠다고 했지만 조는 원치 않았어요. 불법이기 때문에 내가 옆에 있다가 자살 방조죄로 처벌받을 수 있다는 이유에서였어요."

처음 자살 시도를 할 때 조는 크게 당황을 한 듯했다. 그는 웬디의 전화에 충격적인 메시지를 남겼다. "내가 일을 망쳐버렸어. 주사한 인슐린 양이 부족했던 것 같아." 며칠 밤이 지나고 그는 다시 시도했다. 주기적으로 와서 그의 목욕을 도와주는 요양복지사가 집 안에서 나는 그의 신음 소리를 듣고 관리인에게 부탁해 문을 강제로 열고 들어갔다.

조는 '스카보로 그레이스'라고 불리는 버치마운트 종합병원으로 보내졌다. 공원 바로 옆에 우뚝 서 있는 붉은 벽돌 건물인 그 병원을 처음 방문했을 때, 그곳이 내가 자주 가는 토론토의 다른 대형 종합병원 세 곳과는 상당히 차이가 나서 꽤 깊은 인상을 받았다. 콘크리트 건물이 줄줄이 늘어선 시내 한가운데 있는 다른 병원들과 달리 그곳은 녹색 공간으로 둘러싸여 있었다. 조의 주치의는 정신과의 스티븐 바스키 과장이었다. 직함이 주는 느낌과 달리 직접 만나본 바스키 과장은 누군가가 어려울 때 나서서 도와주는 친구 같은 인상을 가진 사람이었다. 키가 작고 다부진 체격에 솔직한 태도로 상대방을 바로 편하게 만들어서, 왠지 이야기를 나누고 싶은, 모든 것을 털어놓을 수 있을 것 같은 느낌을 줬다. 조에게는 신의 선물처럼 느껴졌을 게 분명했다.

조가 신체적 안정을 되찾고 나자 바스키 박사는 그를 노인의학 전문 병동으로 옮겼다(조는 ALS 때문에 이미 휠체어를 이용하고 있었다). 거기서 공격적인 성향의 어떤 환자가 조를 폭행하는 바람에 그는 문을 잠가두는 비개방형이지만 더 안전한 정신과 병동으로 다시 옮겼다. 그곳에서 그는 간호사실 건너편에 있는 병실을 배치받고 오랜 입원 생활을 시작했다. 방에 목욕탕이 딸려 있었고, 대부분 혼자서 변기로 몸을 옮길 수 있었다. 그러나 간호사의 도움이 필요한 수준이 예상할 수 없을 정도로 오르락내리락을 거듭했고, 거기에 더해 병이 점점 더 악화될 뿐이라는 사실을 그는 잘 알고 있었다. 그럭저럭 보내는 사이 정신과 병동은 그의 집이 되었고, 거기서 일하는 직원들은 그의 가족이 되었다(이 부분이 중요한데 곧 이유를 설명하겠다). 나와 만났을 즈음 그는 이미 9개월 동안 병원 생활을 하고 있었다.

테드의 '조력 사망 시행'에 참석한 지 얼마 지나지 않은 2016년 7월, 바스키 박사가 내게 전화를 했다. 그가 돌보고 있는 조라는 환자가 의료 조력 사망의 입법 과정을 주의 깊게 지켜봐왔는데 누구보다도 먼저 조력 사망 시행을 받고 싶어 한다는 것이었다. 하지만 그의 요청은 쉽게 받아들여질 수 없었다. 스카보로 그레이스는 의료 조력 사망을 한 번도 제공해본 적이 없을 뿐 아니라, 조력 사망은 구세군의 기독교적 정신에 뿌리를 둔 창립 정신에 배치되는 것이었다. 병원의 이사진이 절대 찬성하지 않을 것이 분명했다.

그렇다고 해서 포기할 조가 아니었다. 그는 자기 방식으로 죽기를 원했다. 그의 죽음에 관해 대화 나누기를 원치 않는 사람이 있으면 그는 이렇게 고집했다. "그 이야기를 해야 해요. 숨을 수 있는 일이 아니에요. 나에 관한 문제잖아요. 내가 어떤 느낌으로 사는지 이해해주면 좋겠어요. 난 이런 식으로 살고 싶지 않아요." 그는 물리학자 스티븐 호킹을 자주 언급했다. 호킹처럼 살아야 한다는 생각에 조는 치를 떨었다. "절대 못 해요." 그는 그렇게 말하곤 했다. "난 말할 수 있도록 돕는 기계를 살 돈도 없어요." 병동의 간호사 한 명이 그와 의견을 달리하자, 그는 휠체어에 탄 채 그 간호사 뒤를 쫓아 복도를 따라가면서 외쳤다. "뒤로 돌아요. 나랑 이야기를 끝내야지요!"

"조는 죽기 전 8개월 동안 우리에게 죽어가는 게 뭔지 가르쳐줬어요." 그의 사촌 웬디가 말했다. "괴롭히는 식이 아니라, '이건 알아줬으면 좋겠어, 이건 이해해줘'라는 식으로요. 자기 몸이 어떻게 기능을 잃어가는지, 그럴 때 어떤 감정이 드는지에 관해서였죠. '날 위해 슬퍼하지 마, 나를 지지해줘. 자기 연민 같은 것에도 빠지지 말고.' 그러다가 이렇게 말하곤 했어요. '죽은 다음에 내 말대로 하는지 따라다니며 볼 거야.'"

스티븐 바스키 박사가 조에게 정신과 주치의 이상의 역할을 해준 것은 조에게 행운이었다. 바스키 박사는 그의 대변인이자 구세주, 조가 사는 집의 주인 역할까지 했다. 조는 자기 케이스를 병원 이사진에게 프레젠테이션을 하듯 설명해야 했다. 그는 집에서 의료 조력 사망을 시행하길 원했는데 병원이 바로 자기 집이라고 이사진에게 말했다. 평생 세일즈맨으로 살며 노하우를 다진 조는 효과적으로 설득하는 방법을 잘 알고 있었다. 그는 ALS의 연구에 도움이 될 수 있도록 자신의 뇌와 척수를 근처에 있는 서니브룩 건강 과학 센터의 집중 초음파 연구 팀에게 기증하면 얼마나 이 질병의 이해에 도움이 될지 열정적으로 설명했다. 이미 기증 절차를 모두 완료한 상태라는 사실도 강조했다. 자신이 사망한 직후에 스카보로 그레이스에서 서니브룩으로 그의 시신을 신속하게 이송하는 데 드는 비용은 200달러고, 이미 그 비용을 현금으로 준비해뒀다고도 했다.

이사진은 그의 요청을 승인했다.

바스키 박사는 내게 조의 요청을 심사하는 두 명의 의사 중 한 명이 되어줄 뿐 아니라 이 병원이 제공하는 첫 번째(이자 어쩌면 유일한) 의료 조력 사망 시행을 주도하는 의사가 되어달라고 했다. 나는 목이 메었지만 주저하지 않고 바로 그러겠다고 대답했다.

나는 조가 입원해 있는 병동의 문 앞에서 바스키 박사를 만났다(기억하겠지만 그는 출입문을 잠가두는 정신과 병동에 있었다). 박사는 거의 목숨을 앗아갈 뻔한 인슐린 과다 복용, 인슐린 쇼크, 우울증 등에도 불구하고 조의 정신 상태나 뇌 기능에 아무런 문제가 없다고 확인해줬다. 바스키 박사는 조가 이사진을 설득하는 데 성공하고, 병원 전체가 그의 요청을 응원한 과정을 자랑스러워했다. 외부 심사를 맡은 내가 조의 요청을 승인하면, 다음 단계는 부서 간 실무 회의가 열릴 것이었다. 모든 관계자가 아주 상세한 작은 부분까지 빠짐없이 어떻게 이 일을 진행할 것인지에 관한 방안을 마련해야 했다.

나는 바스키 박사와 함께 조의 방으로 갔다. 조는 입고 벗기 쉬운 평상복 차림으로 휠체어에 앉아 기다리고 있었다. 약간 마른 편이었지만 영양 상태는 좋아 보였고, 면도도 깔끔하게 한 말쑥한 인상으로 입술에는 미소가, 눈에는 장난기가 흐르는 사람이었다.

"어떻게 이 결정을 하시게 되었습니까?" 내가 물었다. 그는 길게 대답을 했다.

조는 어릴 때 할머니의 농장에서 남동생, 그리고 웬디를 포함한 사촌들과 함께 긴 시간을 보냈다. 소똥을 피해가며 들에서 뛰어다니곤 했는데 소아 당뇨를 가지고 있던 조에게는 그런 놀이가 다른 아이들보다 조금 더 힘들었다. 조는 사촌 중에서도 웬디를 제일 좋아해서 손을 잡고 함께 뛰어줬고, 그녀가 넘어지면 일으켜 세워주는 오빠였다. "나 때문에 우리 둘 다 꼴찌를 해도 상관없었어요." 웬디가 말했다. "조는 늘 주변 사람들을 돌볼 줄 알았죠."

성인이 된 후 조는 동생과는 멀어졌지만 웬디와는 가깝게 지냈다. 두 사람은 서로를 말썽쟁이라 불렀다. 둘 다 결혼 두 번이 모두 이혼으로 끝났기 때문이다. 그들은 친척들의 결혼식에 참석할 때 두 사람이 파트너로 가면 되겠다고 농담을 했다. 조는 웬디의 딸과 아들에게 좋은 삼촌이었다. 자살 시도가 실패로 끝난 후 그가 웬디에게 전화한 것은 어쩌면 당연한 일이었다.

스카보로 그레이스에 입원을 한 후 조는 직원들 사이에서 최고의 인기를 누렸고, 모두 그의 어려움을 덜어주기 위해 최선을 다했다. 또 고등학교 친구 몇 명이 가끔 방문해서 이발소나 식당으로 외출을 시켜주기도 했다(조는 특히 녹인 치즈를 끼얹은 감자튀김 요리인 푸틴과 초콜릿 소다를 좋아했다). 하지만 그런 소소한 행복마저도 점점 사라져가고 있었다. 친구에게 부탁해 펜케이크 집에 가서도 한입 먹은 다음 포크를 내려놓은 적도 있었다. "내가 기억하는 맛이 아니네." 나중에는 더 이상 음식을 삼키질 못해서 영양 공급용 관을 끼워야 했지만 그래도 친구들에게 햄버거나 에그 맥머핀을 사다 달라고 부탁했다. 먹지를 못하기 때문에 그냥 옆에 놓아두기만 했지만 냄새는 맡을 수 있었다.

조는 이제 악화될 수밖에 없는 병세에 따라 다른 사람들에게 점점 더 의지하는 일만 남았고, 자기는 그것을 받아들일 수 없다고 내게 말했다. 통증이 심하지는 않지만 힘이 점점 빠지고 마비 증세가 서서히 퍼지는 것을 느낄 수 있었다. 그는 간호사들에게 화장실 가는 것을 도와달라고 하는 것도 견디기 힘들어

했다. 바로 그런 이유 때문에 그의 병실을 간호사실 바로 앞으로 배치했는데도 말이다. 그는 사후 세계를 믿지 않았지만, 한 친구가 천국은 아는 사람들이 모두 드나드는 즐거운 동네 바 같은 곳이라고 이야기해준 적이 있는데 그 이미지가 참 마음에 들었다. 그는 그 바에서 어머니와 삼촌들을 만나서 한잔하고 싶었다. 바스키 박사와 나는 그의 요청을 승인했고, 8월 중에 시행을 할 수 있도록 목표를 세웠다.

내가 상세한 부분을 확인하고 조율하는 동안 날짜가 흘러갔다. 나는 스카보로 그레이스에서 임시 방문증을 받아(모든 객원 의사가 그렇게 해야 했다), 의료 조력 사망에 필요한 계산을 제대로 하고 있는지 확인해야 했다. 당시에는 의료 조력 사망을 요청한 환자는 열흘 간의 숙고 기간을 가지도록 되어 있었다. 하지만 그 열흘을 언제부터 세야 하는 것일까? 요청을 한 날로부터? 아니면 승인이 난 날로부터?

해결해야 할 더 큰 문제들도 있었다. 의료 조력 사망이 합법화된 후 초기에는 환자가 '위중하고 치유 불가능한 의료상의 문제'를 가지고 있어야 하고, 그 상태는 네 가지 조건에 의해 정의되었다. 첫째, 심각하고 치료가 불가능한 질환이나 장애를 가지고 있어야 한다. 둘째, 신체 능력에 돌이킬 수 없는 퇴행이 상당히 진행되었어야 한다. 셋째, 환자가 가진 의료상의 문제가 지속적인 육체적 혹은 심리적 고통을 야기해 견딜 수 없고, 환자가 받아들일 수 있는 방식으로 고통을 완화할 수가 없는 상태여야 한다. 넷째, '어느 정도 가까운 시일 내에 자연사를 할 것이라는 합리적 예측이 가능reasonably foreseeable natural death'해야 한다. 우리 의사들은 곧바로 이 마지막 조건을 줄여서 RFND라고 부르기 시작했다.

RFND 조항은 사망까지의 과정이 엄격한 시간표에 부합되지 않는 취약한 사람들을 위해 추가한 법적 보호 장치다. 바로 조와 같은 사람들이 거기에 해당한다. 환자는 '어느 정도 가까운 시일 내에 자연사를 할 것이라는 합리적 예측이 가능'한 질병이나 장애를 가지고 있어야 하고, 우리 의사들은 사례마다 다르게 '어느 정도 가까운 시일'이라는 것이 어떤 의미인지, 몇 주를 말하는 것인지, 아니면 몇 달인지, 몇 년인지를 해석해야 한다(의사는 의료 조력 사망 사례의 합법성을 매번 검시관에게 증명해야 한다. 이 문제에 관해서 나중에 더 자세히 이야기하자). 바스키 박사와 나는 조의 경우에는 이 '합리적 예측이 가능한' 시일을 매우 넓게 해석해서 적용하기로 합의했다. 그의 질병과 상태는 치명적이라 부르기에 충분했다.

하지만 의사들이 해석하도록 남겨둔 부분은 정말이지 미칠 정도로 애매하다. '합리적'이라는 게 도대체 무슨 뜻인가? 누구에게 합리적이어야 할까? 의사들은 RFND 조항을 두고 몇 주, 몇 달, 몇 년의 개인 시간을 들이면서 토론을 했다. 그리고 마침내 법원이 수정했다. 2021년, 퀘벡 고등 법원은 이 조항이 위헌이라 판결하고, 삭제를 명령했다. 같은 해 연방 의회가 C-7 법안을 통과시키고 의료 조력 사망 자격 요건에서 이 조항을 삭제했다.

다시 조의 이야기로 돌아가보자. 의료 조력 사망 시행 초기에는 애매한 법적 책임 문제를 해결해야 하는 의사들을 위해 설립된 캐나다 의료인 보호 협회Canadian Medical Protective Association에서 의료 조력 사망 시행자들에게 특정 환자가 RFND 조건에 부합하는지 여부를 판단하는 데 도움을 제공했다. 하지만 나는 조언을 요청하기가 망설여졌다. 내 경험상으로 거기서 제공하는 조언에 일관성이 없었기 때문이다. 같은 질문으로 전화를 해도 전화를 받는 사람이 누구냐에 따라 답이 달랐다.

바스키 박사와 나는 의료 조력 사망의 초기 시행자로서 어떻게 이 일을 해야 하는지에 관한 결정을 외부에 의존하고 싶지 않았다. 수동적으로 앉아서 승인을 기다리고 싶지 않았다. 첫째, 대답이 올 때까지 얼마나 기다려야 할지 누가 알겠는가? 둘째, 그리고 더 중요한 사실은 우리가 길을 내고 싶었다. 다른 사람이 정해놓은 규칙을 따르고 싶지 않았다. 우리는 그 규칙을 스스로 쓰고 싶었고, 써야만 했다.

러닝머신으로 운동을 하다가 뉴스를 들은 순간 느꼈던 확신, 내가 이 일을 할 적임자 중 하나라는 확신은, 부분적으로 의료 조력 사망 전문가로서 내가 할 일이 제한, 규제, 불가능한 이유에 초점을 맞추는 게 아니라 긍정적인 가능성으로 향하는 길을 보여주는 일이라는 깊은 소신에서 나왔기 때문이다. 우리 의사들(그리고 얼마 가지 않아 대열에 동참할 간호사들)이야말로 이러한 결정을 해야 할 장본인이다. 날마다 환자를 돌보면서 얻은 경험과 기술을 지닌 사람들이 바로 우리이기 때문이다. 우리가 하는 일이 합법적인지의 여부에만 신경을 집중하는 데 그쳐서는 안 된다. 정말로 집중해야 할 문제는 환자들에게 옳은 일을 하는 것이 되어야 한다. 진료실에 들어오는 모든 환자들에게 그러하듯 말이다.

그즈음 이 문제에 관해 서로를 돕기 위해 캐나다 전역의 의사들이 관계망을 형성하기 시작하고 있었고(이 부분은 나중에 더 자세히 이야기하겠다), 초기에는 약물을 어떻게 주입할지에 관해서도 의견이 분분했다. 알약을 경구 투입할 것인지, 일련의 주사를 통해 혈관으로 직접 주입할 것인지에 대한 토론이 진행되었다. 결국 정맥주사가 훨씬 낫다는 쪽으로 의견 일치를 보았다. 신속하고, 고통이 없으며, 신뢰할 수 있는 방법이기 때문이다. 그리고 의사가 상황을 통제할 수 있었다. 경구 투입한 약을 토해내는 환자도 많고, 약을 먹은 후 환자가 잠이 들지만 사망까지 이르지 않는 경우는 또 어떻게 할 것인가? 깨워서 약을 하나 더 먹으라고 권할 것인가? 의료 조력 사망 시행 의사들은 마취과 전문의들의 조언을 받아 필요한 약물 네 개와 각 약물의 양을 결정했다. 우리 모두 실수 없이 일을 해내기를 원했고, 그래야만 했다.

8월에 예정된 조의 시행일 하루 전, 나는 스카보로 그레이스에서 열린 부서 간 회의에 참석했다. 의사, 간호사, 직원 20여 명에 더해 병원 CEO까지 참석해서 상세한 사항을 하나하나 확인했다. 회의는 두 시간이 넘게 계속됐다. 문제는 주로 인력에 관한 것들이었다. 누가 관여할 것인가? 간호사는 몇 명이어야 하나? 간호사, 청소원 등의 직원들 중 누군가가 이 일이 자신의 양심에 배치된다고 반대하면 어떻게 할 것인가? 반대 의사를 표현한 사람은 일에서 제외할 것인가? 그 사람들의 의견을 의료 조력 사망 시행 팀에 어떻게 알릴 것인가? 또 하나의 큰 문제는 조의 계획에 대한 소문이 정신 병동에 입원한 다른 환자들 사이에 퍼져 나가지 않도록 어떤 조치를 취해야 할지였다. 그 소문을 접한 환자들은 그것을 사랑하는 동료 환자에 대한 배신으로 받아들이지는 않을까? 불신과 두려움이 확산되지는 않을까?

회의가 끝난 후, 바스키 박사가 조를 위해 마련하고 있는 방을 보여줬다. 병동에서 멀리 떨어진 곳에 조심스럽게 준비되고 있었다. 이사진 중 자원자가 페인트, 가구, 스탠드 조명, 그림 등을 주문했다. 편안하고, 따뜻하고, 병원 같지 않은 분위기였다. 바스키 박사는 자랑스럽게 방을 보여줬고, 나는 이 일을 가능하게 하기 위해 얼마나 많은 사람들이 노력을 기울였는지를 깨닫고 감명을 받았다. 조는 내가 경험한 일반적인 정신 병동을 뛰어넘는 흔치 않은 공동체에 속해 있었다.

그날 밤, 나는 필요한 약물과 주입법에 대해 적어놓은 노트 내용을 다시 살펴봤다. 그런 다음 한 번 더 복습했다. 심지어 참고할 수 있는 그림까지 그려서 어느 주사기를 어느 약에 사용해야 하는지, 순서는 어떻게 해야 하는지를 정리했다. 이번 실행은 내가 주도하는 일이었다. 완벽하게 진행할 책임이 나에게 있었다. 잠자리에 들 때는 사용할 약품 중 하나인 프로포폴에 관해 동료 의사가 해준 조언을 생각하지 않으려고 노력했다. "큉

장히 농도가 진해서 우유처럼 보이는 약이에요." 그가 말했었다. "혈관에 주입하려면 주사기에 체중을 실어 눌러야 할 거예요." 나는 억지로 잠을 청했다.

조와는 11시에 만나기로 되어 있었다. 항상 대중 교통을 이용하는 편이지만, 그날 아침에는 나 자신에게 택시 타는 것을 허락하기로 했다. 택시에서 내리면서 보니 벌써부터 달아오른 8월의 열기에도 불구하고 서른 명 정도 되는 사람들이 모여 있었다. 조를 위한 모임이라는 것을 본능적으로 느낀 나는 그쪽으로 향했다.

조가 직접 계획한 일이었다. 그는 함박웃음을 지으며 조카, 조카사위, 아이, 간호사, 사회복지사, 그리고 웬디를 비롯한 많은 사촌들에 둘러싸여 있었다. 그들 중 일부는 의료 조력 사망에 동의하지 않았지만 조를 위해 그 자리에 와주었다. 마리화나를 좋아하는 조를 위해 간호사들이 마지막으로 몇 모금 피울 수 있도록 도왔다. 조와 60년 지기인 테리를 비롯해서 파티에 참석한 이들 중 많은 수는 상황을 견딜 수 없을 것 같아 병실까지 따라 들어가지 않을 예정이었고, 거기에서 그가 제일 좋아하는 술인 아마레토를 들고 다 함께 건배를 했다.

제일 먼저 그곳에서 빠져나와서 병원 건물 안으로 들어간 건 나였다. 마취과 의사가 현관에서 나를 기다리고 있었다. "처음이에요?" 그가 물었다.

"네." 내가 고백했다. 안심이 됐다(도움을 받을 수 있을 것이다!). 하지만 동시에 실망스럽기도 했다. 긴장하고 있는 것이 그렇게 드러났나?

"이렇게 하면 어떨까요?" 그가 말했다. "제가 약물 주사기를 모두 준비해서 순서대로 건네드릴게요."

바로 그때 병원의 CEO가 정맥주사 관을 어깨에 걸친 채 모퉁이를 돌아 우리 쪽으로 왔다. "여기서 만날 수 있어서 다행이에요." 그가 말했다. "병원에서 새로 도입한 정맥주사 관이에요. 바늘을 사용할 필요 없이 주사관만 돌려서 연결하면 됩니다. 시작하기 전에 보고 싶어 할 것 같아서 미리 가져왔어요."

파도처럼 밀려오는 커다란 안도감에 나는 전날 밤 꾼 악몽에 대해 주절주절 말하기 시작했다. 의과대학 학생 때 일어난 일을 연상시키는 꿈이었다. 주사 놓는 솜씨가 없는 나를 혼내주기 위해 내 사수는 수술을 앞둔 수많은 환자들의 정맥주사를 준비하는 임무를 맡겼다. 환자들과 간호사들은 모두 수술실로 얼른 가고 싶어 하는데, 나는 서투르기 짝이 없는 데다 중압감에 더 허둥댔다. 나는 그 악몽과 초보 때의 기억 덕분에 땀에 젖은 채 눈을 떴다. 둘 다 다시 반복할 생각이 없었다. 조에게는 흠잡을 데 없는 경험을 하게 해주고 싶었다.

밝게 꾸며진 새 병실에 도착해 보니 방 안은 이미 조의 가족과 친구들뿐 아니라 꽤 많은 병원 직원들로 가득차 있었다. 조의 결혼식에서 신랑 들러리를 했던 다섯 명이 모두 와서 결혼식 사진을 돌려 보고 있었고, 전 부인들 중 한 명도 있었다. 조는 사람들이 들어설 자리를 마련하기 위해 구석으로 밀어서 붙여놓은 병원용 침대에 누워 있었다. 아직 죽지 않은 사람의 문상을 온 사람들이 모인 방의 분위기는 활기찼다. 90세나 되어 쇠약해진 데다 굳건한 가톨릭 신자인 조의 고모까지 참석해서 조를 놀라게 했다. 그는 고모가 오지 않을 것이라 확신했었다. 종교적 신념 때문에 할 수 없이 조카의 영혼이 지옥에 떨어지라고 저주할 것이라 생각했던 것이다. 하지만 그녀는 조를 용서한 듯했다.

내가 방에 들어서자 모두가 나를 쳐다봤다. 이미 익숙해진 일이었다. 나는 조에게 곧바로 다가갔다. "병원 앞 광장에서는 정말 좋으셨지요? 엄청나게 많이 모였던데요." 내가 말했다. 그는 모여든 사람들에게 고마운 마음과 수줍음에 미소를 지었다. 나는 필요한 질문을 던졌다. 마운트 시나이 병원의 서류에 실린 아홉 개의 질문을 조금 더 짧게 수정해서 만든 것들이었다. 조는 "네, 진행하길 원합니다"라고 대답했다.

나는 스스로에게 침착하라고 일렀다. 이 사람들은 모두 한 번도 경험해보지 못했거나 생각지도 못했던 일을 목격하기 위해 여기 모인 것이다. 속도를 늦추고 무슨 일이 벌어질지 설명할 필요가 있다. 사람들이 마음의 준비를 하는 것을 도와야 했다.

나는 시간을 할애해서 나, 간호사, 마취과 의사, 바스키 박사로 된 조력 사망 시행 팀을 소개했다. 그리고 어떤 과정을 밟게 될지도 설명했다. "네 가지 다른 약물이 사용되는데 정맥주사로 주입합니다. 첫 번째 약물은 미다졸람인데 조를 잠들게 할 거예요." 다음 세 가지 약물은 여기 모인 사람들에게 아무런 의미가 없을 것 같아 이름을 말하지 않았다. 하지만 각 약물이 어떤 역할을 하는지 설명하고 이렇게 덧붙였다. "임종은 평화롭고 신속할 겁니다."

병원 목사 팸 바우어가 잠시 진행을 맡았다. 50대 중반인 그녀는 방 전체를 환하게 밝히는 느낌을 주는 사람으로, 자연스러운 리더십으로 어려움에 처한 사람들을 인도해온 풍부한 경험을 그날도 십분 발휘했다. 그녀는 자기와 조가 적절한 노래를 골랐다고 설명하고는 휴대용 카세트의 버튼을 눌렀다. 몬티 파이튼의 〈언제나 인생의 밝은 면을 바라봐Always Look on the Bright Side of Life〉가 병실을 채웠다. 웃음소리가 몇 번 들렸다. 그리고 조가 말했다. "마음이 평화로워요." 우리 모두를 안심시키는 말이었다.

팸은 좌중에게 덧붙이고 싶은 말이 있는지 물었다. 조가 외쳤다. "얼른 시작하자고!" 그러자 아무도 시키지 않았는데 웬디가 그의 침대 발치 쪽에 올라 앉았다. 약물이 주입되는 동안 사촌을 안아주기 위해서였다.

나는 미다졸람을 주사했고, 그의 눈이 감겼다. 내가 잠시 기다렸다. "나 아직 깨어 있어요." 조가 낮게 읊조렸다. 다시 한번 웃음소리가 울렸다. 이번에는 모두 폭소를 터뜨렸다. 조가 들은 마지막 소리가 이 웃음소리라는 사실이 나는 기뻤다.

마취과 의사가 다른 주사기들을 내게 건넸던 것을 기억한다. 내 손이 떨리지 않았던 것을 기억한다. 모든 게 눈 깜짝할 사이에 진행되었던 것을 기억한다.

조의 맥박이 멈춘 후, 나는 기다렸다. 심장에 청진기를 대보았다. 아무 소리도 들리지 않았다. 그의 동공을 확인했다. 확장

된 채 고정되어 있었다. 나는 방에 모인 사람들에게 말했다. "끝났습니다." 침묵을 지키던 사람들이 몸을 조금 뒤척였다. 조의 친구 중 한 명이 내게 다가왔다. "이제 떠난 건가요?" 그녀가 물었다. 그제서야 나는 내 말이 확실치 않았다는 사실을 깨달았다. 그때부터는 늘 "사망 시간은…"으로 시작해 정확한 시간을 말하는 법을 배웠다. 모두가 알 수 있도록.

나는 모인 사람들을 헤치고 조의 고모에게 다가가 와줘서 정말 기쁘고, 조도 똑같이 생각했을 것이라 말했다. 가족과 친구들은 계속 서성거렸다. 어떻게 해야 할지 모르는 것일 수도 있고, 흩어져서 각자의 삶으로 돌아갈 준비가 되지 않아서일 수도 있다. 서둘러 자리를 뜨는 사람은 없었다. 그럴 필요가 없었다. 여러 면에서 장례식 뒤풀이와 비슷한 분위기였다. 예전에 알던 사람을 오랜만에 만나고, 옛 기억을 나누는 자리. 아픔은 느껴지지 않았다. 우리 팀은 이야기를 나누는 사람들을 뒤로 하고 조용히 방에서 나왔다.

웬디가 복도로 나를 따라나왔다. "괜찮으세요?" 그녀가 물었다. 그제서야 나는 울기 시작했다. 내가 깨닫지 못하고 있던 사실, 조의 죽음이 방에 있는 가족과 친구들만큼이나 내게도 큰 영향을 미치고 있다는 사실을 웬디가 알아차렸다는 것에 나는 깜짝 놀랐다. 나는 의사다. 죽음을 목격한 게 처음이 아니다. 웬디는 방금 사촌이자, 평생의 친구를 잃었다. 그럼에도 그녀는 내 걱정을 하고 있었다.

나는 고생스럽고 어려운 일로 울지 않는다. 나를 울게 하는 것은 친절함이다. 나는 바위 같은 사람이다. 하지만 내게 손을 내미는 사람은 나를 무너지게 만든다. 나는 짐이 아무리 무거워도 무릎을 꿇지 않지만 누군가 손을 내밀어 그 짐을 들어주면 무릎이 꺾이고 만다. 웬디가 팔을 뻗어 나를 꼭 안아줬고, 나도 그녀를 안았다.

병원을 떠나면서 나는 영혼의 갈등을 전혀 느끼지 않았다. 사람들은 가끔 내게 묻는다. "히포크라테스 선서는 어떻게 하고요? 환자의 심신에 해로운 일을 하지 않겠다는 선언 말이에요." 믿지 못하겠지만 의사가 하는 많은 일이 실은 해롭다. 우리는 누군가를 살아있게 한다는 명목으로 해를 끼치고 고통을 지속시킬 때가 많다. 화학 요법을 더 하세요. 방사능 치료를 더 해야 합니다. 새롭게 시도해볼 방법은 항상 있게 마련이다. "이제 그만 살고 싶어요"라고 누가 말해도 우리는 그 말에 귀를 기울이지 않도록 훈련을 받았다.

의료 조력 사망이 다른 점은 물론 내가 죽음의 사신 역할을 한다는 사실이다. 내가 환자를 죽음에 이르게 하는 책임을 진다. 하지만 그것은 내가 기꺼이 지겠다고 동의를 한 짐이다. 그것이 잘못되었거나, 부도덕하거나, 적절치 못하다고 생각하지 않는다. 나는 어떤 이들에게는 그것이 옳은 일이며 친절한 일이 될 수도 있다고 생각한다. 하지만 내게 그것이 짐이라는 사실, 언제나 짐일 것이라는 사실은 부인할 수 없다. 이 일을 하기 위해서는 그 짐, 내가 적극적으로 누군가의 죽음을 초래했다는 짐을 질 수 있어야 한다. 나는 그 짐을 영원히 내려놓지 못할 것이다.

하지만 8월의 그날, 내 영혼은 평화로웠다. 나는 버스와 지하철을 차례로 갈아타고 사무실로 돌아왔다. 창밖으로 시내 풍경이 흘러가는 것을 지켜봤다. 삶을 살아내는 광경들을 지켜봤다. 조를 잘 알지도, 오래 알지도 못했지만 그의 삶에 그의 죽음이 누가 되지 않게 하겠다고 내 스스로에게 약속을 했었다. 그리고 그에게 부끄럽지 않게 내 일을 해냈다고 느꼈다. 외롭게 느껴졌던 테드의 죽음과는 달리, 조의 죽음은 언젠가 러닝머신 위에서 뉴스를 듣고 상상했던 이상적인 시나리오 그 자체였다. 자신의 결정에 확신하는 환자. 그를 존중하고 지지하는 가족. 조를 잘 알고 그를 가족처럼 돌봤던 특별한 직원들. 그리고 이 과정의 배경이 되어준 장소. 그 모든 것이 그의 마지막을 더 쉽게 만들었을 뿐 아니라 이 일을 시작하는 내게도 큰 도움이 되었다. 나는 앞으로 내가 하게 될 의료 조력 사망 시행이 이렇게 흘러갈 것이라 생각했다.

틀린 생각이었다.

아이린

이상적인 조력 사망이라는 게
존재하기는 할까?

밥을 먹여주고 옷을 입혀주고 몸을 씻겨줄 사람, 높은 확률로 전혀 모르는 사람의 도움을 필요로 한다는 걸 생각만 해도 견딜 수 없는 환자가 있을 수 있다. 어떤 환자는 기억을 잃어가다가 결국 사랑하는 사람도 알아보지 못할 것이라는 사실을 두려워할 수도 있다. 삶의 질은 바닥에 떨어진 채 영혼도 없이 기저귀를 찬 껍질에 불과하게 될 것이라는 생각, 더 이상 자기 자신으로 살 수 없을 것이라는 생각. 그것은 의사들도 치료할 수 없는 문제다.

나는 환자가 늘 진료를 받던 가정의에게서 의료 조력 사망 시행을 받아야 한다는 신념이 있었고, 초기에는 모두가 나와 의견을 같이 할 것이라고 굳게 믿었다. 아이린은 그런 내 신념을 시험할 좋은 케이스였다. 그녀는 15년간 내 환자였다. 나는 그녀의 이야기와 역사, 가족을 잘 알았다(그녀의 아들 중 한 명도 내 환자였다). 남편을 여읜 후 슬픔에 빠진 그녀를 도왔고, 그녀가 다시 일어나 자신을 재발견하는 것을 지켜봤다. 그녀가 노년에 창의성을 꽃피우고, 사람들을 사귀고, 모험하는 것을 목격했다. 그녀가 암 진단을 받았을 때도 난 거기 있었다. 그녀가 의료 조력 사망을 공식적으로 요청하기 위해 나를 찾았을 때는 이미 자신이 남편처럼 병에 걸리면 어떻게 해달라는 이야기를 몇 년에 걸쳐 수없이 들은 후였다. 그래서 내가 조력 사망을 제공하겠다고 약속하는 것은 어렵지 않은 선택이었다. 내가 그녀를 실망시키는 건 꿈에도 생각하고 싶지 않은 일이었다.

대부분의 환자는 의료 조력 사망을 요청하지 않을 것이다. 삶의 마지막이 어떤 모습이든 1초라도 더 살기를 원하는 것이 사람이기 때문이다. 조력 사망을 원하는 건 일반 대중의 2~4퍼센트 정도다. 이 통계는 벨기에, 오스트레일리아, 미국 일부 주등 나라가 달라져도 거의 변하지 않고, 조력 사망이 합법화된 이후(스위스는 1942년에 합법화되었다) 매년 거의 동일했다. 캐나다에서 늘 믿고 받아들이는 네덜란드 자료에서도 몇십 년 동안 4퍼센트가량이 꾸준히 유지됐다. 일반적으로 의료 조력 사망을 원하는 사람들은 이 문제에 관해 지적이고 철학적인 관점에서 철저하게 생각해본 후 요청을 한다. 다른 사람의 어렵고도 고통스러운 죽음을 가까이에서 지켜본 경험이 있고 자신도 고통을 겪어온 경우가 많다. 그들은 자신이 무엇을 원치 않는지를 확실히 알고 있다.

의료 조력 사망 요청을 고려하는 가장 흔한 이유는 의미 있는 활동을 할 수 있는 능력이나 일상 생활을 영위할 능력을 상실하고, 크나큰 통증과 고통이 예상되기 때문이다. 지난 몇십 년 사이 통증 관리 기술이 크게 진보했고, 고통 완화 전문의들이 통증에 대한 두려움을 누그러뜨리는 데 점점 더 큰 성공을 거두고 있다. 그러나 의학이 아무리 발달해도 누군가의 돌봄에 의존해야 한다는 두려움과 근심을 해소하는 일은 그렇게 단순하지가 않다. 밥을 먹여주고 옷을 입혀주고 몸을 씻겨줄 사람, 높은 확률로 전혀 모르는 사람의 도움을 필요로 한다는 걸 생각만 해도 견딜 수 없는 환자가 있을 수 있다. 어떤 환자는 (질병에 따라) 기억을 잃어가다가 결국 사랑하는 사람도 알아보지 못할 것이라는 사실을 두려워할 수도 있다. 삶의 질은 바닥에 떨어진 채 영혼도 없이 기저귀를 찬 껍질에 불과하게 될 것이라는 생각, 더이상 자기 자신으로 살 수 없을 것이라는 생각. 그것은 의사들도 치료할 수 없는 문제다.

사람들은 존엄성을 잃지 않기를, 가족들에게 남기는 마지막 기억이 좋은 것이기를 바란다. 그리고 바로 그게 아이린이 원한 것이었다.

우리는 그녀가 76세였던 2002년에 만났다. 나는 보자마자 그녀가 좋았다. 활기차고 재치와 에너지로 넘치는 사람이었다. 대화를 나눌 때면 그녀의 눈이 유쾌함과 흥으로 반짝였다. 그녀는 각계각층, 온갖 종류의 사람들과 의기투합하곤 했다. 자연스럽게 사람을 끌어당겼고, 상대는 기꺼이 끌림에 응했다. 그녀는 온타리오주의 작은 마을 출신으로, 그 마을 형성 초기에 증조부모가 그곳에 정착했다. 가족이 운영하는 작은 가게가 있었지만 대공황 때 잃었다. 아이린은 예술 대학에 갈 학비를 벌기 위해 군에 입대했다. 그리고 거기서 남편 아니를 만났다.

아니는 화가이자 그래픽디자이너로 이름을 날렸다. 그는 평생 담배를 피운 애연가이기도 했다. "남편은 담배를 손에서 놓는 법이 없었어요. 필터도 없는 담배였죠." 아이린이 내게 말했다. 두 사람은 세 아들 제이, 스티브, 리건을 두었고, 아이들을 기르기 위해 아이린은 예술가로서의 꿈은 한쪽으로 밀어놓아야 했다. "예술가가 둘 있는 결혼 생활은 가능하지가 않아요." 그녀는 종종 그렇게 말하곤 했다.

아이린은 삶을 사랑했고, 그 사랑을 가족에게 쏟아부었다. 요리 잡지를 사서 토요일에는 실험적인 요리로 저녁 식사를 차리곤 했다. 금요일은 스파게티 먹는 날로 정하고 정원에 있는 테이블에서 식사를 하면서 아니가 직접 만든 포도주를 마셨다. 페미니스트인 아이린은 아들들을 데리고 임신중단권 옹호 집회에 참석했다. 예술가로서의 커리어를 갖지 않았다고 해서 자신의 창의성과 예술에 대한 열정을 저버린 것이 아니었다. 헤드스카프와 뱅글 등의 패션 아이템을 멋지게 소화하는 아이린은 자기 옷을 직접 디자인하고, 일부는 요크빌 부티크에 팔기도 했다. 그녀는 비치스 도서관에서 책을 한아름 대출해왔고, 늘 책을 들고 잠자리에 들었다. 할리우드라고 하면 영화도, 스타도 모두 사랑했다. 파티의 꽃이었고, 어디를 가나 그녀가 있으면 생기가 넘치고 일이 진행됐다.

내가 아이린이 만났을 때, 아니는 이미 폐암 치료를 받고 있었다. 그러나 아니가 병에 걸리기 훨씬 전부터 부부는 존엄성을 잃지 않고 죽을 권리에 대한 신념을 가지고 있었다. 1985년, 두 사람의 아들 스티브가 캐나다에서 두 번째로 에이즈 진단을 받았고, 그가 고통 속에서 천천히 죽음을 맞이하는 동안 아니와 아이린도 함께 고통을 겪었다. 그 경험을 계기로 두 사람은 당시만 해도 설립된 지 얼마 안 된 새로운 단체, '존엄사Dying With Dignity'에 가입했고, 세월이 흐름에도 강한 지지를 굽히지 않았다. 사망 선택 유언, 즉 본인이 직접 결정을 내릴 수 없을 정도로 위독한 상태가 되었을 때 존엄사를 할 수 있게 해달라는 뜻을 밝힌 유언을 할 수 있는 권리를 옹호했다.

아니의 건강이 나빠지기 시작할 무렵 아이린은 작품 활동을 재개했다. 위민스 칼리지 병원의 암 병동에 입원한 남편의 침대 옆에서 스케치북을 손에 든 채 앉아 있는 아이린을 본 적도 많다. 그녀는 3분도 채 걸리지 않는 짧은 시간에 재빨리 연필로 스케치하는 재주를 갖고 있었다. 대상이 의식하지 않고 자연스럽게 하는 행동, 가령 지하철에 앉아 있거나, 카페에서 커피를 마시거나, 벤치에 앉아서 신문을 보고 있는 모습을 포착했다. 형식에 얽매이지 않고 편안하면서도 놀라울 정도로 생동감이 넘치는 그림들이었다.

그녀는 나와 진료 약속이 있을 때도 스케치북을 가져오기 시작했고, 우리는 몇 분 시간을 내서 그림을 하나하나 살펴보곤 했다. 특히 기억에 남는 그림은 아니가 바깥에 앉아 겨울 풍경을 그리는 모습을 스케치한 것이었다. 간단한 선으로 표현했지만 사진만큼이나 생생했다.

하지만 아니의 침대 곁을 지키는 긴 시간 동안 그린 고요하고 슬픈 느낌의 스케치들은 이전 것들과 많이 달랐다. 모든 것의 속도가 느려졌다. 그리는 대상, 그녀의 스타일 모두. 그녀는 의자, 의료 장비, 들것, 정맥주사액이 걸린 지지대 등 무생물에 초점을 맞췄다. 아니의 손을 클로즈업해서 정밀 묘사를 한 그림에는 아니의 주름진 피부, 주사 바늘로 부풀어 오른 혈관, 거기 붙은 반창고 등이 묘사되어 있었다. 그 그림들에는 수동성, 기다림, 지켜봄 등의 감정들이 강하게 느껴졌다. 그녀는 악화되어 가는 아니의 상태를 작은 디테일을 통해 포착하고 있었다. 그러다가 페이지를 넘기면 병실 밖 세상으로 나간 그녀의 삶이 보였다. 버스, 지하철, 커피…, 고이지 않고 흐르는 세상. 다시 활기와 생명력이 느껴지는 세상.

아니가 세상을 뜬 후 아이린은 작품 활동에 더 천착했다. 하루 다섯 시간씩 작업을 했고, 수채화와 유화로도 작업 반경을 확장했다. 유럽과 미국에서 열리는 강좌에 참석하기 위해 여행도 했다. 그리고 '토론토 수채화 협회'에도 가입을 했다. 80세 후반의 나이에 경연대회에 출품해서 상을 여러 번 타고, 작품을 판매했다. 함께 어울리는 예술가들과의 파티, 그리고 그곳에 흐르는 포도주를 사랑했다.

2011년 아이린은 방광에 생긴 악성 종양 제거 수술을 했고, 그 후 6개월에 걸쳐 치료를 받았다. 그녀는 그 모든 과정을 씩씩하게 이겨냈다. 2013년에 낙상으로 손목이 부러졌고, 턱뼈에 금이 갔다. 그 직후 운전을 그만두고 외출이나 강좌에 참석할 때 버스를 타거나 친구들 차를 얻어 탔다. 하지만 몇 번 더 낙상을 한 후 혼자 외출하는 것이 두려워졌다. 독립적인 생활이 점점 어려워지고 있었다.

2015년, 제이가 아이린의 집 2층에 있는 공간으로 이사를 했다. 아이린은 나와의 진료에서 했던 말을 제이와 리건에게도 했다. 때가 되면 자신이 어떻게 죽을지를 선택하겠다는 이야기 말이다. 괜시리 오래 끄는 건 하고 싶지 않았다. 그녀는 '존엄사' 협회에 연락해서 사전 연명 의료 의향서에 관해 알아봤고, 제이와 함께 변호사를 만나 의향서에 서명을 했다. 당시에는 그 의향서만으로는 의료 조력 사망 권한을 갖게 되는 것은 아니었지만, 연명 치료에 관한 결정을 내릴 능력이 없어지는 때가 오더라도 아이린이 자신의 운명을 결정할 수 있도록은 해주었다. 그녀의 공책에는 아니의 죽음을 둘러싼 기억이 새겨져 있었다. 입에까지 고름이 차고, 호흡을 돕기 위해 목에 스텐트를 끼워놓은 모습. 그녀는 그렇게 끝을 맞이하고 싶지 않았다. 의료 조력 사망을 원했다. 그리고 내가 시행해주어야 한다고 고집했다는 것은 나중에 리건에게 전해 들었다. "어머니는 생전 모르던 사람이 그 일을 해주는 건 원치 않으셨어요." 그가 말했다.

89세로 접어들면서 그녀는 마른 기침을 하기 시작했다. 처음에는 그림을 그리는 데 사용하는 재료 중 하나에 알레르기가 생긴 것일까 생각했다. 그러다가 기침이 발작처럼 심해져서 틀니가 흔들거릴 지경까지 갔다. 나는 그 부분에 주목했다. 아이린은 40년 동안 담배를 피웠지만 50대 중반에 담배를 끊었다. 기침은 간접 흡연 때문일까? 아니면 오랜 옛날 피웠던 담배들이 이제야 영향력을 발휘하는 것일까? 나는 흉부 엑스레이를 지시

했다.

방사선과 전문의는 아이린의 우측 폐가 쪼그라들어 있다고 했다. 폐렴일 수도 있고, 어떤 덩어리 같은 게 기도를 막고 있는 것일 수도 있었다. 이틀 후 CT 스캔을 해보고 답을 찾았다. 오렌지 크기 정도의 커다란 종양이었다. 종양은 기도에서 척추까지의 공간을 꽉 채우며 자리 잡고 기도뿐 아니라 심장 주변의 혈관도 누르고 있었다. 폐에 여러 개의 결절이 보이는 것으로 보아 종양이 거기까지 퍼진 게 확실했다. 그보다 더 나쁜 소식은 횡경막 아래에 있는 림프절이 커진 것. 전이가 진행되고 있다는 증거였다. 암이 몸 전체로 퍼져 나가고 있다는 의미였다.

아이린과 두 아들은 나를 만나 여러 선택지를 검토했다. 치료를 하지 않으면 3개월에서 6개월 정도 살 수 있었다. 치료를 하면 1년 정도까지 기대할 수 있는 상황이었다. 이런 경우 늘상 하는 대로 암 전문의와 방사선과 전문의를 만나고 조직 검사를 두 번이나 거친 후라 아이린은 자기에게 생긴 암이 최악의 경우라는 사실을 알고 있었다. 아니가 고통받는 것을 목격했음에도 불구하고 그녀는 치료를 받는 쪽을 선택했다. 화학 요법을 3주 간격으로 네 차례 받을 것이었다. 2016년 6월의 일이었다.

그녀의 치료는 순조롭지 않았다. 화학 요법 때문인지, 체중이 줄어서 틀니가 잘 맞지 않아서인지 모르지만, 입안 여기저기가 헐었고 턱이 아팠다. 그녀는 틀니를 사용하지 않기 시작했고, 머리카락이 뭉텅뭉텅 빠졌다. 그런 자기 모습을 사람들에게 보여주고 싶지 않아서 집에서 나오지 않고 숨어 지냈다. 하지만 시간이 흐르면서 예술가 친구들이 너무도 그리워서 가발을 샀고, 다시 작업을 하기 시작했다. 그들은 그녀의 치아가 있든 없든 상관하지 않았다. 8월에 90세가 된 그녀는 마지막 화학 요법을 끝마쳤다. 다시 명랑한 성격을 되찾았고, 복잡한 십자말풀이도 하고, 하루에 세 시간씩 그림을 그릴 수도 있게 됐다. 11월에 열릴 전시회를 위해 작업을 했다.

그러나 9월이 다가오면서 그녀의 종양도 존재감을 더해갔고, 결국 진료 팀은 종양이 '치료에 반응하지 않았다'는 결론을 내렸다. 쉽게 풀어 말하자면 '화학 요법이 효과가 없었다. 의사로서 더 이상 해줄 일이 없다'는 의미였다. 의사들이 '주변 정리를 하세요'라고 말하는 시기가 온 것이다.

아이린의 기분이 곤두박질쳤다. 그녀는 "컨디션이 좋지 않다", "기생충이 된 기분이다"라며 답답해했다. 목욕을 하는 데 도움이 필요했고, 그것을 부끄럽게 생각했다. 입맛도 없어졌다. 나는 식욕촉진제와 항우울제를 처방했다. 그녀는 아들들에게 계속 말했다. "상황이 정말 안 좋아지면 진에게 전화를 해. 진은 내가 원하는 게 뭔지 잘 아니까."

아니가 병에 걸렸을 때 두 사람은 목욕탕이 달린 선룸을 1층에 설치했다. 아니는 병원에 입원할 때까지 그 방에서 지냈다. 예술품이 많고 바닥에서 천장까지 꽉 차게 짜넣은 책장이 있고 정원이 내다보이는 아름다운 공간이다. 이제 아이린이 그 방을 쓸 차례가 온 것이다. 그녀는 그리던 그림들과 퍼즐을 옆으로 밀쳐두었다. 고통 완화 전문 간호사들이 매주 한 번씩 방문하기 시작했다. 11월이 왔고, 그녀는 일주일에 네 번이나 연달아 낙상을 했다. 흠….

　그녀와 나는 생애 말기에 관해 솔직한 대화를 나눴다. 그녀는 집에서 임종하길 원했다. 그리고 연명 치료 거부서에 서명했다. 하지만 내가 그녀의 사망을 돕기 원하는지 묻자 그녀는 망설였다. 나는 깜짝 놀랐다. 늘 그 문제에는 확신을 보였기 때문이다.

　오래전 의사로서 커리어를 처음 시작했을 무렵 나는 왕진을 다녔다. 그러다가 진료실 진료와 24시간 아무 때라도 해야 하는 분만 때문에 너무 바빠지면서 왕진 서비스를 중단했다. 하지만 아이린을 위해서는 일주일에 두 번씩 왕진을 했다. 진눈깨비로 얼룩진 1월이 지나면서 나는 아이린을 볼 때마다 불안해졌다. 그녀는 어느 날 아침에는 잠에서 깬 후, 그날이 자기가 오타와로 스케이트를 타러 가는 날이라고 생각했다. 볼 때마다 그녀의 총명함이 서서히 사라지고, 아이린이라는 인간을 이루는 알맹이가 사라져가는 느낌이 들었다. 나는 아이린을 잘 알았다. 그녀의 확고한 신념과 삶에 대한 태도를. 그러나 그녀는 우리가 이야기했던 것들을 기억하지 못했다. 제이와 나는 그녀가 자신이 원했던 것이 무엇인지 더 이상 기억하지 못한다는 두려움을 갖기 시작했다.

　이미 말했듯 내게는 누구든 평생 돌봐온 가정의가 그 사람의 마지막 의사가 되어야 한다는 확신이 있다. 하지만 아이린에 관해서는 모든 게 불분명하게 느껴졌다. 의료 조력 사망 시행을 시작한 내 새로운 역할이 그녀의 의사로서의 내 역할과 상충하는 건 아닐까? 의료 조력 사망을 선택하지 않아도 그녀는 곧 자연사를 하게 될 확률이 꽤 높은데, 왜 나는 그녀가 동의할 능력을 잃기 전에 군이 의료 조력 사망을 시행하는 데 '꽂힌' 것일까? 의료 조력 사망을 그녀가 원했다는 사실을 상기시키는 것이 그녀가 원했던 장래 모습에 대한 내 약속을 지키는 일일까? 나는 그저 내 임무를 완수하기 위해 90세 여성에게 죽으라는 압력을 넣는 것일까?

나는 아이린이 의료 조력 사망 대상자의 자격을 갖췄다는 사실을 공식적으로 입증하는 진료 기록을 작성했다. 그리고 동료에게 추가적인 평가를 부탁했다. 아이린에게는 요청서를 가져다주었다. 그녀를 위한 준비는 끝났다. 하지만 나는 준비가 되었는가?

...

불확실성은 내 기본 설정 모드가 아니다. 나는 행동을 먼저해놓고 나중에 생각을 하는 스타일이다. 하지만 의료 조력 사망에 참여하고 시간이 흐르면서 그 순서가 뒤바뀌게 되었다. 조력 사망을 시행하기 전 나는 머릿속에서 세세한 부분까지 반복적으로 되짚고 생각을 하고 또 하며, 나 자신과 씨름을 할 때가 많아졌다. 그런 식의 갈등은 결국 터지게 마련이다.

아이린과 마찬가지로 나도 강인한 아동기를 거쳤다. 나는 해밀턴에서 남서쪽으로 50킬로미터 정도 떨어진 온타리오 남쪽 카유가 근처의 건초, 귀리, 밀 등을 키우는 농장에서 자랐다. 우리 아버지 웨슬리 브래트와 어머니 매리 번은 나란히 자리한 농장에서 나고 자랐다. 아버지가 열 살 위였기 때문에 처음에는 어머니를 이웃집 농장 아이로 생각했고, 어머니의 가족사를 어머니 자신보다 더 잘 알았다. 1940년, 해밀턴에서 혼자 살던 어머니가 아버지에게 연락을 했다. 아버지가 같은 도시의 제철소에서 일하고 있다는 것을 알고 있던 어머니가 농장에서 자란 자신의 뿌리와 다시 이어지고 싶어서 한 일이었다. 두 사람은 그렇게 만난 지 1년도 채 되지 않아 결혼을 했다.

이제 나는 우리 아버지의 어린 시절이 얼마나 어려웠을지 잘 안다. 아버지는 1904년, 당시만 해도 제대로 구획도 그어지지 않은 노스웨스트 준주의 개척 농장에서 태어났다. 1906년 어머니를 잃은 아버지와 아버지의 동생 오웬을 아버지의 할머니, 그러니까 내 증조할머니가 동쪽에 있던 가족 농장에 데리고 왔다. 그 가족 농장은 내가 자란 농장 바로 이웃에 있었다.

아버지의 아버지도 이름이 웨슬리였는데(아버지의 이름은 할아버지 이름을 딴 것이다) 그는 캐나다 서부의 개척 농장에 계속 있다가 아들들이 모두 성장한 다음에야 동쪽으로 돌아왔다. 할아버지는 그 후 패리 사운드 북쪽 샤와나가 퍼스트 네이션의 땅에서 사냥꾼이 되었다. 우리가 유일하게 할아버지(와 두 번째 아내 루시, 그리고 두 사람의 딸 아델라이드)를 방문한 것은 내가 일고여덟 살 때였다. 그 방문에 대한 기억은 거의 냄새로만 남아 있다. 소나무, 햇빛에 달궈진 화강암, 나무 연기, 따뜻한 오두막 집의 향기. 지금도 할아버지의 커다란 테리어 반려견 랫스의 젖은 털 냄새와 끝날 것 같지 않던 자동차 여행의 먼지 냄새를 바로 떠올릴 수 있다.

할아버지를 방문한 지 몇 년이 지났을 때 아버지는 자기 아버지를 우리 농장으로 모셔와 임종했다. 내가 처음 참석해본 장례식인 할아버지의 장례식은 우리가 평소에는 잘 들어가지도 않는 우리 집의 격식을 차린 응접실에서 거행됐다. 그 방은 밖으로 나가는 문이 따로 달려 있었고, 구석에 오르간이 있었던 기억이 난다. 할아버지의 시신이 모두가 볼 수 있도록 눕혀져 있었다는 사실 말고는 아무 기억도 나지 않는다. 두려움이나 슬픔은 거의 없이 호기심만 느껴졌다. 의사는 질병과 죽음에 대해 일종의 무심함, 혹은 거리감을 가지는 기술을 단련해야 하는데, 나는 일찍부터 그 면에서는 재능을 보인 듯하다.

나는 언덕 꼭대기, 커다랗고 오래된 떡갈나무 아래 서 있던 우리 집의 모든 면이 좋았다. 뭔가 마술 같은 느낌이 나는 집이었다. 올라가는 계단이 두 개나 있는 2층에 구획이 되어 있지 않은 커다란 아이들 방이 있는 게 좋았다. 마루에 난 틈으로 바로 아래에 있는 커다란 부엌에서 어른들이 이야기하는 걸 엿볼 수 있다는 것도 좋았다. 우리 모두 일주일에 한 번씩만 사용하던 부엌의 양철 목욕통도 좋았다(나는 일주일에 한 번 목욕하는 것에 대해 전혀 이의가 없었다).

부모님은 똘똘 뭉친 하나의 단위였다. 열심히 일했고 한 번도 불평하지 않았다. 그 땅에서 자라고 대공황으로 단련된 부모님은 스스로 생산해낼 수 있는 것 이상을 바라지 않았다. 아버지는 말수가 적은 남자였고, 어머니는 적어도 표면적으로는 아버지의 의견에 따랐다. 아버지는 특히 아이들이 말대꾸하는 걸 참지 못했다. 냉장고 위에 가죽띠를 놓아두었지만 한 번도 그걸 휘둘러야 할 일은 없었다. 언니 매리 루, 바로 한 살 아래인 나, 그리고 나보다 세 살 아래인 조이스, 이렇게 세 딸은 아버지가 안경 너머로 쳐다보는 것만으로도 버릇을 잡기에 충분했다.

우리 셋은 학교에 가지 않을 때는 들에서 열심히 일했다. 잡초를 뽑기도 하고, 콤바인에 타고 밀, 귀리, 클로버 껍질을 벗기는 일을 했다. 그중에서도 클로버는 작업하기가 제일 지저분한 작물이었다. 우리는 수레에 건초 꾸러미를 다섯 층으로 높이 쌓고, 그 위로 기어 올라가 여왕처럼 뽐내며 헛간까지 타고 갔다. 아버지가 모는 트럭 뒤 못 상자 위에 앉아서 화음을 맞춰 노래를 부르며 다니던 우리는 행복하고, 바쁜 아이들이었다.

내가 처음 반항을 하기 시작한 것은 여섯 살 때였다. 구불구불 컬이 많은 헤어스타일을 거부한 것이다. 어머니는 나무 자를 들고 식탁 주변을 돌며 도망치는 나를 쫓았고, 나는 마침내 아무 목적지도 없이 계속 도망치는 일의 허망함에 지쳐서 멈춰 섰다. 나도 의지가 굳은 사람이었지만, 어머니가 한번 무엇을 하겠다 마음먹으면 그 강철 같은 의지를 꺾을 수도, 휘두르는 나무 자를 피할 수도 없었다. 그러니 한숨을 한 번 내쉬고 다시 곱슬머리로 돌아가는 수밖에 없었다. 70대 후반으로 접어들면서 어머니는 매우 실용적인 이유에서 정치 활동을 시작했다. 나이 들어 은퇴한 농부들만 있는 지역에서 거둬들이는 재산세 중 너무 많은 부분이 교육 부문 예산으로 할당되고 있다는 것이 이유였다. 나는 놀랍고도 자랑스러웠다.

난 공부는 잘했지만 가끔 문제를 일으키곤 했다. 성질이 급해서 싸움을 많이 했는데, 특히 쉬는 시간에 다른 아이들을 괴롭히는 깡패들을 참을 수가 없었다. 내 안에 품은 분노가 정당하게 싸울 구실을 찾아 부글부글 끓어오르고 있었다. 집에서는 아버지와 아무 주제라도 두고 언쟁을 벌였다. 전쟁이 일어날 것을 예상한 영리한 사람이 처칠뿐이었는지, 튜더 가문이 영국 왕실을 이어받을 합당한 후계자였는지 같은 문제들 말이다. 결국 우리 둘은 마지못해 공통 분모를 찾아 합의를 하곤 했다. 몇 년이 지난 후에야 나를 자극하는 것이 아버지 나름의 유머였다는 걸 나는 이해하게 됐다. 언쟁이 아무리 뜨겁게 달아올라도 어머니는 침묵을 지켰다. 아버지가 딸들 중 하나, 특히 사춘기의 성미를 주먹 말고 다른 식으로 표출하는 게 절실한 딸과 그렇게 열띤 대화를 나누는 걸 보는 게 어머니는 기뻤던 것 같다. 그런 언쟁이 끝난 후 어머니는 아버지가 말도 안 되는 고집을 부린다고 울고불고 하소연하는 내 말을 들어주면서 나를 진정시켰다. 딸들이 밤에 너무 늦게까지 귀가하지 않거나, 맡은 집안일을 하지 않는다거나 하는 심각한 잘못을 저질렀을 때 어머니는 언제 어떻게 아버지에게 그 사실을 알리고 조치를 취해야 할지 잘 알았지만, 절대 우리 앞에서는 그런 대화를 하지 않았다.

나는 8학년에 수석 졸업생으로 고별사를 맡았고, 대학 진학은 따 놓은 당상처럼 보였다(학교는 나를 늘 신나게 했다). 하지만 집안 사정으로 대학 같은 것은 생각도 못할 사치라는 걸 나는 잘 알고 있었다. 그해 여름 나는 열다섯 살이 되었고, 온타리오의 부자들이 여름 휴가를 보내는 머스코카의 조셉 호수에 있는 한 집에서 오페어au pair*로 일하기로 했다. 준비의 일환으로 나는 휴가철 내내 입을 옷 전체를 직접 만들었다.

휴가는 뭔! 나는 8주 내내 거의 하루 종일 아이를 돌보고, 청소를 하고, 식사 준비로 바쁘게 일한 끝에 겨우 180달러를 받았다. 그리고 다시는 오페어 일을 하지 않겠다 맹세했다. 그다음으로 시도한 것은 국도 옆에서 과일을 파는 일이었다(아버지가 목공 일을 하고 집으로 돌아가는 길에 나를 차에 태워줬다). 그다음 일은 밤에 동네 골프장에서 벌레를 잡는 일이었다. 살아있는 벌레로 양동이를 채우려면 참을성을 발휘해야 했다. 벌레를 적당한 힘으로 잡고 당겨야 했다. 난 당기는 건 잘했지만 적당한 힘으로 잡는 건 서툴렀다. 결국 내 급한 성미에도 불구하고 살아남는 벌레는 몇 마리 되지 않았다. 고등학교를 다니는 3년 동안 여름방학에는 매년 머스코카에서 한 가족이 운영하는 작은 여행자 숙소에서 일했다. 그렇게 번 돈은 한 푼도 쓰지 않고 다 모았지만, 등록금이 가장 싼 해밀턴의 맥매스터대학교마저도 450달러나

● 젊은이들이 아이 돌보기, 집안일 등을 하면서, 외국인인 경우 언어도 배우면서, 보수를 받는 일.

내야 해서 꿈꿀 수 없었다(나는 지금까지도 학자금 융자가 낯설다. 우리 집안에서 돈을 꾼다는 건 상상할 수도 없는 일이었다).

자신 없는 목소리로 살그머니 아버지에게 대학 등록금 이야기를 해보긴 했다. 아버지는 눈 하나 깜짝하지 않고 말했다. "딸이 셋 있어. 다른 둘은 일을 하면서 이미 생활비에 돈을 보태고 있는데 넌 아니잖아. 학교 다니는 동안은 이 집에서 먹여주고 재워줄 수 있지만 추가로 돈을 줄 생각은 없다. 거기다가 대학에 가서 뭘 하겠다는 건지 모르겠구나. 네 언니랑 동생은 실용적인 기술을 익히고 있는데 넌 그러지도 못할 테니."

사실 언젠가 실수로 아버지에게 나는 고고학자가 되고 싶다고 선언한 적이 있다. 그때 아버지가 보인 반응이 모든 것을 말해준다. "찢어지게 가난하게 살면서 삽이나 지고 다니며 흙이나 파겠구나." 짧은 문장이지만 엄선된 단어만을 사용했다고 할 수 있겠다. 그래서 나는 좀 더 나은 계획을 세웠다. 맥매스터대학교에는 간호학과가 있었는데 4년 동안 전액 장학금을 받을 수도 있었다. 빚을 지지 않고 등록금을 해결할 수 있다는 사실은 무슨 공부를 하는지보다 내게 더 중요했다. 나는 장학금 신청을 했고, 전액 지원을 받는 데 성공했다. 간호사가 내 장래 모습이 될 것이었다.

어쩌면 운명이었는지도 모르겠다. 과정을 시작하자마자 나는 집에 온 듯 편안함을 느꼈다. 하는 공부, 공부의 양, 육체적으로 힘든 것, 심지어 시내의 해밀턴 종합병원에서 운영하는 3년짜리 간호사 양성 프로그램과의 무언의 경쟁마저도 모두 내게는 성공을 위한 도전이 되었다. 우리 학년은 열일곱 명밖에 되지 않았고, 병원 어디를 가나 우리는 배경에 섞여들지 못하고 튀는 존재들이었다. 병원에서 운영하는 간호사 양성 프로그램의 훈련생들은 우리를 엘리트주의자로 취급했다. 대학에서 유기화학 수업을 같이 듣는 공대생들은 우리를 이국적인 신기한 사람들로 취급했다. 그 모든 것이 이상하게 신나고 즐거웠다.

...

2017년 1월로 접어들 무렵 아이린은 대부분의 시간을 침대에 꼼짝없이 누워서 지내고 있었다. 그녀가 앉고 싶어 하면 제이가 5분 이상 끙끙거리며 그녀를 천천히 일으켜야 했다. 아이린은 음식에 전혀 흥미를 보이지 않았다. 틀니를 끼우는 데도 도움이 필요했고, 대화를 나누는 것도 힘들어했다. 청력과 시력도 점점 약해지고 있어서 책을 읽지도 못하고, 그토록 좋아하던 주디 갈런드나 리자 미넬리의 레코드조차 들을 수 없었다.

그녀는 또 심리적 반복의 늪에 빠져 헤어나지 못하고 있었다. 아들들에게는 "이제 죽고 싶다. 아니에게 가고 싶어"라고 말해서 아들들이 나를 불렀고, 내가 의료 조력 사망 시행 날짜를 잡고 싶냐고 물으면 그녀는 화제를 바꾸곤 했다. 나는 그녀를 재촉하고 싶지 않았다. 내가 "죽을 날을 잡을 시간이 됐어요!"라고 말할 수는 없는 일이었다. 그녀가 내게 고개를 끄덕여주길 바랐고, 그녀가 그렇게 하지 않는 것이 걱정됐다. 동의할 능력을 완전히 잃게 될 때가 부쩍 가까워지고 있었고, 과거의 모습을 희미하게밖에 가지고 있지 않은 내 앞의 이 사람은 내가 알던 그 생동감 넘치는 사람과의 모든 연결 고리를 놓치게 될 위험에 처해 있었다. 하지만 내가 돌보는 환자는 그 둘 중 누구인가?

나는 1월 내내, 그리고 2월 초까지 아이린의 집으로 왕진을 갔다. 그중 마지막으로 그녀를 찾아갔을 때 아이린은 선룸에 있는 자기 침대에 누워 자기가 가장 최근에 그린 그림에 관해 이야기했다. 제이의 두 딸 중 한 명을 그린 수채화 작품이었다. 제이가 그 그림을 찾아서 침대 발치에 있는 목욕탕 문에 걸자 그녀가 말했다. "저 그림을 보면서 죽고 싶어."

나는 자세를 고쳐 앉았다. 그즈음 나는 일주일에 이틀, 월요일과 목요일을 의료 조력 사망 관련 업무에 쓰고 있었다. 그녀가 그림을 바라보고 있는 그 순간은 내가 알던 아이린과 대화를 나눌 마지막 기회처럼 느껴졌다. 그래서 그녀가 '죽고 싶다'는 말을 한 바로 직후에 내가 툭 말을 던졌다. "그러면 그게 언제가 될까요? 2월 17일 목요일은 어때요?" 다행히도 그녀가 동의를 했다.

나는 바로 준비 작업에 뛰어들었다. 필요한 장비들을 그녀의 집으로 배달시켰다. 정맥주사를 준비할 간호사를 예약하고, 약물들은 내게로 배달시켰다. 그리고 15일에 아이린을 찾아갔다. "아, 내가 이미 죽었어야 하는데." 나를 본 아이린이 그렇게 말했다. 안심되는 말은 아니었다. 하지만 그냥 잘 있는지 보러 왔다고 하자 그녀는 웃음을 터뜨렸다. 17일이 되려면 이틀이나 남아 있었다.

　그날 아침 나는 긴장이 되고 마음이 불편했다. 나는 아이린이 차분한 확신을 가지고 의료 조력 사망을 선택하길 희망했지만, 우리 모두 어쩐지 비틀비틀 넘어지듯 그 길을 마지못해 걷는 느낌이 들었다. 이제 와서 조력 사망이 필요하기는 한 것일까? 그녀에게는 사랑하는 가족이 있고, 심한 통증에 시달리지도, 호흡이 매우 불편하지도 않았다. 이 일을 나 자신을 위해, 내가 너무 오래 시간을 끌어버린 것이 아니라는 사실을 스스로에게 확인하기 위해서 하는 것은 아닐까?

　제이가 현관문 앞에서 나를 맞았다. 그와 리건이 나에게 따뜻한 인사를 건넸다. 우리는 아이린이 누워 있는 침대 쪽으로 걸어갔다. 그녀는 우아한 스카프를 멋지게 머리에 두르고, 가발을 쓰고 틀니를 끼운 채 기다리고 있었다. 나는 그녀의 손을 잡고 조력 사망을 원하는지 다시 한번 물었다. "네." 그녀가 대답했다. 혼란스러워하지도, 주저하지도 않았다. 나는 안도의 숨을 내쉬고 부엌으로 가서 약물을 준비했다.

　모든 준비를 마친 후 나는 문간에 서서 방 안을 둘러봤다. 의료 조력 사망의 큰 장점 중 하나는 제대로 마감을 할 시간을 준다는 점이다. 가족 전체를 방으로 불러서 한 사람 한 사람과 눈을 마주칠 수 있고, 모두 함께 하는 것이 가능하다. 이게 바로 내가 아이린을 위해 해주고 싶었던 일이 아닌가? 하지만 나는 아이린이 이렇게 작별 인사를 할 수 있도록 해주기 위해 이 세상에서 그녀가 머무르는 시간을 조금 줄이는 것이 괜찮다고 확신하는가?

아이린은 맑은 정신으로 위엄을 보이며 모든 사람의 눈길을 받으면서 누워 있었다. 그녀의 영혼이 다시 한번 분발해서 마지막으로 모든 사람을 사로잡았다. 제이, 리건, 리건의 아내는 차례로 몸을 굽혀 그녀의 귀에 자기만의 작별 인사를 했다. 동의서에 서명을 한 후, 가족들은 사케로 그녀를 위해 건배를 들었다. 나는 약물을 주사하기 시작했고, 그녀는 미끄러지듯 부드럽게 세상을 떴다.

아이린의 장례식 후, 제이와 리건은 내게 그녀의 작품 중에서 원하는 게 있는지 물었다. 나는 스케치북을 달라고 부탁했다. "어떤 거요?" 두 사람은 웃음을 터뜨리며 말했다. "수백 권은 족히 되는데." 몇 주 후, 두 사람은 내 사무실에 스케치북이 가득 든 쇼핑백 두 개를 들고 와서 내용물을 책상 위에 쏟아냈다. 나는 분주한 느낌의 스케치북 두 개를 골랐다. 아이린이 바쁘게 돌아가는 삶의 현장을 담아낸 그림들이었다. 지금도 그 스케치북을 들춰 볼 때마다 재빠르고 유연한 선들에서 그녀의 영혼을 느끼곤 한다. 그녀는 스쳐 지나가는 삶의 찰나에 깃든 아름다움을 알아차리고, 그 찰나를 어떻게 포착할지 아는 사람이었다.

시간이 흐르면 불편했던 마음이 해소될 줄 알았다. 그러나 그 느낌은 계속 마음 한편에 웅크린 채 없어지지 않았다. 나는 그 거침없고 정열적인 여인을 사랑하게 되었고, 그녀가 기쁨으로 충만했던 자신의 삶에 걸맞은 죽음을 맞이할 자격이 있다고 생각했다. 그러나 그런 죽음을 그녀에게 선물하고 싶은 내 열성이 다른 고려 사항들을 무시하게 만든 건 아닐까? 나는 아이린이야말로 내가 상상한 가장 이상적인 조력 사망의 사례가 될 것이라 생각했지만, 막상 현실은 내가 그려온 이상과 거리가 멀었다. 이상적인 케이스라는 게 존재하기는 할까? 이 일을 하면서 어려움을 많이 겪을 것이라는 것은 예상한 일이고 나는 다른 허상을 가지고 있지는 않았다. 그러나 매번 이렇게까지 의혹을 갖게 된다면 일을 하는 것이 불가능할 것이다.

앞서 말한 것처럼, 캐나다의 의사들은 환자를 '죽이지' 않는다. 우리는 의료 조력 사망을 '시행한다', 혹은 '제공한다'. 사실 '제공한다'는 말은 참 관대한 표현이다. 누군가에게 선물을 준다든가, 서비스를 한다든가 하는 느낌이 든다. 바로 그 느낌에 기대어 밤에도 우리는 잠을 이룰 수 있는 것이다.

하지만 잠을 이루지 못할 때도 있다. 그럴 때면 몸을 일으키고 의혹일랑은 옆으로 밀어둔 채 계속 앞으로 걸어 나갈 수밖에 없다. 하지만 의혹은 우리에게서 떨어지지 않고 늘 함께한다. 등 뒤에서, 어깨 위에서. 아무 말 없이 침묵을 지키지만, 늘 거기 있다.

4장

애슐리

자신을 더 이상
제어하지 못할까 두렵습니다.

그녀는 세상을 떠나는 일에 도움을 받을 수 있다는 사실을 알고 나서는 사기가 올라갔다. 그리하여 외롭고 두려운 죽음을 맞이할 수밖에 없는 상황에서 존엄성을 지키며 세상을 뜰 수 있는 방법을 발견했다.

의료 조력 사망은 누군가의 삶을 앗아가는 일이다. 그러나 그 전에 먼저 그들에게 삶을 돌려주는 것으로 시작한다.

애슐리는 끔찍한 진행성 질환을 앓고 있었다. 희귀한 유전성 신경근육 장애였지만 확실한 진단이나 병명도 밝혀지지 않았다. 걷는 것부터 눈에 띄게 불안정해 보이던 생후 1년부터 이미 증상이 보이기 시작했다. 그녀의 어머니 도나는 뭔가 잘못됐다는 것을 알았고, 그래서 끊임없이 걱정을 했다. 전문가들은 애슐리가 이 병으로 인해 결국 죽을 것이라 확신했지만 그게 언제가 될지는 아무도 몰랐다. 더 두려웠던 것은 죽음이 오기 전까지의 과정이었다. 식물처럼 멍한 상태로 몇 년을 살아야 할지도 몰랐기 때문이다. 침대에 누운 채, 말도 못하고, 사람을 알아보지도,

반응을 보이지도 못하는 상태로 말이다. 24시간 완전히 돌봐주는 사람에게 의존해야 하는 삶이었다. 애슐리는 그런 상태를 피하겠다는 결심을 굳혔고, 의료 조력 사망을 원했다.

자격 요건이 맞지 않는다는 판정을 이미 한 번 받은 적이 있었다. 그녀를 평가한 두 명의 신중하고 꼼꼼한 의사는 애슐리가 스물여덟 살밖에 되지 않은 젊은 여성이고, 긴 인생이 그녀의 앞에 펼쳐져 있다고 판단했다. 그들은 RFND 조항에 부합될 정도로 그녀의 죽음이 예측 가능한 것은 아니라는 결론을 내렸던 것이다. 따지고 보면 그녀의 병이 무엇인지 정확히 아는 사람은 아무도 없었다. 어쩌면 언젠가는 그녀에게 도움이 되는 치료법을 찾아낼 수 있지 않을까?

최선의 상황에서도 의사는 보수적인 결정을 하는 경향이 있다. 게다가 당시는 의료 조력 사망이 시행되기 시작한 초기였다. 모두가 조심스러워했다. 거기에 더해, 애슐리는 토론토에서 북쪽으로 150킬로미터 떨어진 콜링우드라는 작은 마을에 살았다. 모든 사람이 누구누구네 집에 숟가락이 몇 개인지까지 알고 있는 곳이었다. 아무도 '옳지 않은' 결정을 했다는 책임을 지고 싶어 하지 않았다.

의료 조력 사망 요청이 '병원 쇼핑', 다시 말해 승인을 해줄 의사 두 명을 찾아 이리저리 헤매는 과정으로 변질되는 걸 원하는 사람은 아무도 없다. 하지만 전문 간호사 줄리 캠벨이 애슐리를 대신해 내게 연락했다. 그녀는 지역 정부의 건강 및 장기 돌봄 부서에서 의료 조력 사망 요청에 관한 접수 코디네이터로 일하고 있었다. 그녀는 내가 조력 사망 자격 요건을 일부 의사들보다 더 넓게 해석한다는 사실을 알고 있었다(당시에는 이 일을 하는 사람이 극소수에 불과해서 대부분 서로 알고 지냈다). 캠벨은 애슐리가 속한 지역의 의사들이 보지 못한 '어느 정도 가까운 시일 내에 자연사를 할 것이라는 합리적 예측 가능성'을 나는 볼 수 있지 않을까 희망했다.

내가 모든 사람을 승인하는 건 아니다. 물론 승인하지 않는 요청도 많다. 하지만 나는 내게 오는 환자는 철저히 심사를 하고 모든 각도에서 보려고 노력한다. 아직 때가 아니라는 결정을 내릴 때면(그런 경우가 많다) 그 환자의 파일을 몇 달, 심지어 몇 년 동안 종결짓지 않고 열어두곤 한다. 그러면서 그 환자들의 자격 요건에 변화가 와서 의료 조력 사망에 해당할지의 여부를 주기적으로 검토한다. 환자들이 가고자 하는 여정을 막기보다는 돕는 의사가 되고 싶다. 그런 환자들에게 말하곤 한다. "일단 제게 오셨으니 끝까지 제가 함께할게요."

2017년 6월, 나는 의료 조력 사망 시행자와 심사자를 한자리에 모은 첫 전국 규모의 학회에 참석했다. 그 학회에서는 의사와 환자 모두를 위해 RFND 조항을 더 명확하게 하는 실용적인 가이드라인의 초안을 작성하는 작업이 진행됐다. 우리에게는 1년이 될 수도 있고, 2년, 5년, 심지어 10년이 될 수도 있는 '어느 정도 가까운 시일 내에 자연사를 할 것이라는 합리적 예측이 가능'이라는 문구에 대한 융통성 있는 정의가 필요했다. 어려운 일인 건 맞다. 그러나 필요한 일이었다. 금방 목숨을 앗아가지는 않는 질환이나 장애를 가진 환자가 의료 조력 사망을 요청하는 동기는 명확하지도, 예측 가능하지도 않다.

인지력 감퇴를 예로 들어보자. 의사들은 인지력 감퇴가 얼마나 빨리 진행될지 예측할 수 없다. 더 중요한 사실은 환자마다 자신의 인지력 감퇴에 대한 반응이 다르다는 사실이다. 누군가에게는 별 상관이 없는 정도의 감퇴도 다른 사람에게는 엄청난 충격과 두려움을 가져다주기도 한다. 다른 사람들에게 의존을 하는 데 별 저항감이 없는 환자도 있고, 그런 상태는 생각도 하기 싫은 환자도 있다. 당신은 어느 쪽을 더 참을 수 있을 것 같은가? 좋아하는 일, 나를 나답게 하는 일을 하지 못하게 되는 상태가 되어가는 것과 그 모든 상태를 전혀 인식하지 못하는 것. 둘 중 어느 쪽을 선택하겠는가? 의료 조력 사망을 제공하는 사람들은 누군가를 판단하거나 비평하기 위해 존재하지 않는다. 우리는 환자들의 이야기를 귀 기울여 듣는 사람들이다. 법이 규정한 말이 아니라 환자 각자가 '위중하고 치유 불가능한 고통'을 무엇으로 정의하는지를 평가할 수 있어야 한다.

· · ·

애슐리는 예정일보다 2주 일찍 태어났고, 출생 시 성별은 남성이었다. 출생 후 주어진 이름은 애슐리가 아니었다. 그녀의 폐에서 액체를 뽑아내던 의사가 실수로 폐 하나에 구멍을 냈다. 큰 사고는 아니었지만 병원에 좀 더 오래 머물러야 했다.

처음부터 애슐리는 걷기, 균형 잡기 등의 중요한 발달 지표를 달성하지 못했다. 그녀의 어머니 도나는 뭔가가 잘못됐다는 것을 알아차렸다. 결국 그녀는 애슐리를 토론토 어린이 종합병원에 데려갔다. 의사들은 알려진 모든 질환과 유전적 증후군에 대한 검사를 빠짐없이 다 했다. 애슐리의 증상이 너무나 어려운 수수께끼여서 유전병 전문가 잉그리드 스타인 박사는 이 케이스를 가지고 전 세계 학회를 돌아다니며 발표를 했다.

검사 자체도 고통스럽고, 침습적이었으며, 무서운 경우도 많았다. 한번은 도나가 애슐리를 온몸으로 누르고 (이제는 이혼한) 그녀의 남편 피터가 머리를 잡아서, 눈에 바늘을 꽂을 수 있도록 도와야 했던 적도 있었다. 그러나 애슐리는 강한 아이였다. 그녀는 다리 보호대를 착용하고 보행 보조장치에 의지해 학교에 갔다. 친구를 사귀고, 집안일도 도왔다. 글씨를 쓰는 일이 어려워서 애슐리는 끝까지 쓰기를 제대로 익히지 못했다. 4학년 즈음 걷기 위해 너무 안간힘을 쓰다가 기진맥진하는 애슐리를 돕기 위해 도나가 수동 휠체어를 구해줬고, 그때부터 그녀는 휠체어 생활을 시작했다.

피터는 애슐리에게 사격을 가르쳐줬고, 고카트 경기장에 데리고 가곤 했다. 그리고 패럴림픽의 지역 대회 정도 되는 경기에서 파라 아이스하키를 했다. 갤럭시 영화관 매표소에서 표를 팔고 피자헛에서도 아르바이트를 했다(피자헛에서는 냉동 창고에 갇힌 적도 있다). 앉아서 모는 잔디 깎는 기계의 작동법도 배웠다. 어느 날 애슐리는 잔디를 깎고 있었고 도나는 안에서 설거지를 하고 있었다. 기계 소리가 멈춘 것을 알아차리고 고개를 들었는데 애슐리가 보이지 않았다. 그 옆을 보니 애슐리가 잔디 위에서 기어오고 있었다. 연료가 떨어졌는데 아무도 그녀가 소리치는 것을 듣지 못했고, 애슐리는 기어서 집으로 올 수밖에 없던 것이다.

애슐리가 아홉 살 되던 해 '메이크어위시 재단'이 손으로 굴릴 수 있는 6000달러짜리 자전거를 선물로 주었다. 그녀는 그 자전거를 18세가 될 때까지 사용했다. 메이크어위시 재단은 그녀가 많은 다른 모험도 할 수 있게 도왔다. 헬리콥터와 소형 비행선을 타보고, 몰슨 인디 자동차 경주 대회 때 선수 대기실을 방문하는가 하면 총리를 만나기도 했다. 운전도 배워서 한 1년 정도 운전을 했지만 시력이 나빠지면서 그만뒀다. 그녀는 친구들에게는 신의를 굳게 지켰고, 적에게는 단호했다. 사랑하는 사람은 마음을 다해 전적으로 사랑했지만, 그녀가 사랑하는 사람에게 상처를 주면 단호하게 인연을 끊었다.

애슐리가 열네 살 때 도나와 피터가 이혼했다. 도나는 결혼 생활이 '격동적'이었다고 표현했다. "남편은 완벽한 걸 좋아했죠. 그런데 애슐리는 완벽하지 않았어요."

열다섯 살 즈음 애슐리는 이모emo[•] 패션을 시험 삼아 해보기 시작했다. 머리를 여러 색으로 물들이고, 손톱은 검은색으로 칠

● 하드코어 펑크에서 파생된 록 음악의 한 장르이자, 경향, 패션, 성격 등 하나의 문화를 나타내는 말.

하며, 아이라이너를 짙게 발랐다. 남자 바지보다 여자 바지를 입는 게 더 좋았다. 여자 바지가 더 몸에 달라붙고 더 잘 맞는다고 도나에게 말했다. 그러다가 분홍색 옷을 많이 입기 시작했다. '트랜스젠더'라는 단어는 한 번도 입에 올리지 않았고, 도나도 그런 생각은 하지도 않았다.

애슐리는 고등학교를 졸업한 후 배리에 있는 조지언 칼리지에 진학해서 휠체어 사용이 가능한 기숙사 방에서 살았다. 어느 날 밤 그녀는 도나에게 전화를 걸어 이상한 질문을 했다. 여자 친구와 전화로 헤어져도 괜찮은 건지 궁금해했다. 그 후 얼마 지나지 않아, 도나에게 자신이 신체 이형증으로 고통을 받고 있다는 문자를 보냈다. 그녀는 자신이 언제나 여자라고 느껴왔지만, 장애를 가지고 사는 것 자체에 온 에너지를 쏟아부어야 했기 때문에 그 사실을 언급하는 게 두려웠다고 했다. 하지만 이제는 이를 인정하고 행동을 취하는 것이 매우 중요한 일이 되었다는 것이다. 자신의 삶에서 스스로 제어할 수 있는 몇 안 되는 일 중 하나라는 사실도 언급했다.

도나는 놀랐지만 잘 헤쳐 나갔다. 언제나 아들 편이 되어주었던 그녀는 이제 딸 편이 되었다. 정부에 등록된 성별을 바꾸려면 면허증, 출생 증명서, 건강 보험증 등등 산더미 같은 서류 작업을 감당해야 한다. 도나는 바로 그 일에 뛰어들었다. 반면 피터는 애슐리의 트랜지션을 받아들일 수 없었고, 결국 두 사람 사이의 소통은 끊어지고 말았다.

도나는 애슐리의 의료적 트랜지션을 시작하기 위해 그녀와 함께 내분비 전문의를 방문했다. 그러나 실망스럽게도 의사는 애슐리가 준비되지 않았다고 생각했다. 하지만 애슐리는 뜻을 굽히지 않았고, 6개월 후 의사는 테스토스테론 억제제와 에스트로겐을 처방해줬다. 가슴이 발달하기 시작했고, 애슐리는 기뻐했다. 그러나 상체 힘이 약해지고 체중이 늘었다. 도나는 그녀의 수동식 휠체어를 전동 휠체어로 바꿔줬다.

"그게 결정적이었어요." 도나가 기억을 더듬으며 말했다. "전동 휠체어는 자신이 나빠지고 있다는 걸 끊임없이 일깨워주는 상징이 되고 말았죠." 애슐리의 눈에 불수의적 급속 안구 운동 증상이 생겨서 좋아하던 비디오 게임을 하는 것도 힘들어졌고, 심지어 텔레비전을 볼 수도 없게 됐다. 삼키는 일도 어려워졌다. 그 와중에도 도나는 계속 애슐리를 데리고 의사들을 찾아다녔다. 그녀는 정확한 진단을 받고 완치로 향한 길이 열릴지도 모른다는 희망을 버리지 않았다. 애슐리가 토론토 어린이 종합병원에 다닐 수 있는 나이 이상으로 성장하자 맥매스터로 병원을 옮겼다.

수업에 들어가고 정보를 흡수하는 것이 몸에 무리가 갔기 때문에 애슐리는 수강 과목 수를 줄였다. 휠체어를 타고 화장실에 가는 일은 항상 어려웠지만 근육 경직이 전보다 심해지면서 더 힘들어졌다. 화장실 관련으로 수치스러운 사고가 몇 번 있었는데, 어느 가을날에는 화장실 안에서 넘어져서 옷에 대소변이 묻은 채 누군가 발견해줄 때까지 두 시간이나 바닥에 쓰러져서 기다려야 했다.

도나에게 처음 '자살'이라는 단어를 언급한 것은 애슐리가 스무 살 때였다. 도나는 애슐리가 상담 치료를 받도록 하고, LGBTQ2S+* 지원 단체 모임에도 데려다주곤 했다. 애슐리는 그 모임에 그다지 흥미를 느끼지 못했다. 다른 것보다 휠체어 입장이 불가능했다.

조지언 칼리지를 졸업한 후 애슐리는 다시 집으로 들어와 살았다. 친구들이 있기는 했지만 도나가 그녀의 가장 절친한 친구였다. "우린 모든 걸 함께 했어요." 도나가 회상했다. 그러나 애슐리는 점점 더 은둔형이 되어갔다. 도나도 그녀가 행복하지 않다는 걸 알 수 있었다. 주변 모든 사람이 세상으로 나아가 삶을 영위하는데 그녀의 세상은 점점 더 작아져 간다는 사실에 실망하고 좌절했다. 애슐리가 할 수 있는 유일한 운동은 물고기처럼 다리를 모으고 하는 수영만 남게 됐다. 그러다가 그 능력마저도 잃었다. 애슐리가 울 때면 애슐리, 도나 모두 두려움에 휩싸이곤 했다. 우는 일과 숨 쉬는 일을 동시에 할 수가 없었기 때문이다. 그런데도 우는 일이 점점 잦아졌다.

몸에 끊임없이 통증이 있었고, 머리가 깨지는 듯한 편두통도 앓았다. 도나는 대마초를 구해다 줬고, 마사지 치료사를 고용하는가 하면 의사들에게 새로운 약을 처방해달라고 요청했다. 아무것도 도움이 되지 않았다. 그즈음 애슐리가 할 수 있는 것은

● 성소수자를 지칭하는 약어. 글자는 Lesbian, Gay, Bisexual, Transgender, Queer or Questioning, Two-Spirit을 뜻하며, 플러스 기호는 이성애자, 생물학적 성과 성 정체성이 일치하는 시스젠더가 아닌 기타 모든 성적 지향과 성 정체성을 의미한다.

텔레비전을 켜놓고 소리를 듣는 일뿐이었다. 그녀는 영화 세 편을 돌려 가며 반복해 틀었다. 〈블랙 호크 다운〉, 〈위 워 솔져스〉, 〈13번째 전사〉. 장애가 없는 몸을 가진 사람들이 놀라운 힘으로 일을 해결해 나가는 이야기들이었다. 그녀는 영화 소리를 들으며 잠들곤 했다. "애슐리 방은 제 방 바로 옆이었어요. 그 당장 영화에 출연해도 될 정도가 됐죠. 모든 대사를 줄줄 외울 수 있었으니까요."

애슐리의 큰 걱정거리 중 하나는 오빠 조너선과, 아버지 피터가 첫 결혼에서 얻은 배다른 언니들 토비와 다니엘레가 자기와 같은 병을 얻게 될지도 모른다는 것이었다. 그녀는 의사들이 자기 병명을 알아낼 때까지 살아남아서, 혹시라도 형제자매가 같은 증상을 보이면 자신이 실험 쥐 역할을 할 수 있기를 바랐다. 하지만 의사들은 애슐리의 질환을 형제자매가 갖지 않은 게 확실하다며 안심시켜줬고, 이후 그녀 안에서 뭔가가 변화했다. 더 이상 살고 싶어 하지 않게 되었고, 죽음을 원하기 시작한 것이다.

그러나 애슐리는 자기 본연의 모습, 다시 말해 여성의 몸으로 죽기를 원했다. 도나는 당시만 해도 캐나다에서 유일하게 트랜지션을 위한 수술이 가능했던 몬트리올로 그녀를 데리고 갔다. 의사들은 수술이 가능하다고 말했지만 도나는 크게 걱정이 되었다. 수술 후 질이 열린 상태를 유지하도록 처치를 하는 데 하루에 몇 시간씩 걸린다는 말을 들었기 때문이다. 장애가 없는 사람에게도 엄청난 일이었지만, 움직임에 큰 제한이 있는 애슐리에게는 거의 불가능한 일이었다. 애슐리의 절망은 더 커졌다. 도나는 말했다. "애슐리는 뭔가를 원할 때마다 '그렇게는 못 해'라는 소리를 들어야 했지요."

그뿐이 아니었다. 애슐리가 트랜지션을 시작하기 얼마 전인 2010년, 도나가 폴이라는 남자와 재혼을 했다. 자기 아이들과 관계가 좋지 않았던 폴은 처음에는 도나가 애슐리를 돌보는 데 대해 긍정적인 태도를 보였다. 그러나 애슐리가 점점 더 많이 도나에게 의존하게 되면서 폴은 불만을 갖기 시작했다. "제가 애슐리에게 주는 관심을 질투했어요." 도나가 말했다.

폴은 애슐리가 실수를 했다는 등의 이유로 도나가 한밤중에 일어나 그녀를 씻기러 가는 걸 싫어했다. 파티에 함께 갔다가 애슐리를 돕기 위해 서둘러 집으로 돌아오는 것도 싫어했다. 주말마다 자기 별장에서 모두 함께 지내기를 원했지만 휠체어를 타고 들어가는 것이 불가능하다는 점에는 신경을 쓰지 않았다. 결국 데크로 올라갈 수 있는 경사로를 만들었지만 애슐리는 샤워기를 쓸 수가 없었다. 그래서 바깥에서 정원에 물 주는 호스를 사용해서 몸을 씻어야만 했다. 그녀에게는 엄청나게 자존심 상하는 일이었고, 특히 화장실 관련 사고가 났을 때는 더욱 그랬다. 거기에 더해 폴은 그녀의 트랜지션을 불편해했다. 애슐리의 아버지 피터와 마찬가지로 그도 이해하지 못했다.

아무도 집에 없으면 폴은 애슐리를 조롱하기 시작했다. 그녀의 체중에 대해 비아냥거리고 그녀가 먹는다고 비난하고 욕을 했다. 심지어 그녀를 방에 가두기까지 했다. 도나는 애슐리가 죽은 다음에야 딸을 돌보던 요양복지사에게서 이 사실을 듣고 알게 됐다. 애슐리가 살아있을 때는 절대 그런 말을 하지 못하게 했기 때문이다. 그녀는 자신이 도나에게 이미 너무 큰 짐이라고 생각했기 때문에 더 이상 상황을 악화시키고 싶어 하지 않았다. 애슐리는 법적 성인이었고, 따라서 요양복지사는 그녀의 요청을 어길 수 없었다.

애슐리는 더 공개적으로 자살에 관해 이야기하기 시작했다. 차들이 달리는 도로로 휠체어를 굴려 뛰어드는 방법도 있고, 콜링우드 항구에서 굴러 떨어져 조지언베이에서 조용히 익사하는 방법도 있다고 했다. 한번은 실제로 손목을 칼로 그은 적도 있지만, 손을 쓰는 능력이 떨어져 제대로 칼을 쓰지 못해 무사할 수 있었다.

어느 날 외출하고 돌아온 도나는 애슐리가 의사와 이야기하고 있는 걸 목격했다. 의료 조력 사망 자격 평가 중이었다. 딸이 자기에게 말하지 않고 의료 조력 사망을 신청한 것이었다. "머리가 백지장이 된 느낌이었요." 도나는 회상했다. "그 자리에서 집을 나가 계속 걸었어요. 아무 정신이 없었죠."

커다란 장애를 지닌 자녀를 키우는 것은 어느 가족에게나 어려운 일이다. 도나는 글자 그대로 그 짐을 혼자 졌다. 애슐리가 휠체어를 타고 내릴 때마다 들어올리는 일을 너무 많이 해서 양쪽 어깨 모두 수술을 받았다. 아이들이 어렸을 때만 해도 도나는 라디오 광고 세일즈 분야에서 커리어를 쌓고 있었다. 그러나 애슐리가 대학을 졸업하고 집에 돌아온 후, 그녀는 직장을 그만

됐다. 딸의 병이 너무 심해져서 끊임없이 도움을 필요로 했기 때문이다. 도나도 애슐리의 상담치료사 알렉스와 상담하기 시작했고, 불안증 치료제인 로라제팜을 복용하기 시작했다.

지역 의사들이 애슐리의 의료 조력 사망 요청을 거부하자 도나는 일시적으로 안도했다. 그러나 애슐리는 편지를 써서라도 그들의 마음을 바꾸겠다는 결의를 굽히지 않았다. 동의를 할 수 있는 능력을 잃기 전, 자신을 자신으로 만드는 마지막 조각까지 병에게 빼앗겨버리기 전, 바로 지금 의료 조력 사망이 필요하다는 것이었다. 더 이상 스스로 글씨를 쓸 수 없었기 때문에 도나가 내용을 받아 적어줘야만 했다. 다음은 그 편지의 일부다.

이 세상을 제가 원하는 방식으로 떠나겠다는 제 선택이 받아들여지지 않았습니다. 지금 제가 죽기를 원하는 이유가 제대로 전달이 되었는지 잘 모르겠습니다. 지금의 삶은 제대로 사는 삶이 아니기 때문에 더 이상 이어가고 싶지 않습니다. 모든 검사를 다 참아냈습니다. 날마다 고통 속에서 살아왔습니다. 통증을 이겨내지 못하겠는 날들도 많아요. 지쳤습니다. 너무 고단하고 지쳤어요…. 자신을 더 이상 제어하지 못할까 두렵습니다. 침대에 가만히 누워만 있어도 아파요. 한 번에 네 시간 이상 잠을 잘 수도 없습니다. 뇌가 줄어들고 있고, 무언가를 삼킬 때마다 목에 걸려서 숨이 막혀요. 더 이상 큰 소리로 말도 하지 못합니다. 얼마 가지 않아 목소리도 사라지겠지요.

그녀는 오빠 조너선과 모든 가능성에 관해 자세히 이야기를 했다. 그녀에게는 세 개의 선택지밖에 남지 않았다.

스스로 목숨을 끊을 수도 있었지만, 남은 가족이 그런 오명을 안고 살아가길 원치 않았고, 실패할까 두려웠다.

아무것도 하지 않고 병이 그녀를 통째로 삼켜버리기를 기다리는 방법도 있었다. 그러나 그 또한 가족들, 특히 도나에게 너무 끔찍한 일일 것이다. 애슐리가 식물인간으로 지내는 동안 어머니의 생명력마저도 모두 소진되어버릴 게 틀림없었다. 하루 24시간 내내 도나가 자기를 돌보느라 눈코 뜰 새 없이 지낼 것이라는 사실을 애슐리는 알고 있었다. 도나는 여행을 하거나 손주들과 시간을 보내는 일도 하지 않을 게 분명했다.

너무도 두려운 일이었지만 마지막으로 남은 선택지인 의료 조력 사망이 스스로 제어할 수 있다는 의미에서 자기에게 최선일 뿐 아니라 주변 사람들 모두에게 가장 나은 방법이라는 확신이 들었다. "엄마에게 엄마의 삶을 돌려주기 위해 제 삶을 포기하는 거예요. 엄마가 그렇게 얻은 삶을 낭비하지 않도록 꼭 도와주셔야 해요." 그녀는 상담치료사인 알렉스에게 그렇게 말했다.

딸이 불러주는 편지를 받아 적으면서 도나는 그녀의 진심을 느꼈다. 애슐리는 정말로 떠나길 원했고, 그게 얼마나 어려운 일인지와 상관없이 도나는 그녀를 도와야만 했다. 두 사람은 온라인으로 의료 조력 사망에 관해 검색을 해서 줄리 캠벨을 찾았고, 줄리가 나를 찾았다.

우리는 애슐리에 대한 첫 평가 진단을 아이폰의 페이스타임으로 했다. 당시만 해도 그런 방식이 내게는 완전히 새로웠다. 애슐리는 원래 심사를 했던 의사들에게 들은 이야기를 전했다. 자신의 심장과 폐가 아직도 기능을 하고 있고, 그녀가 숨이 막히거나 더 이상 호흡을 할 수 없는 상태가 되기 전에는 의료 조력 사망을 승인할 수 없다는 것이었다. "고소당하고 싶지 않은 거죠." 그녀가 말했다.

나는 그녀에게 의료 조력 사망을 시행해줄 의사가 있고, 그녀의 요청이 합법적이라는 사실을 증명하는 과정을 최선을 다해 돕겠다고 말했다. 그러나 무엇보다도 먼저 나는 그녀가 아주 넓은 의미에서라도 어느 정도 가까운 시일 내에 자연사를 할 것이라는 합리적 예측이 가능한지를 확인해야 했다. 이를 위해 애슐리를 오랜 기간 동안 지켜봐온 발달신경학 전문의 타노프스키 박사에게서 그녀가 가진 질병의 예후에 대한 의견을 듣고 그의 도움을 받을 필요가 있었다. 그는 내가 예전에 일했던 해밀턴의 맥매스터대학교 메디컬 센터에서 일하고 있었다.

타노프스키 박사에게서 들은 애슐리의 상황은 절망적이었다. 그는 애슐리가 식물인간 상태이자 완전한 의존 상태로 악화되는 과정의 75퍼센트 이상을 이미 지났다고 말했다. "그런 상태가 향후 5년에서 10년 사이에 올까요?" 내가 물었다. "물론이죠." 그가 대답했다. 넓은 의미의 RFND를 적용할 수 있다는 확신을 얻은 나는 일을 추진하기 시작했다.

다음 단계로 나는 맥매스터대학교 메디컬 센터에서 의료 조력 사망에 관한 일이라면 일단 제일 먼저 접촉을 해야 하는 앤드리아 프롤릭에게 연락을 했다. 집에서 약 200킬로미터 정도 떨어진 곳까지 이동해야 할 애슐리에게 제공할 시설이 있을까 (애슐리가 맥매스터대학교 메디컬 센터에 다녔기 때문에 매우 먼 거리에 있지만 그 병원을 근거지로 볼 수 있고, 따라서 그곳에서 의료 조력 사망을 받기 원하는 것은 합당한 일이었다). "아직은 그런 시설이 없어요. 하지만 준비 중입니다." 앤드리아가 말했다. 나는 그녀에게서 동지애를 느꼈다. 그녀 또한 해결해야 할 필요가 있는 어려운 일 앞에서 움츠러들지 않는 사람임이 분명했다. 몇 년 후 다른 이유로 앤드리아와 다시 관계를 맺게 되면서 그런 내 첫인상이 틀리지 않았음이 증명됐다. 하지만 당장은 애슐리의 조력 사망을 어디서 시행해야 할 것인지 문제를 해결해야 했다.

나는 마음의 준비를 단단히 하고 내 홈베이스인 토론토의 위민스 칼리지 병원 심사 팀에 연락을 했다. 나는 이 병원이 우리 지역 의사들이 필요한 환자들을 데려올 수 있는 3차 진료 병원 역할을 하는 곳이 될 수 있도록 하기 위해 열심히 일해왔다. 하지만 애슐리는 병원이 커버하는 구역에서 너무 많이 떨어진 곳에 살았고, 어느 병원이나 마찬가지로 우리 병원도 의료 조력 사망을 꺼리는 의사나 단체들이 골치 아픈 환자들을 보내는 '덤핑 그라운드'가 되고 싶어 하지 않을 게 당연했다.

그러나 심사 팀은 어떤 반대도 없이 애슐리의 요청을 받아들였을 뿐 아니라 그녀의 가족에게 매우 적절한 정서적 지원을 즉각적으로 제공하기로 결정했고, 나는 크게 안도했다. 우리는 2018년 1월 16일로 날짜를 정했다. 도나는 모든 것이 운명이라 느꼈다. 애슐리가 태어난 곳이 위민스 칼리지 병원이었는데, 이제 그녀가 거기서 죽음을 맞이하게 되었으니 말이다.

...

애슐리가 애석해하는 것 중 하나는 프롬 드레스를 입어보지 못했다는 사실이었다. 그녀의 마지막 생일인 28번째 생일날 그녀의 친구들은 프롬 복장을 하고 생일 파티에 참석했다. 애슐리는 예전에 휠체어에 맞는 옷을 주제로 한 패션쇼에 입고 나갔던 웨딩드레스를 입었다. 그녀는 그 옷을 입은 채 묻히고 싶다고 했다.

하지만 1월 16일 위민스 칼리지 병원의 의료 조력 사망 제공실에 휠체어를 타고 나타난 그녀는 도나의 말을 빌리자면 '백 퍼센트 고스 복장'을 하고 있었다. 검은색 드레스, 검은색 가죽 부츠 차림이었다. 언니 토비가 머리를 해줬다. 검은 레이스로 얼굴을 가리고 싶어 하는 애슐리를 위해 도나가 급히 뛰어나가 베일을 사왔다. 기저귀 말고 제대로 된 속옷을 입고 죽기를 원하는 애슐리를 위해 도나가 사준 섹시한 검은색 팬티도 입었다.

병실로 들어서는 도나, 조너선, 토비, 다니엘레, 그리고 도나의 절친 재키의 얼굴에 긴장의 빛이 역력했다. 눈보라를 뚫고 운전을 해서 온 참이었다. 모두 시간을 걱정하고 있었다. 나는 필요한 만큼 충분히 기다릴 수 있으니 걱정 말라고 안심을 시켰다. 알고 보니 전날 밤 애슐리의 양아버지 폴이 가족 전체에게 엄청나게 욕을 퍼부어대서 모두 악몽 같은 시간을 보냈던 것이다. 그 전해 11월에 도나가 그에게 집에서 나가달라고 했다. 폴을 더 이상 참아줄 수가 없었고, 애슐리 생애의 마지막 몇 주를 그녀에게 집중하며 보내고 싶었다. 그러나 그는 계속 나가지 않고 시간을 끌었다. 애슐리는 자기가 죽는 순간 그가 같은 방에 있는 것을 원치 않는다는 사실을 분명히 했다. 그러나 폴은 따로 차를 몰고 나타나 병실 밖 복도에서 서성거리고 있었다.

그뿐이 아니었다. 애슐리를 떠난 생부인 피터도 나타났다. 극적인 일이 너무 많이 벌어지고 있었고, 고요함은 어디에서도 찾아볼 수 없었다.

애슐리가 어린아이였을 때 그녀를 돌봐준 여러 명의 물리치료사 중 한 명이 애슐리가 고집이 세고 끈기가 있어서 좋다고 도나에게 말한 적이 있다. 이 세상을 살아가는 데 도움이 되는 장점이라는 것이었다. 그 고집스러움은 끝까지 사라지지 않았다. 지난 6년 사이 몇 번이나 피터가 애슐리에게 연락을 하려고 했지만 애슐리는 아버지와 대화를 하려 하지 않았다. 그녀가 죽을 것이라는 소식을 들은 후 그는 노력을 배가했다. 딸과 도나에게 사과를 하고 작별 인사를 하길 원했다. 애슐리에게 그녀의 선택을 받아들였다고 말해주고 싶었다. 도나의 집에 찾아갔지만 애슐리가 그를 보려 하지 않았다. 이제 그가 병원 카페에서 기다리고 있었다.

애슐리는 아버지를 용서하고 싶지 않았다. 아버지 때문에 자신의 장애에 죄책감을 가지게 됐고, 자신을 열등한 존재처럼 느껐다. 그리고 어머니에게 상처를 준 사람이기도 했다. 이제 와서 용서를 받겠다고? 너무 늦었다.

애슐리의 가족이 그녀를 들어올려 침대에 옮겨 눕히고, 강아지 라일리와 고양이 살렘의 사진으로 장식된 담요를 어깨에 둘러줬다. 애슐리의 자매들 중 한 명이 〈블랙 호크 다운〉을 아이패드로 재생할 준비를 하고 있었는데, 어쩐 일인지 애슐리는 그 영화를 보고 싶어 하지 않았다. 가족들이 울고 있었고, 그래서 그녀도 눈물이 났다. 그녀는 로라제팜을 달라고 했다. 도나가 내게 그래도 괜찮은지 물었다. "애슐리가 원하는 건 뭐든 괜찮아요, 도나." 내가 대답했다.

애슐리는 겁에 질려 있었다. 딱 봐도 그게 느껴졌다. 하지만 그녀는 동시에 결의에 차 있었다. 옆방에 기다리고 있던 다른 가족들이 작별 인사를 하러 방으로 들어왔다. 다니엘레의 남편 캐머런, 조녀선의 여자 친구 메건, 토비의 남자 친구 마크였다. 마크가 애슐리에게 말했다. "언니는 내가 잘 돌볼게. 걱정 마. 결혼할 거야." 조녀선이 "그게 청혼이 아니었길 바라" 하고 말했다. 애슐리가 그 말에 웃음을 터뜨렸다.

그러다가 시간이 됐다. 나를 도와주는, 똑똑하고 솔직하고 허튼 수작은 용납하지 않는 마리아라는 이름의 간호사가 방으로 들어와서 자기 소개를 하고 필요한 정맥주사 바늘을 두 곳에 삽입하는 작업을 시작했다. 마리아는 자신감 있는 태도로 침착하고 효율적으로 필요한 일을 착착 해내서 주변 사람들을 진정시키는 효과를 발휘하는 사람이었다. 모든 사람이 긴장을 늦추며 어깨에서 힘이 빠지는 것이 보였다. 내가 약을 준비했다. 애 슐리가 동의서에 서명을 했다. 누군가가 애슐리가 가장 좋아하 는 노래인 스콜피온스의 〈변화의 바람Wind of Change〉을 틀었다.

도나가 침대에 앉았다. 애슐리의 한 손은 재키가, 다른 손은 조녀선이 잡고 있었다. 첫 번째 주사를 놓은 후 그녀는 잠이 들 었다. 세 번째 주사를 놓고 나자 조녀선이 그녀의 맥박이 멈춘 게 느껴진다고 말했다. 그녀가 숨을 거둔 것을 확인한 후 나는 그 사실을 가족들에게 알렸다.

나중에 도나는 고통이 없는 애슐리의 얼굴을 본 것이 그때가 처음이라고 내게 말했다. 하지만 그 순간 도나가 한 행동은 나 를 깜짝 놀라게 했다. 그녀가 완전히 무너져버린 것이다. 애슐 리가 살아있는 동안 그녀의 가장 강력한 지원군이자, 그녀의 죽 을 권리를 가장 열렬히 옹호해온 이 여인이 통곡하기 시작했다. "마음속 깊은 곳에서는 마지막 순간에 애슐리가 동의하지 않을 것이라 생각했어요." 도나는 나중에 내게 말했다. "애슐리는 제 삶 그 자체였어요. 선생님이 애슐리가 숨을 거뒀다고 말씀하시 는 순간 마음속에서 분노가 폭발하고 말았어요. 아이를 위한 모 든 희망이 사라진 느낌이었죠. 애슐리에게 '네가 내게 어떻게 이럴 수가 있니' 하고 소리 지르고 싶었어요."

의료 조력 사망을 시행한 후, 의사는 검시관에게 전화를 할 의무가 있다. 검시관이 합법적인 사망이라는 확인을 해줘야 하 기 때문이다. 초기에는 세 명밖에 안 되는 검시관이 주 전체를 관리해야 했기 때문에 가족과 함께 혹은 모두 떠난 후 시신 옆을 혼자 지키면서 검시관이 다시 전화해주기를 오랫동안 기다려야 했다. 그사이 간호사에게 감사 인사를 하고, 환자에 대한 이야기를 하면서 가족들이 내가 함께 있어주길 원하는지 아니면 나 없이 자기들끼리 시간을 보내기를 원하는지(내가 분위기를 어색하게 만들 수도 있다) 판단을 하기 위해 애를 썼다.

애슐리가 죽은 날은 기다리는 시간이 엄청나게 고통스러웠다. 기다리는 내내 도나는 진정하지 못했다. 숨을 쉬지도 못할 정도로 흐느끼면서, 아무도 애슐리를 덮지 못하게 했다. 입술이 파랗게 변하는데도 도나는 딸의 얼굴을 보고 싶어 했다.

콜링우드로 돌아가는 두 시간 동안 차 안의 누구도 입을 열지 않았다. 애슐리의 휠체어가 아직 차에 있다는 것도 도움이 되질 않았다. 병원에서 휠체어를 원치 않기 때문에 밴에 다시 싣고 누군가가 거기 앉아서 가야만 했다(재키가 자원했다). 마침내 집에 도착하자 도나는 바로 애슐리의 방으로 가서 그녀의 침대에 웅크리고 누웠다.

며칠 후 애슐리의 장례식이 열린 날, 참석한 사람들이 방을 채우다 못해 거리까지 흘러 나왔다. 그녀의 상담치료사 알렉스가 추도 연설을 했다. 그는 애슐리가 까다롭고 요구가 많았지만, 동시에 용감하고, 책임감 있고 남에게 도움을 주는 사람이었다고 말했다. 그녀는 평생을 이름도 없는 질병과 싸우며 지냈고, 삶의 많은 부분을 그녀가 아는 자기 모습과 다른 몸 안에서 살았다. 그녀는 진실에 이름을 붙이기를 주저하지 않았고, 결의에 차서 현실을 고치려는 노력을 했다. 그리고 죽음을 두려워하는 대신 늘 죽음을 의식하며 살았다. 그런 삶은 다른 사람의 고통에 공감하고, 다른 사람의 이야기에 귀를 기울여 그들에게 확신과 용기를 주는 태도를 가진 사람으로 그녀를 성장시켰다. 오랜 시간 동안 그녀는 오명과 수치, 고립과 절망에 휩싸여 자살 충동을 느끼며 살았다. 그러나 세상을 떠나는 일에 도움을 받을 수 있다는 사실을 알고 나서는 사기가 올라갔다. 그리하여 외롭고 두려운 죽음을 맞이할 수밖에 없는 상황에서 존엄성을 지키며 세상을 뜰 수 있는 방법을 발견했다.

의료 조력 사망은 바로 그런 것이다. 내가 조력 사망을 계속 제공하기 위해 노력하는 이유가 바로 거기에 있다. 의료 조력 사망은 누군가의 삶을 앗아가는 일이다. 그러나 그 전에 먼저 그들에게 삶을 돌려주는 것으로 시작한다.

5장

배움의 완성?

배움은 후회할 것이라는
염려 없이 할 수 있는 유일한 일이다.

"날 양로원에 보내기 전에 그냥 죽게 해줘"라는 말을 친구나 친척에게 들어보지 않은 사람이 있을까? 그러나 우리 대부분에게 양로원은 나쁜 선택지 중 그나마 제일 나은 것이기도 하다. 의학은 최첨단 급성 환자 치료에 재원을 쏟아부어왔고, 그 대가로 우리 대부분은 누추하고 자원이 부족하여 아무도 원치 않는 장기 요양 시설 신세를 질 수밖에 없다.

2016년이 저물어 갈 무렵 나는 의료 조력 사망 독학 프로그램의 3단계를 진행하고 있었다. 토론토에서 북쪽으로 20킬로미터 정도 떨어져 위치한 교외 주택 단지 마크햄에 있는 사우스레이크 지역 보건소 소속 가정의학 및 고통 완화 치료 센터에 일주일에 두 번씩 통근을 했다.

거기는 말 그대로 활기가 넘치는 곳이었다. 여덟 명의 의사들로 이루어진 작은 팀이 입원 환자와 외래 환자 모두에게 고통 완화 의료 서비스를 제공하고, 환자 가정으로 왕진을 할 뿐 아니라 소아과를 포함한 병원 내 모든 부서에 상담과 조언을 했다. 젊고 분주한 의사들이었다. 모두 그 지역에 살면서 아이들을 키우는 주민이기도 했다. 많은 일을 해내는 병원 내 간호사들에게 크게 의존하고 있었고, 넓은 지역을 관장하는 지역 병원이었기 때문에 공동체 내에서 일하는 간호사들의 도움도 많이 받고 있었다.

토론토 시내의 암 병원과 마찬가지로 사우스레이크 병원의 간호사들도 1차 진료를 한 후 의사들에게 어떤 조치가 필요한지에 대한 의견을 전달한다. 간호사들이 하지 못하는 거의 유일한 일은 독자적으로 처방과 치료 결정을 내리는 것뿐이다. 그들이 하는 말을 귀 기울여 들은 의사라면 환자가 앉아 있는 방에 고개를 내밀고 인사를 하기 전에 이미 거의 일을 마친 셈이었다. 환자가 많고, 빠르게 일이 진행되는 치열한 곳이었다. 나는 기억하고 싶은 것들을 녹음하면서 이 방에서 저 방으로 뛰어다니다가 집에 돌아와서는 지쳐 완전히 나가떨어지곤 했다. 나는 그래도 일주일에 두 번만 그런 날을 보내면 됐다. 거기서 풀타임으로 일하는 간호사와 의사는 얼마나 무거운 업무 압박을 받을지 상상하기도 힘들었다. 거기에 더해 그들은 왕진 업무까지 보지 않는가.

그곳의 의료진 중 의료 조력 사망 시행을 자원한 사람은 하워드 첸 박사 한 명뿐이었는데, 어느 날 그가 병원에 오는 길에 한 군데 들러 심사를 해줄 수 있겠는지 물었다. 나는 기꺼이 그러마 했다. 시골길로 한참 가야 하는데, 길은 잘 모르지만 GPS가 있으니 괜찮을 것 같았다. 문제없이 잘 찾을 수 있을 것이라고 그를 안심시켰다.

그런데…, 나는 차를 몰고, 몰고, 또 몰았다. 연료 표시등에 빨간 불이 들어오자 불안감은 점점 커져만 갔다. 그날 한 심사 내용은 기억나지 않지만, 목적지에 도착했을 때 자동차 연료가 거의 바닥나 있었다는 기억은 생생하다. 그곳을 떠나면서 가장 가까운 주유소가 어디 있는지 물었고, 연료가 다 떨어지기 직전에 간신히 주유소까지 차를 몰고 가는 데 성공했다. 그 일이 무언가의 은유처럼 느껴져서 나는 마음이 불편했다. 차뿐 아니라 나 자신의 연료 탱크도 비어가고 있었다. 체력이 고갈된 채 정신력으로 버티고 있었던 것이다.

그러다가 몸이 내게 경고를 보내왔다. 추간판 탈출증이 온 것이다. 별다른 걸 한 것도 아니다. 그냥 일어섰는데 통증이 한쪽 다리 전체를 타고 감전된 것처럼 뻗어나갔다. 그 즉시 L4-L5 좌골신경통이라는 걸 알아차렸다. 그쪽 다리로는 설 수도 없었다. 하루는 지팡이에 온몸의 힘을 싣고 절룩거리며 고집스럽게 팀을 따라다니면서 일을 계속했다. 그러나 차에 타는 동작 자체가 거의 불가능해졌고, 결국 패배를 인정해야만 했다. 나는 '잠시 멈춤' 버튼을 누르고 1년으로 예정했던 독학 과정이 2년 가깝게 늘어나는 현실에 좌절감으로 이를 악물었다.

의료 조력 사망에 대한 수요가 점점 늘어나고 있었다. 이제는 그 업무에 일주일 중 이틀을 할애해야만 했고, 탈출한 추간판 때문에 사우스레이크에 더 이상 다닐 수 없게 되었다. 새로운 '배움의 장'을 찾아야 했다. 수소문 끝에 2017년 2월, 맥널리 하우스 호스피스를 찾는 데 성공했다. 나이아가라 지역 온타리오 호수 남서쪽 해안 타운인 그림스비에 웨스트 링컨 메모리얼 병원이 있는데, 병원 근처에 있는 병상 여섯 개 규모의 호스피스였다. 호스피스는 지역 공동체가 추동력이 되어 독자적이고 비영리 목적으로 운영되면서 웨스트 링컨 메모리얼 병원, 해밀턴 헬스 사이언스, 그리고 온타리오의 가정 및 공동체 돌봄 지원 서비스와 긴밀한 협조 관계를 맺고 있었다.

전통적으로 이 지역의 환자들은 병원에 입원하든 하지 않든 가정의들에게서 고통 완화 치료를 받아왔다. 가정의들은 나이아가라 웨스트 고통 완화 치료 팀, 맥널리 하우스, 웨스트 링컨 메모리얼 병원 등과 협력해서 전문가 수준의 돌봄 서비스를 제공해왔다. 내가 그곳에서 시간을 보내는 동안 팀은 매주 월요일에 모였다. 나이아가라 웨스트 고통 완화 치료 팀과 맥널리 하우스 호스피스 소속이자 맥매스터대학교 가정의학과 고통 완화 의학과 교수인 데니즈 마셜 박사는 늘 영감을 주는 말로 회의를 시작하곤 했다. 내가 처음 참석한 회의에서는 T.H. 화이트의 《과거와 미래의 왕The Once and Future King》에서 한 구절을 인용했다. '세상이 왜 흔들리는지, 무엇이 세상을 흔드는지를 배우길. 그 일이야말로 우리의 정신이 지치지 않고, 고립되지 않고, 고문당하지 않고, 두려워하거나 불신하지 않고, 후회할 것이라는 염려 없이 할 수 있는 유일한 일이다. 배움이야말로 당신이 할 수 있는 일이다. 배워야 할 것이 얼마나 많은지 둘러보라.'

나는 슬쩍 방 안을 훑어봤다. 모두 데니즈의 말에 귀를 기울이고 있었다. 반면 나는 눈을 굴리고 싶은 욕구를 억누르기 위해 눈을 내리깔았다. 영감을 주는 인용문 같은 것으로 이 팀이 해내고 있는 일을 정당화해야 할 필요는 없지 않은가.

하지만 결국 영감을 받은 사람은 바로 나였다. 데니즈와 지낸 두 달 사이에 그녀는 내게 정말 많은 것, 알아야 할 필요가 있는지도 알지 못했던 것들까지도 가르쳐줬다.

호스피스는 그림스비와 인근의 작은 마을, 농촌 지역에 사는 인구 10만 명 정도를 커버하고 있었다. 내가 생각하는 가장 이상적인 비율은 인구 10만 명당 호스피스 병상 여섯 개지만, 거기에 못 미치는 대규모 센터들이 많다. 예를 들어, 당시 인구 300만 명이었던 토론토에는 호스피스 병상이 120개밖에 없어서 일인당 병상 비율이 매우 낮았다. 내 말에 동의하지 않는 사람들도 일부 있겠지만, 흥미롭게도 조력 사망이 선택지로 등장하면서 고통 완화 돌봄과 호스피스 돌봄 서비스가 양적, 질적으로 향상되는 인상이 점점 강해지고 있었다.

월요일 회의는 오후 1시에 시작됐다. 자원봉사자들이 회의를 하면서 따뜻한 점심을 먹을 수 있도록 준비했다. 첫 회의에 참석했을 때 나는 눈알을 굴렸을 뿐 아니라 수프도 안 먹겠다고 거절했다. 큰 실수였다. 나는 음식을 함께 먹는 것이 얼마나 영혼을 충만하게 하는 일인지 알고 있지만, 이 '가족 식사'는 편안한 분위기로 담소를 나누며, 똑같이 공유하고, 서로를 존중하는 사이 얼마나 많은 일이 이루어질 수 있는지 일깨워주었다. 종종 나처럼 처음 참석하는 사람이 있게 마련이라 다들 돌아가며 자기 소개를 했지만, 모두가 자기가 돌보는 환자들과 직면한 문제들을 이야기하고 해결책을 마련할 기회를 충분히 누릴 수 있었다.

팀원들이 가진 독립성은 놀라울 정도였다. 그들은 행정적으로 귀찮은 절차 하나 없이 독자적인 판단 하에 환자를 가정에서 병원으로, 병원에서 호스피스 병동으로 옮길 수 있는 권한을 가지고 있었다. 병원 내 환자들을 돌보는 간호사들과 가정 방문을 통한 고통 완화 치료를 하는 간호사들은 모든 환자들에 관한 그 주의 기록과 돌봄 계획을 공유해서 앞으로 어떤 일이 벌어질지 알고 계획하는 것이 엄청나게 용이했다.

통계적으로 임종을 앞둔 환자가 호스피스 병동에서 보내는 시간은 3개월 미만이다. 내 경험으로는 열흘에 더 가까웠다. 하지만 맥널리 하우스는 언젠가 자기 병동에서 1년을 지낸 십대 환자를 돌본 적도 있었다. 그 소년이 죽어가는 환자여서가 아니라, 휠체어 사용이 가능하도록 어머니와 함께 사는 집을 개조할 때까지 어디에도 갈 수 없어서였다. 팀에서는 곧 그가 집으로 갈 수 있을 것이라고 생각했다. 하지만 집이 개조될 때까지 호스피스 병동에 장기 체류를 해야 하는 상황이라면, 흠, 그게 가능하도록 만든 것도 바로 맥널리 하우스였다.

맥널리 하우스에서 환자들이 머무는 기간은 평균 17일이었다. 집에서 고통 완화를 위한 호스피스 주거 시설로 환자를 옮기기에 가장 적절한 시기를 찾아내기 위해 팀은 검사 결과, 임상 평가, 환자 가정 환경, 그리고 환자의 PPS, 즉 완화 의학 수행 지수Palliative Performance Scale를 종합해서 검토한다. PPS는

1990년대에 개발된 진단 도구로, 전 세계적으로 암을 비롯해 생명을 위협하는 질환을 앓는 환자들을 대상으로 널리 사용되고 있다. 평가는 질환의 증세와 정도, 보행 능력, 스스로 돌볼 수 있는 능력, 음식과 액체를 섭취할 수 있는 능력, 의식 정도 등 다섯 범주로 나눠서 이루어진다. 각 범주는 100점 만점이 기준이고, 환자가 얼마나 오래 살 수 있을지를 예측하는 데 도움이 된다.

PPS가 90에서 100 사이면 환자가 가진 질병에도 불구하고(대부분 암인 경우가 많다) 모든 것을 스스로 해낼 수 있는 상태라는 의미다. 반면 PPS가 30인 환자는 모든 활동에 도움이 필요하고, 매우 쇠약해서 침대에 누워서 생활을 하며 몽롱하거나 무기력한 상태다. 우리는 PPS가 이 수준이 되면 30일 이내에 사망 확률이 높다는 사실을 경험으로 알게 되었다.

경험상 아무도 도와줄 사람이 없는 한밤중이나 주말에 환자의 상태가 갑자기 악화되는 경우가 많다. 환자의 통증이 급속도로 심해지거나, 발작이나 배변 문제가 생기기도 한다. 환자를 돌보던 가족은 어떻게 대처해야 할까? 팀은 가족들에게 환자의 증상이 악화되거나 변화할 것이라는 마음의 준비를 시키고, 어떤 징후를 살피거나 예측해야 할지를 알려줘서 문제가 생기면 어디서, 어떻게 도움을 구해야 하는지를 설명한다. 그 결과 누구도 준비 없이 무력하게 혼자서 위기 상황을 맞지 않지 않아도 된다.

생애 말기 돌봄을 제공해야 할 시기가 되면 환자는 고통 완화 병동으로 순조롭게 이전된다. 그곳에서 환자와 가족 모두 임종까지 남은 소중한 시간을 완벽한 돌봄 속에서 평안하게 보낼 수 있다. 미리 예측할 수 있는 시스템은 모든 사람에게 도움이 됐지만 내가 볼 때 특히 침대를 떠날 수 없거나, 점점 더 혼란스러워 하는 아버지, 어머니를 돌보는 가족들에게 큰 도움이 되는 듯했다.

나는 직원들과 함께 지시 사항을 검토하고 일부 처방을 바꾸기도 하고, 환자들을 방문했다. 그러나 무엇보다도 나는 귀를 쫑긋하고 듣고는 동의한다는 뜻으로 고개를 끄덕이는 일을 많이 했다. 맥널리 하우스의 환자 방에 들어가면 안락함과 평화가 느껴졌다. 자유롭게 드나들 수 있는 환자 가족들도 집처럼 편안해했다. 여기 온 사람들은 죽으러 왔지만 아무도 혼자 남겨지지 않았고, 두려워하지 않았다. 물론 모두 슬퍼했지만 한편으로는 마음을 가볍게 해주는 여유가 있었고, 일상적인 삶에 대해 가벼운 이야기를 나누고, 조금 웃기도 함으로써 슬픔과 무력감에서 잠시라도 벗어날 수 있는 곳이었다.

이 팀에서 주목할 만한 또 다른 요소는 130여 명의 자원봉사자였다. 자원봉사자도 직원과 마찬가지로 매우 치밀하게 조직되어 있어서, 아침 8시부터 저녁 8시까지 네 시간씩 교대 근무를 했다. 그들은 병동에 들어오는 사람들을 환영하고 환자와 가족들을 안내하는 일뿐 아니라, 직원들의 업무를 돕고 방문객들을 관리해서 직원과 환자들의 삶을 편하게 해주는 윤활유 역할을 했다. 데니즈는 자원봉사자들의 도움이 없었으면 지금처럼 병동이 돌아가지 못했을 것이라고 늘 강조했다. 자원봉사자들은 또 끊임없이 케이크와 쿠키, 그리고 월요일 회의 때 먹는 수프를 제공했다.

그림스비 호스피스에서 보낸 시간 중 내가 가장 좋아한 부분은 데니즈, 헌신적인 팀 간호사와 함께 시골에 사는 환자들을 방문하는 시간이었다. 그 둘은 GPS를 켜지도 않았다. 마을 안에 있는 모든 농장, 모든 뒷길, 모든 역사를 훤히 꿰고 있었다. 두 사람은 예전에 나이 들고 완고한 농부들을 병원에 입원시키기 위해 갖은 수단을 동원하던 때를 회상했다. 돌봐야 하는 사람들을 뼛속까지 잘 알고, 그들의 끈기에 대해 커다란 존경심을 지닌 사람들만이 나눌 수 있는 대화였다.

•••

물론 그림스비의 농장들은 내가 자라면서 보아온 농장들을 연상시켰다. 내가 대학에 막 들어간 1961년, 당시 57세였던 아버지는 제련소에서 기계를 수리하는 힘든 노동을 하다 심장마비를 겪었다. 아버지는 내가 자원봉사를 하고 있던 병원으로 실려 왔다. 작업 중 기름과 먼지를 흠뻑 뒤집어쓴 더러운 상태의 아버지를 본 간호과장의 이해심과 연민을 나는 평생 잊지 못할 것이다. 그녀는 아버지를 살펴본 후 간호조무사를 불러 의사들을 보기 전에 그 자리에서 아버지를 씻기라고 부탁했다. 아버지는 복부에 통증을 느끼고 있었지만 위급한 것은 심장이었다. 위기를 넘기는 데 이틀이 걸렸고, 산소 텐트로 덮은 침대에 앉아 있는 아버지를 보기 위해 병실에 들어갈 때 모두 함께가 아니라 한 명씩 차례로 방문해야 했다.

아버지는 매우 조급해했지만 6주나 병원에 머물러야 했고, 퇴원하면서는 일을 줄이라는 명령을 받았다. 이미 매리 루는 캘리포니아로 이사했고 조이스는 결혼을 한 상태였다(조이스의 혼수는 《보그》의 고급 패턴북을 보고 내가 다 만들어줬다. 우리는 40년대의 아이들 아닌가). 그래서 아버지의 건강이 회복되는 동안 우리 둘은 한 팀이 되어 주말에는 농장 일을 함께 하고 여름에는 수확도 같이 했다.

헛간에서 돼지들을 길렀는데 장에 내다 팔기 6주 전부터 끊임없이 먹여 살을 찌웠다. 4월 어느 날, 봄바람을 헛간에 들이기 위해 창틀에서 유리창을 떼다가 내가 실수로 돼지 똥에 허리까지 빠져버렸다. 아직까지도 크게 너털웃음을 웃는 아버지의 목소리가 들리는 듯하다. 결국 아버지는 우리가 살던 오래된 농가를 허물고 어머니와 함께 살 1층짜리 은퇴용 주택을 지었다. 아버지는 돌아가실 때까지 거기서 살았다. 어머니도 계속 거기서 살았다. 처음에는 혼자, 그러다가 재혼한 남편과, 그러다가 그도 죽고 나자 혼자서.

내 간호대학 공부는 순조로웠다. 아니 순조롭게 공부하고 있다고 생각했다. 그러나 간호 업무 실습으로 바쁘게 보내던 3학년 어느 날 강사 중 한 명이 나를 사무실로 호출했다. 그녀는 내게 앉으라고 한 다음 내가 이 직업에 얼마나 적합한지에 의문을 제기했다. 그녀는 내가 한 수많은 실수를 모두 열거했다. 첫째,

머리를 따는 기술이 젬병이었고, 사소해 보이지만 환자를 돌보는 데 꼭 필요한 이 임무에 내가 전혀 참을성을 보이지 않는 게 명백했다. 그뿐 아니라 시 교도소에서 온 한 환자에게 약의 용량을 잘못 주는 심각한 실수도 범했다. 어쩌면 들것에 수갑으로 묶여 있는 그의 모습에 충격을 받았는지도 모른다. 그러나 내 실수는 경쟁 병원의 간호대학 학생들 사이에 소문이 다 나서 우리 대학 병원 간호사들의 평판에 오점이 됐다.

그 강사가 물었다. "돌보는 일과 관련이 적은 일을 하는 게 더 낫지 않겠어요?"

거기에 대고 내가 한 대꾸에 심지어 나까지도 놀랐다. "죽기 전에는 이 프로그램에서 나가지 않을 거예요!"

그러나 나도 속으로는 크게 당황했고, 그 당황스러움은 전혀 나답지 않은 낙심으로 이어졌다. 이미 3년이나 투자한 마당에 이제 와서 그만두면 실패가 아니고 무엇인가. 게다가 할 수 있는 다른 일이 있을까? 다른 선택지가 없어 보였다. 병원의 우울한 1인실 기숙사의 어두운 파란색 벽이 내 기분을 잘 말해주는 듯했다. 언제나 행동부터 하고 보는 나답게 방을 바꿔달라고 요청했고, 어찌된 일인지 그 요청이 받아들여졌다. 나는 방을 바꾸는 일을 제어할 수 있다면 다른 모든 것도 제어할 수 있다고 느꼈고, 새 방의 밝은 노란색 벽의 도움을 받아 다시 재기할 수 있을 것이라 생각했다. 침울한 기분에서 빠져나오는 것은 쉬운 일이 아니었지만, 결국 나는 무슨 짓을 해서라도 프로그램을 끝마치겠다는 결의를 다졌다.

내가 대학을 졸업한 1965년 당시 온타리오에는 간호사에 대한 수요가 절박하리만치 컸다(아직도 상황은 변하지 않았다. 팬데믹 이전부터도 온타리오는 캐나다 전체에서 일인당 간호사 수가 가장 적었다). 나는 첫 직장에서 행정 간호사로 일했다. 그다지 높은 평가를 받지 못한 학생으로 지냈던 바로 그 병원에서 간호사들의 교대 일정을 짜고 관리하는 일을 하게 된 것이다. 직접 병실에서 실무를 보는 '진짜' 간호사가 아니라 사무직에 가까운 일이었지만 그것만으로도 승리를 쟁취한 기분이었다.

병원과 해밀턴 시민들 사이의 소통을 돕고 연결하는 방문 간호사 자리가 나자 나는 망설이지 않고 덥석 그 기회를 잡았다. 그 자리에서 누릴 수 있는 독립성이 정말 좋았다. 도시의 모든 지역을 커버할 수 있다는 것도 정말 좋았다. 얼마 지나지 않아 나는 아무 도움 없이 혼자 모든 것에 대처해야 하는 사람들이 겪는 어려운 현실을 절감하게 됐다. 온 집안에서 가장 깨끗한 물건이 내가 들고 간 신문이어서, 그것을 깔아야 가방을 겨우 내려놓을 수 있는 집도 많았다. 침대 틀도 없이 바닥에 놓인 매트리스에 누워 있는 환자의 몸을 닦아줘야 할 때는 농장 일을 거들면서 단련된 허리가 도움이 됐다. 시간이 흐르면서 영문 모를 사은품 행사 때문에 해밀턴 모든 가정의 목욕탕을 점유한 다이얼 비누의 냄새는 싫어하게 됐지만, 수많은 사람들과 부대끼면서 그들을 사랑하게 됐다. 45년이 지난 지금도 나는 스미스 부인의 스파게티 소스 레시피를 가지고 있다.

나의 다음 직장은 간호대학 1년 선배이자, 친구, 동료였던 도러시 프링글 덕분에 얻게 됐다. 그녀는 레이크쇼어 정신병원에 취직해 일하고 있었다. 호숫가의 울창한 공원 안에 낮고 넓게 자리한 백 년 된 붉은 벽돌 건물이었다. 병원에서는 완전히 새로운 퇴원 환자 돌봄 프로그램을 시작하려 하고 있었다. 도러시는 이 프로그램의 여성 환자 부서에서 일하면서 남성 환자 부서에 나를 추천했다. 그 직책을 맡으면 퇴원한 환자를 돌볼 뿐 아니라 프로그램 전체를 만들고 운영하는 역할까지 하게 된다고 했다. 병원 직원들과 협력해 조율하고 그룹 회의를 주재하는 것도 포함되어 있었다. 모든 게 내 책임이었다.

정신과는 내게 큰 도전이었다. 간호대학에서 받은 정신과 훈련은 해밀턴시의 고지대와 저지대를 가르는 급경사면에 위치한 대형 정신병원에서 두 달 받은 게 전부였다. 거기서 훈련을 받는 동안 가끔은 올리비아 드 하빌랜드가 출연한 따분하고도 부담스러운 영화 〈스네이크 핏〉*을 조금 더 점잖게 만든 영화에 출연하는 느낌이 들었다. 자신감을 주는 기억은 아니었지만, 토론토에서 살고 싶은 또 다른 이기적인 이유가 하나 더 있었다. 새로 사귀는 남자 친구가 그곳에 살고 있었다. 우리는 내가 4학년일 때 만났다. '맥매스터 눈의 여왕'으로 뽑힌 후 흥분이 가라앉지 않았을 때였다(이 이야기는 다른 기회에 하자. 내가 입은 검은 벨벳 드레스를 직접 손바느질로 만들었다는 사실만 밝혀둔다). 그리

● 동명의 소설을 원작으로 한 영화로, 현대 정신병원에서 정신질환을 치료하는 방식을 직설적으로 표현한 1948년 작품.

고 토론토 근교의 섬에 있는 요트 클럽에서 8미터짜리 요트를 봤는데, 그 멋진 녀석을 모는 법을 꼭 배우고 싶기도 했다.

살 집이 필요했고, 그 말은 가구도 필요하다는 뜻이었다. 나는 우리 집 지하실을 뒤져 오래된 찬장 하나를 꺼내다가 칠을 벗기고 화장대로 개조했다. 등받이가 뒤로 젖혀지는 소파 베드 수리를 아버지가 도와줬다. 나는 쿠션을 만들어 낮에는 그것을 놓고 앉아서 생활하고 밤에는 침대로 만들어 자기로 했다. 식탁 다리를 잘라 커피 테이블로 만들었다. 그 커피 테이블은 바닥에 쿠션을 깔고 앉아서 밥을 먹을 때는 식탁이 됐다.

보증금으로 미리 내야 하는 두 달 치 월세가 500달러였는데 그런 돈이 내게 있을 리 만무했다. 그 돈을 마련하기 위해 나는 간호과장에게 갔다(빚지는 문제에 대한 아버지의 생각은 한 치도 변함이 없었다). "월급을 가불해주세요." 나는 덜덜 떨리는 다리는 애써 감추고 목소리에 단호함을 담아 말했다. 간호과장은 처음에는 어처구니없어 했다. 엄청나게 큰돈이었다. 하지만 나는 뜻을 굽히지 않았다. 결국 그녀는 정신과 과장 론 스톡스 박사와 상의를 해보겠다고 했고, 놀랍게도 스톡스 박사는 내게 돈을 빌려줬다. 나는 첫 월급을 받자마자 감사한 마음으로 그 돈을 갚았다.

내 학습 곡선은 수직으로 상승했다. 집단 요법을 공동으로 이끄는 법을 익혔고, 피해망상을 가진 환자와 앉아서 이야기할 때는 꼭 미리 탈출 경로를 확보해두어야 한다는 것도 배웠다. 그러나 늘 전력을 다해야 겨우 뒤처지지 않는 느낌이었고, 내가 모르는 모든 것들에 대해 방어적인 마음이 되었다. 자신감 있는 척 행동을 했고, 그런 태도가 통한다고 생각했다. 하지만 2년쯤 지난 후, 영국에서 훈련을 받았고, 나와 공동으로 그룹을 이끌고 있던 지혜로운 사회복지사 바버라가 나한테 그간 보이던 방어적인 태도가 드디어 없어진 것 같다고 한 것을 보면 내 속내를 그다지 잘 감추지 못한 듯하다.

1968년, 나는 클라크 정신병원(현 중독 및 정신 건강 센터CAMH) 내의 병상 열 개짜리 소규모 입원 환자 병동의 수간호사 자리를 제안받았다. 그 병동에는 나를 포함해 간호사 아홉 명, 사회복지사 두 명, 정신과 수련의 세 명, 직업 치료사 두 명, 정신과 전공의 두 명, 비서, 행정직원, 그리고 병동 대표가 있었다. 엄청난 인력이 동원되는 것처럼 보이지만, 토론토 이스트요크 지역의 청소년과 가족들에게 공동체 내 서비스를 계획대로 잘 제공하려면 모두가 전력을 다해야 겨우 가능한 일이었다.

내가 할 일은 간호사들이 열두 시간씩 병원 내에서 교대 근무를 하고, 거기에 더해 위험에 처한 어린이, 이민자, 새로 엄마가 된 여성, 교사 들을 소그룹 단위로 돌보는 병원 밖 임무까지 수행하도록 시간을 확보하고 조직화하는 것이었다. 신나고 흥분되는 계획이었다. 일단의 간호사들이 새로운 방식으로 일을 하면서, 스스로 배울 기회를 모색하고, 아무런 이정표나 지침 없이 기회를 찾아내 탐색할 수 있을 것이었다. 백지 상태에서 시작해서 아래서 위로 올라가는 민초 기반 시스템을 구축하는 일. 우리는 무엇을 해야 할지 찾아내는 일부터 그 일을 어떻게 해결할지까지 알아내야 했다.

나는 모든 것을 관리하는 사실상의 리더로 팀의 중추 역할을 해야 했다. 하지만 간호사들을 고용하기 위해 심사를 하는 과정에서부터 그들이 나보다 훨씬 용감하고, 똑똑하고, 더 큰 위험을 감수할 자세가 되어 있는 것처럼 느껴졌다. 그들은 치료요법사로, 그룹 지도자로, 결혼 상담사로, 공동체 돌보미로 유능한 능력을 갖춰나갔다. 그리고 새로운 프로그램과 서비스를 만들어냈고, 놀라운 수준의 전문 지식을 적용해서 병원 밖 기구들의 활동을 도왔다. 우리 팀이 그런 성취를 이뤄내는 동안 나는 편안하면서도 보람찬 루틴을 만들어 정착했다.

그러나 내가 간과한 한 가지 중요한 디테일이 있었다. 이 프로그램은 5년간 시험적으로 운영될 계획이었다는 사실이었다. 없어지지 않고 계속 남아 자가 반복을 할 가능성을 없애기 위해 ('필수불가결'이라는 표현이 많이 사용됐다) 애초부터 소멸 시효 조항을 포함시켜 끝나는 날짜를 명시했다. 일을 시작한 후 3년 정도 지났을 때 나는 이제 앞으로 남은 2년 동안의 프로그램과 어떻게 프로그램을 종결지을 것인지 결정하는 회의를 주재해야 한다는 사실을 깨달았다.

종결시킨다니. 나는 온몸이 얼어붙었다. 나의 이 완벽한 세상이 종결되어야 한다고? 그다음에 나는 무엇을 할 것인가? 회의에 앉아는 있지만 귀에 들어오는 건 아무것도 없었다. 그러다 이제 병원에 매여서 의사들의 말에 복종해야 하는 평범한 간호사 일로 돌아가기에는 내가 너무 많이 와버렸다는 생각이 번개처럼 머리를 스쳐 지나갔다. 명백한 해결책이 단 하나 있었다. 바로 내가 의사가 되는 일이었다.

내 모교인 맥매스터가 가장 먼저 떠올랐다. 면접을 보러 갔지만 의대에서는 나를 만류했다. 당시 새로 만들어진 의대 프로그램에서는 의학이 아닌 다른 부문에서 이미 성공하고 성취를 이룬 사람들을 학생으로 받아들이는 쪽으로 방향을 잡고 있었다. 간호학과 출신은 맥매스터 졸업생이라 해도 충분치가 않았다.

그래서 다음 선택지인 토론토대학교에 들어가기 위해서 전면전을 펼쳤다. 정신과 교수와 우리 병동 대표(둘 다 남성이었다)에게 부탁해 추천서를 받았다. 두 사람의 추천서가 효과를 발휘했는지 토론토대학교는 나를 받아줬다. 하지만 유기화학과 수학 시험에 통과해야 한다는 조건이 붙었다. 모두 학교 다니는 내내 끈질기게 피했던 과목들이다. 그해 여름 나는 캐나다 런던에 있는 웨스턴온타리오대학교(현 웨스턴대학교)에서 두 과목 모두를 6주 만에 완성하는 속성 과정에 등록했다. 평생 그렇게 열심히 공부해본 적이 없었고, 결국 필요한 점수를 겨우 턱걸이해서 따는 데 성공했다. 9월에 나는 토론토대학교에 입학했다. 3년의 의대 과정, 1년의 인턴 과정을 마친 후 가정의가 되었고, 그 후 45년 동안 가정의로 일했다.

그러나 간호사로 훈련받은 경험은 내 몸에서 떠나지 않았다. 내가 공감력이 뛰어난 사람이라고 생각지는 않지만 응급실 담당 간호사가 우리 아버지의 기름때 묻은 어깨에 살며시 손을 올리고 간호조무사를 불러 아버지를 씻기라고 부탁했던 그 장면은 좋은 돌봄의 모델로 내 머리에 자리 잡았다. 그래서 나는 행동파 의사가 되었다. 환자의 침대보를 갈아야 하는데 간호사가 너무 바쁘면 내가 했다. 손이 더러워지는 것을 주저하지 않았다. 가끔은 그런 내 성격으로 곤란해진 적도 있기 때문에 단점이라고 생각하기도 하지만, 성미가 급한 것은 장점이 될 수도 있다는 것을 경험으로 알게 되었다.

•••

데니즈, 그리고 데니즈와 같이 일하는 담당 간호사와 함께 농가를 방문하면서 노인, 심신이 허약한 사람, 침대에서 생활하는 환자 들에게 힘겹게 임시 방편으로 돌봄이 이루어지는 상황을 많이 목격했다. 두 사람은 늘 사려 깊게 행동했고, 그들을 돌보는 사람들(늘 그렇듯 보통 딸들)에게 어려운 점이 무엇인지 묻는 걸 잊지 않았다. 자기 문제를 다른 사람들에게 잘 털어놓지 않는 사람들도 두 사람에게는 마음을 열고 이야기하곤 했다. 방문 간호사로 일하던 내 젊은 시절이 반복적으로 떠오르는 시간이었다. 그러나 이 두 여성과 함께 있을 때만큼 선의의 힘으로 둘러싸여 있는 느낌을 받아본 적이 없다. 그토록 깊은 존중의 마음과 전문성으로 생애 말기 돌봄에 접근하는 것을 목격하는 일은 너무도 귀한 특권이었다.

우리가 환자를 두고 한 번도 의료 조력 사망을 거론하지 않았다는 사실은 시사점이 크다. 나이아가라 웨스트 고통 완화 치료 팀의 시스템이 효과적으로 돌아가고 있다는 뜻이었기 때문이다. 환자들은 추가적인 도움 없이도 자기들이 원하는 방식으로 죽음을 맞이하고 있었다. '모든 의사와 간호사가 이 팀만큼의 능력과 재원을 가지고 있다면 의료 조력 사망이 필요하기나 한 것일까' 하고 나는 반문을 하곤 했다.

그럴 수만 있다면 얼마나 좋을까. 캐나다인들 중 조력 사망을 선택할 사람들은 극소수에 불과하고, 대다수는 그곳에서 우리가 목격한 것과 같은 수준의 생애 말기 돌봄을 원하고, 기대한다는 것이 바로 현실이다.

그곳은 1년 동안의 내 독학 프로그램을 마무리 짓기에 완벽한 곳이었다. 우리가 목표로 둬야 하는 것은 훌륭한 고통 완화 돌봄이고, 나는 그것이 가능해진 현실을 목격했다. 그러나 그렇게 이상적인 상황을 보고 나자 차이, 다시 말해 이상적인 돌봄과 너무도 많은 사람이 경험하고 있는 그렇지 못한 현실 사이의 차이가 너무도 크다는 것을 절감하게 됐다. 그런 차이가 생기는 데는 수많은 이유가 있다. 도시 지역에 너무 사람이 많은 반면, 농촌 지역에는 너무 사람이 적고, 돈이 충분히 없고, 어떤 도움이나 친척, 친지도 없이 혼자 사는 사람이 너무 많았다. 그리고 젊음에 집착하고 늘 시간에 쫓기는 사회적 분위기와 정부가 노인들을 돌보는 일을 등한시하는 것도 문제의 원인이었다.

노인들을 창고에 보관하듯 하면서 공장 생산 라인처럼 돌보는 것은 가장 최후의 선택지일 뿐 아니라 모두가 가장 두려워하는 방법이다. "날 양로원에 보내기 전에 그냥 죽게 해줘"라는 말을 친구나 친척에게 들어보지 않은 사람이 있을까? 그러나 우리 대부분에게 양로원은 나쁜 선택지 중 그나마 제일 나은 것이기도 하다. 의학은 최첨단 급성 환자 치료에 재원을 쏟아부어왔고, 그 대가로 우리 대부분은(집에 돈이 엄청나게 많은 사람은 예외겠지만) 누추하고 자원이 부족하며 아무도 원치 않는 장기 요양 시설 신세를 질 수밖에 없다. 2020년, 코로나19로 다른 연령대에 비해 노인 사망률이 훨씬 높았던 현상은 그 부끄러운 현실을 그대로 반영한 것이다. 캐나다의 인구는 노령화되고 있다. 뭔가 바뀌지 않으면 내가 나이아가라에서 본 것과 같은 모범적인 고통 완화 돌봄은 말할 것도 없고, 양질의 장기 돌봄은 많은 사람, 아니 대부분의 사람에게는 이룰 수 없는 꿈이 될 것이다.

나이아가라 웨스트 고통 완화 치료 팀과 함께 지내면서 나는 내가 맞닥뜨려야 할 도전과 내가 이루고자 하는 목표가 무엇인지 확실히 깨달았다. 나는 의료 조력 사망 심사에 대한 접근법도 그 과정에서 점점 변화시켜가고 있었다.

•••

내가 적극 치료 클리닉에서 일할 때 했던 것처럼 고통 완화 치료 상담을 위한 표준을 내 심사 기준으로 삼을 것이다. 이 표준에는 환자의 질병과 치료에 대한 기록 전체와 철저한 건강 진단, 그리고 과거의 건강 문제를 검토하는 것 등이 포함되어 있다. 또 호흡, 배변, 통증, 기분, 입맛, 피로도 등의 증상에 등급을 매기는 시스템도 사용한다. 여기에 더해 환자의 사회적 관계 변화 추이와 현재의 개인적, 영적 지원 네트워크를 평가한다. 환자와 가족이 얼마나 강한지를 잘 보여주는 지표이기 때문이다. 그리고 내 업무가 모두 병원 바깥에서 이루어지기 때문에 공동체의 지원, 다시 말해, 가족 이외에 간호사, 요양 보호사, 장애 지원 등의 도움을 얼마나 받을 수 있는지도 평가해야 한다. 이런 도움은 잘 활용하고 있는가? 도움을 받을 수는 있는가? 오랜 시간에 걸쳐 환자를 돌봐온 주치의와도 상의를 한다.

그렇게 취합한 지식으로 무장한 상태에서 환자의 요청을 탐색할 것이다. 그들의 가치와 두려움과 기대가, 스스로 정한 방식과 시간에 죽기 위한 도움을 요청하는 데 어떤 영향을 끼쳤는가? 삶의 목표에 대한 감각과 자신의 끝을 제어하겠다는 의지, 혹은 존엄성을 유지하겠다는 욕구가 조력 사망 요청의 진위성을 더 강하게 만드는가? 누가 그들을 지지하는가? 누가 반대하는가?

행동 계획은 환자와 나 사이에 이루어지는 대화를 통해 만들어지고, 전적으로 환자의 제어 하에 둔다. 그 사실 하나만으로도 환자의 두려움이 줄어들고, 마음의 평화를 줄 뿐 아니라 그 무서운 여정을 조금 더 길게 계속하도록 해줄 때가 있다. 언제라도 "이제 때가 됐어요"라고 말할 수 있다는 것을 알고 있기 때문이다.

나는 어느 누구도 서둘러 의료 조력 사망을 받도록 하지 않는다. 그들이 왜 죽기 위한 도움을 구하는지, 왜 지금 그런 요청을 하는지를 파악하기 위해 노력할 것이다. 다른 선택지가 있는지 탐색을 하고, 환자가 그 선택지들을 거부하면 왜 그러는지 이해하려 할 것이다. 그들의 진정한 의도를 보고, 듣기 위해 노력할 것이며, 현실적으로 병이 너무나 많이 악화되고 고통이 너무나 커졌을 때 그들이 스스로 선택을 하면 비로소 그들의 삶을 끝내기 위한 개입을 할 것이다.

6장

실라

내가 더 이상 나 자신이 아니게 된다면
살아갈 이유가 없잖아.

그녀는 '떠나고 싶은' 자신의 욕구를 표현하지 못하는 지경에 이르고 싶어 하지 않았다. 자기가 망쳐버릴지도 모른다는 두려움만 아니었어도 스스로 목숨을 끊었을 것이라고 말했다.

오랜 기간의 혹독한 고통에서 벗어날 수 있는 유일한 방법이 자살뿐이라고 여기는 환자들이 있다. 그러나 이 섬세하고 연약해 보이는 여성이 그런 선택지를 고려하고 있다는 사실에 나는 적잖이 충격을 받았다. 너무도 뚜렷이 느껴지는 그녀의 결의가 내 마음에서 떠나질 않았다.

의료 조력 사망 업무를 시작한 지 6개월이 지난 2017년 1월, 나는 처음으로 심각한 장벽에 맞닥뜨렸다. 그 일은 내게 영구적인 영향을 끼쳤을 뿐 아니라, 그 일을 통해 인지 능력 상실 초기 단계의 환자가 의료 조력 사망 요청을 할 때 어떻게 대처해야 할지를 결정하는 입법부에게도 매우 중요한 문제였다. 점점 노령화되고 있는 캐나다의 국민은 존엄성을 잃지 않고, 자신의 운명을 스스로 제어할 수 있기를 바란다. 심지어, 아니 특히 자신이 더 이상 지각을 하지 못하게 되었을 때 그 권리가 더 절실하다고 여긴다. 우리는 끊임없이 법을 수정해가고 있다.

실라는 겨우 68세밖에 되지 않았지만 원발진행실어증이라는 공격적인 형태의 치매에 걸렸다는 진단을 받았다. 단어를 잊어버리는 일은 이미 벌어지고 있었다. 실라의 어머니가 알츠하이머병을 앓았기 때문에 그녀는 자기가 어떻게 될지 예측할 수 있었고, 동의할 수 있는 능력을 잃기 전에 의료 조력 사망을 원했다. 6년간 함께한 배우자인 은퇴한 치과의사 앨런은 그녀의 요청을 지지했다. 그러나 그녀의 딸 리사는 이 일에 열렬히 반대했다. 그리고 실라의 의료 결정권은 성인인 리사에게 위임되어 있는 상태였다.

면담을 위해 실라를 직접 만났을 때 그녀는 자신 없는 걸음걸이, 넘어질까 두려워 다른 사람의 팔을 잡기 위해 손을 뻗는 습관, 외모에 대한 무관심, 타인을 만나는 데 대한 두려움 등 치매의 뚜렷한 증후를 전혀 보이지 않았다. 그녀는 신중하게 고른 우아한 복장에 완벽할 정도로 용모가 단정했다. 맑은 정신과 침착함의 대명사처럼 보였다.

반면 리사는 딱 보기에도 화가 나 있었다. 훨씬 나중에 안 사실이지만, 실라가 이 약속을 리사에게 알리지 않았고 앨런에게도 말하지 않겠다는 약속을 받아냈었다. 하지만 리사는 이런 약속이 있다는 것을 알아냈고, 자기가 참석해야 한다고 생각했다. 리사와 그녀의 동생 브레이엄은 앨런을 신뢰하지 않았고, 앨런도 남매의 불신을 모르지 않았다. 앨런은 리사가 실라를 돌보는 일에 충분히 손을 보태지 않는다고 생각했다. 리사와 브레이엄은 앨런이 어머니를 조종해서 자식들과 거리를 두게 한다고 생각했다. 양쪽 모두 돈이 이유라고 의심했다. 당시만 해도 나는 그런 속사정을 전혀 몰랐지만 팽팽한 긴장감은 느낄 수 있었다.

나는 그런 분위기에 그다지 신경 쓰지 않았다. 자녀들이 부모의 선택과 의도에 동의하지 않는 경우는 흔하다. 가정의로 오래 일하는 동안 그런 다툼 사이에 끼게 된 적이 부지기수였고, 나는 내 협상 기술에 자부심을 갖게 됐다. 나를 당황하게 한 것은 서로 다른 이유에서이긴 하지만 앨런이나 리사 모두 실라가 자신이 원하는 것을 적합하게 표현할 것이라는 확신이 없다는 부분이었다. 그들은 실라를 과잉보호하고 있는 것일까? 실라가 정신이 맑아 보이는 것은 조심스럽게 만들어진 외양에 불과한 것일까? 나는 실라와 단둘이서만 면담을 하게 해달라고 요청했다.

그녀는 겉으로 드러날 정도로 긴장했다. 주저하며 말을 더듬거렸고, 내가 자기 말을 이해하지 못하거나 참을성 없이 재촉을 할까 두려워했다. 나는 그녀가 원하는 만큼 시간을 충분히 낼 수 있으니 걱정 말라고 안심시켰다. 서두를 필요가 없고, 나는 온 정신을 집중해 그녀의 말에 귀 기울일 것이라고 약속했다.

실라는 세련되고 방대한 어휘를 구사했고 그 점에 자부심을 가지고 있었다. 그러나 실라는 이미 15년 전부터 자기가 말하려는 대상의 정확한 이름을 대는 대신 '그것'이라는 단어를 너무 자주 쓴다는 사실을 깨달았다. 이제 생각나지 않는 어휘 개수가 점점 많아지고 있었다. 그녀는 말을 하다가 멈추고 자기가 원하는 단어를 찾기 위해 애썼다. 게다가 일상적인 물건들의 용도를 잊어버렸다. 예를 들어, '당근'이라는 단어를 기억하지 못할 뿐 아니라 그게 먹는 것이라는 사실을 기억해내는 데 도움이 필요했다. 단기 기억 또한 점점 나빠지고 있었고, 순서대로 지시에 따르는 데도 어려움이 있었다. 예전에 잘 알던 곳에서도 길을 잃어버리기 일쑤였고, 그런 일이 생길 때마다 깊은 수치심을 느꼈다.

잠깐, 실라가 아직 운전을 한다고? "항상 다니는 곳 몇 군데만 다녀요." 그녀가 설명했다. "길을 잃어버리면 당황하지 않고 침착하게 아는 곳이 나올 때까지 계속 차를 몰아요. 아니면 브레이엄에게 전화를 하죠. 내가 있는 곳의 길 이름을 말해주면 브레이엄이 집까지 길 안내를 해줘요." 나는 자신의 본모습을 지키려는 그녀의 마음이 얼마나 치열한지 절감하고 몸이 휘청거렸다. 슬픈 마음이 드는 동시에 그녀의 기개에 대한 존경심으로 가슴이 찌릿했다.

면담을 하는 내내 실라는 내 얼굴에서 눈길을 떼지 않았다. 자기가 하는 말을 내가 제대로 받아들이고 있는지는 물론, 자기의 비참함을 이해하는지도 끊임없이 확인한다는 느낌이 들었다(사실 그녀의 비참함을 이해하지 않을 수가 없었다. 고통스러울 정도로 분명히 보였기 때문이다). 나는 그녀가 겨우 뱉어내는 몇 개의 단어에 귀 기울이며 집중하고, 그녀가 머릿속에서 단어를 찾아낼 수 있는 시간을 충분히 주기 위해 노력했다. 말을 가로채 내가 대신 해주고 싶은 욕구를 참으면서. 배경에 관해서는 나중에 알아봐도 되는 일이었다. 지금은 그녀의 말을 내 귀로 직접 들어야만 했다. "이게…, 계속…." 그녀가 막힐 때마다 괴로워하며 띄엄띄엄 말을 이어갔다. "그리고 난… 두려워요."

의사들은 작은 단서라도 놓치지 않고 포착하는 훈련을 받는다. 그런 단서들은 진단과 치료 계획을 세우는 기초가 된다. 처음 세운 치료 계획이 별 효과가 없다 하더라도 괜찮다. 언제라도 다시 세울 수 있으니까. 목표는 행동이지 반성이 아니다. 환자의 이야기에서 미묘한 뉘앙스는 놓치기 쉽다.

그러나 누군가가 죽음을 맞이할 수 있도록 돕는 일은 치료와는 다른 태도로 접근해야 한다는 사실을 나는 배워가고 있었다. 그 일을 잘 하기 위해서는 환자의 동기를 깊이 파고들어야 할 필요가 있다. 그들의 영혼이 하는 말에 귀를 기울여야 하는 것이다.

•••

나는 어떤 장애물이 버티고 있다 하더라도 자신의 운명은 스스로 결정하겠다는 실라의 결의에서 나의 모습을 살짝 보았다. 그녀는 몬트리올의 이민자 부모 사이에서 태어났다. 돈이 부족해서 어떤 때는 난방을 하지 못하기도 했다. 열네살 때 그녀는 학교를 그만두고 가족 부양 전선에 뛰어들었다. 그 이후부터 지금까지 쭉 그녀는 정식 교육을 받았으면 얼마나 좋았을까 생각하곤 한다. 하지만 정식 교육의 빈자리는 치열한 독학으로 보충했다. 그녀는 게걸스럽게 책과 신문을 읽었고, 십자말풀이를 식은 죽 먹듯 해냈다. 열아홉 살 때 3년 동안 사귀었던 남자 친구와 결혼했다. 신혼 부부는 토론토 근교에 있는 노스요크로 이사를 했고, 실라의 남편은 페인트칠 전문 위탁 회사를 차렸다. 뭐든 빨리 배운다는 자부심을 가진 실라는 파트타임으로 회사에서 사무를 봤다. 자신감 있고 아름다운 실라는 발이 넓어 친구도 많았고, 그런 친구들을 집으로 초대해서 파티를 여는 쾌활한 여주인 노릇을 완벽하게 해냈다.

"엄마가 여는 파티는 늘 인기 만점이었죠." 리사가 나중에 내게 말해줬다. "우리 생일 파티도 최고였고요." 실라는 영화, 연극, 음악회 등도 즐겨 찾아다녔다. 그리고 리사와 브레이엄이 꼭 대학에 가야 한다고 고집했다. "대학에 '가면'이 아니라 늘 대학에 '갔을 때'였어요."

1998년, 실라의 남편이 위암에 걸렸다. 온 가족이 최선을 다해 치료에 나섰다. 토론토에 있는 전문의, 뉴욕의 슬론 케터링 병원, 심지어 일본까지 가서 실험적인 프로그램에 참여하는 것도 마다하지 않았다. 그러나 암은 걷잡을 수 없이 퍼져 나갔고, 진단을 받은 지 7주 만에 실라의 남편은 세상을 떴다. "엄마는 완전히 무너지고 말았어요." 리사가 말했다. "극도로 독립적이고 대담해서 '뭐든 할 수 있어' 정신으로 살던 엄마였어요. 곤경에 처한 사람은 그게 누구라도 발 벗고 나서서 도와줬고요. 그랬던 엄마가 완전히 무능력한 사람이 돼버렸어요. 친구하고 점심 약속을 하면서 몇 시에 만날지 결정하는 것처럼 단순한 일도 하지 못할 정도로요."

실라는 리사가 결혼한 지 얼마 안 되었을 때 그 집에 들어가 함께 7개월을 살았다. 작은 아파트를 사서 이사를 나간 후에도 매일 오후 리사네 집에 왔다. "요즘은 그때를 자꾸 돌이켜보게 돼요. 그때부터 증상이 있었을까 하고요." 리사가 말했다("다시 살아갈 용기를 얻을 때까지 긴 시간이 걸렸어요." 우리가 만났을 때 실라는 그 시절을 이렇게 묘사했다). 리사와 브레이엄은 둘 다 아이들이 있었고, 실라는 손주들을 끔찍이 아꼈다. 시간이 지나, 실라는 데이트를 하기 시작했고, 어떤 남자와 동거를 시작했지만 결국 헤어졌다. 그러다 2011년 앨런과 만난 지 얼마 되지 않아 같이 살기 시작했다.

두 사람이 대등한 관계로 느껴졌던 초반은 사이가 괜찮았다. "처음 2년은 정말 좋았어요. 하지만 지난 4년은 그렇게 좋지 않았죠." 자신이 '아무런 목적 없이' 사는 '짐'이라는 생각이 들어서였다. 머릿속에서 끊임없이 단어를 찾기 위해 갖은 애를 써야 했던 지난 2년의 경험은 그녀에게 악몽이었다. 앨런은 달리기를 하고, 스키를 타고, 여행을 즐기는 사람이었다. 실라는 그런 일들을 더 이상 하고 싶지 않았다. 쉽게 피곤해졌고, 멍해지기 일쑤였다.

그녀와 앨런은 의료 조력 사망에 대해 이야기를 나눴다. 아주 많이. "우리는 아무도 못 알아보고, 말도 하지 못하고, 자기 삶의 주인공으로 살아갈 수 없는 상태로 얼씬거리며 머물러 있고 싶지 않았어요." 앨런이 내게 말했다. "우리 둘 다 어머니가 치매를 앓으셨거든요."

실라는 2000년에 몬트리올 인지 평가Montreal Cognitive Assessment, MoCA를 처음으로 받았다. 15분에 걸쳐 종이에 적힌 문답지를 푸는 단순한 평가로, 기억력과 추론 능력을 수량화해서 정신 능력을 평가하도록 고안됐다(도널드 트럼프가 통과했다고 자랑스럽게 떠벌린 바로 그 평가다. 실제 질문 중 하나는 그림을 보고 그것이 호랑이인지 코끼리인지 알아맞히는 수준인데 트럼프 말만 들으면 마치 이 평가가 미국 법학 대학원, 의과 대학, 일반 대학원 입학 시험을 다 합쳐 놓은 어려운 시험이라도 되는 것처럼 느껴졌다). 2000년 평가 결과는 정상이었다. 2012년부터 2014년 사이에는 경미한 인지 능력 감소라는 평가 결과가 나왔다.

그러나 최근 3년 동안 그녀는 몬트리올 인지 평가도 하지 않았고, 제대로 작동하지 않는 특정 두뇌 부위를 볼 수 있도록 해주는 '단일 광자 방출 단층 촬영SPECT'도 하지 않았다. 대부분의 의사들은 후속 진단을 할 때마다 두 가지 중 적어도 하나는 받게 한다. 환자의 뇌에 생기는 변화를 추적하면 질병의 진행을 예측하고, 속도를 늦추는 약을 처방하는 데 큰 도움이 된다. 그러나 실라는 자기가 나빠지고 있다는 사실을 확인하는 게 너무 수치스러웠다. 아니, 두려웠는지도 모르겠다. 이런 식의 도피적 심리는 치매 환자에게 매우 흔한 현상이다.

말하는 것을 무척 어려워했지만, 나는 의료 조력 사망을 요청하는 실라의 목소리에서 공포를 감지했다. 그녀는 '떠나고 싶은' 자신의 욕구를 표현하지 못할 정도로 말을 하지 못하는 지경에 이르고 싶어 하지 않았다. 자기가 '망쳐버릴'지도 모른다는 두려움만 아니었어도 스스로 목숨을 끊었을 것이라고 말했다. 그때는 내가 의료 조력 사망 시행을 시작한 지 6개월밖에 되지 않은 시점이었지만, 이런 식으로 자살이라는 선택지를 고려하는 환자들의 이야기를 이미 많이 들었다. 오랜 기간의 혹독한 고통에서 벗어날 수 있는 유일한 방법이 자살뿐이라고 여기는 환자들이었다. 그러나 이 섬세하고 연약해 보이는 여성이 그런 선택지를 고려하고 있다는 사실에 나는 적잖이 충격을 받았다. 너무도 뚜렷이 느껴지는 그녀의 결의가 내 마음에서 떠나질 않았다.

다른 많은 사람들과 마찬가지로 나도 치매가 두려워서였을까? 나면서도 내가 아닌 미래가 두려워서? 어쩌면 그럴지도 모른다. 나는 여든 살이 넘었다. 팬데믹 전에는 보스턴 마라톤 대회에서 아홉 번 완주를 했고, 내 연령대에서 여덟 번 1위를 했다. 요즘도 커다란 오븐 팬에 라자냐를 만들어서 저녁 식사에 지인들을 자주 초대해 활발한 대화가 오가는 자리를 만들곤 한다. 매년 크리스마스에 큰 파티를 열어 손님들과 함께 캐롤을 부르고 시를 낭송한다. 조지언베이에 별장이 있어서 카약도 타고, 정원을 가꾸고, 목공예를 한다. 그런 활동들의 범위가 점점 줄어들고 회색으로 변한다면, 살아는 있지만 모형용 핀에 꽂힌 채 잘게 몸을 떠는 나비처럼 된다면 나도 더 이상 살아가고 싶지 않을 것이다.

그러나 내가 실라에게 의료 조력 사망을 시행해줄 마음이 있다 해도 그녀의 요청이 받아들여지려면 넘어야 할 큰 산들이 있었다. 첫 번째는 그녀의 딸이었다. 어머니가 정신적, 육체적 능력을 잃을 경우 의료 관리 결정을 위임받은 리사가 볼 때, 어머니는 여전히 상황을 잘 꾸려가고 있고, 변함없이 자신의 삶을 살아가고 있으며, 자녀와 손자들에게 어머니, 할머니 노릇을 제대로 하고 있었다.

두 번째 산은 법적인 문제였다. 이번에도 '어느 정도 가까운 시일 내에 자연사를 할 것이라는 합리적 예측이 가능'한지를 묻는 RFND 조항이었다. 2017년 이후 그 조항이 수정되었지만 당시만 해도 의료 조력 사망 시행 자격을 갖추려면 환자가 어느 정도 합당한 시일 내에 자연사를 하게 될 것이 확실해야만 했다. 실라는 그렇지 않았다. 뇌 전체를 공격해서 결국 몸이 모든 기능을 잃게 되는 지경까지 가는 알츠하이머병과는 달리, 실어증은 뇌의 일부에만 영향을 준다. 실라의 목 아래는 완벽한 건강을 유지하고 있었다.

바로 이 점 때문에 세 번째 산에 부딪히게 된다. 바로 도덕적인 문제였다. 실라는 말은 한마디도 못하지만 잘 돌아가는 몸 안에 갇혀 30년도 더 살 수 있었다. 그녀가 그것을 원치 않았고, 따라서 나도 그녀가 그렇게 살기를 원치 않았다. 너무도 어려운 문제였다. 나 혼자서는 할 수 없는 일이었다. 실라의 의사가 우리 편이 되어주어야 했다.

그 부분이 바로 우리의 네 번째 산이었다. 실라의 담당의인 샌드라 블랙은 캐나다 최고의 알츠하이머병 전문가였다. 이 분야에서 그녀의 공헌은 가히 전설적이다. 나는 그녀의 이력서에는 발표 논문이 1500개도 넘겠다고 농담을 하곤 했다. 블랙 박사는 2015년부터 6개월에 한 번씩 서니브룩 신경인지 클리닉에서 실라를 진단했다. 실라의 질병은 많이 진행된 상태여서 심각한 고통을 야기하고 사망으로 이어질 게 확실하다는 것이 내 견해였다. 그러나 이 무서운 질병의 치료에 평생을 헌신해온 의사도 나와 의견을 같이할 것인가?

이 문제는 그냥 실라의 경우에만 해당되는 것이 아니었다. 인지 능력의 저하를 어떻게 다룰 것인지에 대한 문제는 2021년 여러 조정과 변화를 거친 후까지도 의료 조력 사망 분야에서 가장 큰 논란의 대상이 되어왔다(이 문제에 대해서는 뒤에서 더 자세히 이야기하자). 하지만 2016년 당시 내게는 협상 카드가 필요했다. 나는 실라에게 다시 검사를 받는 데 동의하면 병이 악화되고 있다는 것을 증명할 기록이 생겨서 그녀의 요청이 정당하다고 인정받는 데 도움이 될 것이라고 설득했다. 그녀가 동의했다. 나는 그 동의를 무기 삼아 블랙 박사에게 전화를 했다.

그녀는 겁날 정도로 높은 학식을 지닌 만만치 않은 여성이었다. 그녀와 처음 통화를 할 때 나는 토론토에서 100킬로미터 이상 떨어진 그림스비에 있는 호스피스로 가는 도중이었다. "운전하고 있긴 하지만 핸즈프리를 통해 스피커로 통화할 수 있어요." 나는 아무렇지도 않게 말했다.

"길 옆에 차를 세우세요!" 그녀가 명령했다. "운전자가 말을 하면서 주변 환경에 충분히 주의를 기울이지 않아 얼마나 많은 판단 실수를 하는지 아세요?"

나는 4차선 도로에서 시속 100킬로미터 이상의 속도로 내 옆을 질주해 지나가는 차들을 바라봤다. 충분히 주의를 기울이지 않는 것이 얼마나 위험한 일인지 갑자기 실감했다. 블랙 박사에게 충분히 주의를 기울이지 않는 것 말이다. 나는 일단 전화를 끊고 첫 번째 나들목이 나오자 고속도로에서 빠져나와 어느 막다른 시골길에 차를 세우고 다시 그녀에게 전화를 했다.

나는 실라에게서 받은 인상을 설명했다. 블랙 박사는 나보다 훨씬 앞서서 생각하고 있었다. 나는 그 시골길에 차를 세운 채 한 시간에 걸쳐 블랙 박사의 속성 강좌를 들었다. 측두엽의 어느 부분이 단어 연상, 기억 상실, 기능 등과 관련이 있는지, 좌엽과 우엽이 질환의 진행에 어떻게 다른 영향을 주는지, 마지막 단계에는 실제 어떤 현상이 관찰되는지에 관해 배웠다. 최후에는 완전히 말을 못 하고, 아무것도 모르고, 심각한 장애 상태에 다다른다고 했다.

블랙 박사는 실라가 의료 조력 사망을 하는 데 반대하지 않는다고 했다. 그 말에 나는 안도의 한숨을 내쉬었는데, 그녀는 "하지만" 하고 단서를 달았다. 그녀는 실라가 인지 및 동의 능력 심사 청문회를 통과할 확신이 서질 않는다고 말했다(이 문제에 관해서는 잠시 후 더 자세히 이야기하겠다). 블랙 박사는 실라와 함께 심사에 참석해서 그녀가 하는 말의 공백을 메워주겠다고 자청했다. 나는 인지 및 동의 능력 심사 위원들에게는 매우 어렵고 배우는 게 많은 회의가 되겠구나 생각했지만 입 밖으로 꺼내지는 않았다.

블랙 박사는 행동을 개시했다. 진료 및 검사를 계획하고 청문회 날짜를 잡았다. 앨런은 내게 주기적으로 이메일을 보내 근황을 알렸다. 그는 검사 결과가 '매우 실망스러웠고', 실라는 '절망의 구렁텅이'에 빠졌다고 전했다. 한편 리사는 매우 화가 나 내게 전화를 해서는 자신의 어머니와 더 이상 접촉하지 말라고 요구했다. 이제 블랙 박사가 책임자라고 내가 말하자 그녀는 안심하며 전화를 끊었다. 나도 안심이 되었다. 상황은 이제 내가 제어할 수 있는 범위를 벗어나 있었다. 나는 그저 최선의 결과가 나오기를 바라는 것 말고 할 일이 없었다.

실라, 그리고 그녀의 가족과 내가 처음 만난 지 넉 달 후인 5월 앨런에게서 소식이 왔다. 그는 실라와 함께 스트래트포드 페스티벌에 가서 〈군함 피나포어〉를 봤다. 극장에서 나오면서 그녀에게 감상을 물었는데, 방금 공연을 봤다는 것조차 몰랐다. 다음 날 아침 두 사람은 진지한 대화를 나눴다. 그는 은퇴를 한 다음 여행을 더 하길 원했다. 실라는 일과의 대부분을 아파트에 혼자 앉아서 지냈다. 실라의 자녀들이 앨런을 충분히 돕지 않았고, 그의 건강마저 영향을 받고 있었다. 그는 덫에 갇힌 느낌이 들었다. 그는 양로원이 그녀에게 더 좋은 자극이 될 것 같다고 제안했고, 실라도 동의했다. 앨런은 리사와 브레이엄에게 긴 편지를 써서 두 사람의 생각을 설명했다. 리사는 앨런이 실라가 그를 가장 필요로 할 때 그녀를 버린다고 생각했다. 앨런은 함께 살던 아파트를 팔기 위해 내놓았다.

"삶은 더 혼란스러워졌고, 시간은 얼마 남지 않았군." 나는 속으로 걱정을 했다.

6월에는 실라의 운전면허증이 취소됐다. 그녀에게는 중대한 상실이었다. 8월에 접어들면서 실라의 자녀들과 앨런은 실라의 돈을 훔친다고 서로 비난하기 시작했다. 모든 것이 엉망진창이었다. 실라를 위한 기회의 문이 쾅 닫히는 소리가 들리는 듯했다.

인지력 감퇴는 의료 조력 사망계의 난제다. 2021년 법을 개정한 후에도 여전히 완벽하게 해결하지 못한 문제이기도 하다. 조력 사망에 동의할 정도로 인지 능력이 건재하다면 아마 죽을 때가 아닐 것이다. 죽을 때가 된 사람이라면 무슨 일이 벌어지는지 이해하는 능력이 이미 사라진 후일 수도 있다. 그럼에도 불구하고 내 또래 친구들이나 환자들은 모두 인지 능력을 시금석으로 여긴다. "내가 더 이상 나 자신이 아니게 된다면 살아갈 이유가 없잖아."

2016년 당시 의료 조력 사망 시행 의사들은 환자의 자격을 심사하는 데 '동의 및 능력 심사 도구: 온타리오 에디션 2003'을 변형해 사용했다. 심사자는 환자의 이해 능력과 자신이 한 요청의 진정한 의미를 인식하는 능력 두 가지에 주목했다. 이해를 한다는 것은 조력 사망뿐 아니라 치료의 효과와 위험과 대안들에 대한 사실적 지식을 보인다는 의미다. 또, 환자는 조력 사망을 요청하는 이유를 어느 정도 논리적으로 설명하는 능력도 보여야 한다. 상황의 진정한 의미를 이해한다는 것은 자신이 한 요청의 결과가 사망이라는 사실을 제대로 인식하고, 그런 선택을 어느 정도 변호할 수 있는 능력을 의미한다(예를 들어, 그 선택이 자신의 가치관과 신념에 합치한다는 등의 이유).

블랙 박사는 실라가 결국 심사 위원들 앞에서 자신의 요청의 이유를 제대로 설명하지 못할 것이라 생각했다. 거기에 더해, '만약에'와 '어쩌면'은 수없이 많은 데 비해 한 가지 진실은 부인할 수 없이 명확했다. 바로 실라의 의료 조력 사망을 리사가 원치 않는다는 사실과 실라가 리사의 소원을 거스르지 않을 것이라는 사실이었다. 더 이상 해결할 수 없는 난관에 봉착한 느낌이었다. 나도 내 환자들을 돌보고, 의료 조력 사망을 요청한 다른 사람들을 돕는 일로 바빴다. 그래서 일단 그 문제에서 손을 뗐다. 그러나 실라는 늘 내 마음 한구석을 떠나지 않고 있었다. 그녀의 소원이 내 마음에 커다란 공명을 남겼기 때문이었다.

●●●

2021년 나는 다시 리사와 연락이 닿았다. "엄마가 지금 자신의 모습을 볼 수 있다면, 이렇게는 살고 싶어 하지 않을 것 같아요." 리사가 말했다. "동생과 저는 확신해요."

실라의 증상은 심지어 블랙 박사가 예상했던 것보다 더 빠르게 악화되어서, 불과 3개월 만에 몰라볼 정도로 달라져갔다. 슬며시 집에서 빠져나가 산책을 하다가 돌아오는 길을 잊어버렸다. 하루 24시간 내내 돌봐주는 사람이 필요했고, 간혹 그들에게 역정을 냈다. 밤에는 침실 문을 잠가야 했고, 그러면 몇 시간 내내 방문을 두드렸다. 리사의 집에서 아파트로, 아파트에서 생활 지원 시설로 몇 번이나 이사를 해야 했다.

리사는 실라를 돌보기 위해 유치원 교사 생활을 접었다. 온타리오주에서 마리화나가 합법화되기 전, 리사는 심지어 자기의 하얀색 미니밴을 몰고 창문에 판자를 댄 수상한 집까지 가서 어머니에게 줄 마리화나를 사오기도 했다. 그녀는 마리화나가 어머니의 불안증을 완화해주길 기대했지만 효과가 없었다. 실라는 돌봐주는 사람들의 도움을 물론, 옷을 갈아입는 것조차 거부하기 시작했다.

"말은 많이 하는데 전혀 무슨 뜻인지 모르겠는 말만 하세요." 리사가 말했다. "단어가 진짜 단어가 아니에요. 심지어 예, 아니오도 못하세요. 날 알아보시는지도 모르겠어요. 어떤 사람도, 어떤 물건도 인식하지를 못하세요. 속으로 일관성 있는 생각을 하고 있는지는 모르겠지만 표현은 전혀 못 하세요. 그래서 엄마를 정말 자주 찾아가는데 그때마다 울고만 있어요." 리사는 목이 메었고 눈물을 글썽거렸다. "엄마는 더 이상 살고 싶지 않다는 생각을 할 때가 많은 것 같아요."

2019년 중반에 리사는 의료 조력 사망 건으로 블랙 박사에게 연락을 했지만 블랙 박사는 아무도 조력 사망을 제공해줄 사람이 없을 것이라 말했다. 유럽에서도 불가능할 것이라 했다. 실라가 동의를 할 수 없기 때문이었다. 너무 늦은 것이다.

"브레이엄과 제가 어떤 면에서는 엄마를 실망시키고 있다는 걸 알아요." 리사가 말했다. "하지만 다시 과거로 돌아간다 해도, 지금 우리가 알게 된 사실을 그때 알았다 해도 우린 똑같은 결정을 했을 거예요. 엄마의 삶의 질이 0이 되기 전에는 조력 사망을 고려하지 않았을 거예요. 그때는 엄마가 그렇지는 않았죠." 나는 동의에 관한 법을 다시 검토, 개정하고 있는 요즘 리사가 어떤 느낌이 들지 궁금했다.

"이 말은 할 수 있어요." 리사는 전화를 끊기 직전에 그렇게 말했다. "이 사람의 대부분은 우리 엄마가 아니에요. 우리 엄마는 더 이상 살아계시지 않아요. 그래서 엄마를 애도합니다. 지금 이 사람을 사랑하고 돌보긴 하지만, 우리 엄마는 아니에요."

나를 블랙 박사와 연결시켜준 실라가 고맙다. 블랙 박사는 내가 진정으로 필요한 시점에 나를 지지해줬다. 그녀가 진 전문가로서의 짐은 나보다 훨씬 더 무거울 것이라 생각한다. 의료 조력 사망 요청자들을 포함한 내 환자들 대부분은 자신의 운명을 명확하게 인식하고 있다. 하지만 블랙 박사의 경우에는 돌보는 환자들 중 많은 수가 피할 수 없는 퇴행을 겪는 것을 예견하며 가까이에서 지켜봐야 한다. 이 끔찍한 질병의 종착역으로 가는 과정에 대한 매우 세밀하고 깊은 지식을 가지고 환자들이 그 길을 가는 것을 목격해야 하는 것이다.

이미 말했지만 실라의 케이스에서 나는 손을 뗐지만, 의료 조력 시행 업무는 계속했다. 실현되지 않은 그녀의 요청과 그녀가 두려워했던 바로 그 종말을 맞이하게 된 그녀의 모습은 내가 늘 지고 다니는 무형의 짐이 되었다. 그 짐은 그 후 내가 실망시켰다고 생각하는 환자들로 인해 무게가 점점 늘어났다. 그 무거움이 나를 때때로 짓누르면 애써 툴툴 털어버리려 노력하지만, 때로는 그렇게 하지 못할 때도 있다.

7장

소어

그저 '탈출'하겠다는 결심을
굳혔을 뿐이다.

생을 마감하기 위한 도움을 구할 수 있다는 사실을 안다는 것 자체로도 외롭거나, 수치스럽거나, 혹은 끔찍한 종말을 맞으리라는 두려움을 얼마간 덜어낼 수 있다고 확신한다. 궁극적으로 의료 조력 사망을 선택하지 않는다 하더라도 그 선택지가 있다는 것은 절망으로 빠지지 않을 수 있는 보루, 의지를 행사할 수 있는 도구, 상황을 장악할 수 있다는 안심, 그리고 이상하게 들릴지 모르지만 심지어 희망이 될 수도 있다.

페넬론 펄스 주변에는 새로 별장을 마련한 사람들이 욕이 나올 정도로 너무 많았고, 막다른 길이라 생각했던 길이 실은 그렇지가 않았다. 소어는 회복한 후에 농담처럼 이렇게 말하곤 했다. 하지만 2016년 7월 31일, 그가 두 딸에게 잠깐 드라이브를 하고 오겠다며 집을 나섰을 때 그는 죽을 만큼 심각한 목적을 마음에 품고 있었다. 차 안에는 코냑('용기를 주는 액체'), 경찰에게 남기는 메모, 만능 칼이 이미 실려 있었다.

　소어번 젠슨은 당시 80세였고, 190센티미터 가까운 키에 긴 다리, 늘씬한 몸매, 숱 많은 머리카락 등 눈에 띄게 멋진 외모뿐 아니라 위트와 재치가 넘치는 지적인 사람이었다. 그는 30여 년 동안 희귀한 형태의 근육위축증을 앓고 있었다. 처음 진단을 받았을 때만 해도 증상은 걷는 능력이 전반적으로 약해진 정도였다. 하지만 그때부터 그는 딸들에게 자주 이르곤 했다. "때가 되면 그냥 떠날 거야. 기저귀 차고 살 생각은 없어."

최근 5년 사이 그의 증상이 상당히 악화됐다. 첫 변화는 지팡이를 사용하기 시작한 것이고, 금방 지팡이 두 개를 쓰다가 보행 보조기에 의존하게 됐다. 그는 지팡이를 보행 보조기에 이상한 각도로 튀어나오게 꿰어서 가지고 다녔다. 의자에 앉았다 일어날 때 지팡이가 있으면 일이 쉬웠기 때문이다.

'쉽다'고 말하긴 했지만 실은 아무것도 쉬운 건 없었다. 소파에서 일어서려면 먼저 두 다리를 들어서 똑바로 앞을 향하면서 몸통 바로 밑에 오도록 둔 다음, 상체를 앞뒤로 왔다 갔다 굴리면서 반동을 이용해 팔 힘으로 짚고 서야 한다. 네 번 이상 시도해야 할 때가 많았고, 성공한다 해도 그의 몸은 앞으로 굽어진 상태다. 똑바로 서기 위해서는 허벅지에 댄 양손을 차례로 점점 위를 짚어가며 몸을 세워야 한다. 그런 다음에는 지팡이로 소파와 보행 보조기 사이의 거리를 이동한다.

소어에게 이런 상태는 받아들일 수 없는 일이었다. 그는 쇠약한 상태로 살지 않을 것이다. 평생 건강하고, 기운 넘치고, 독립적이며, 의지가 강한 사람으로 살지 않았는가. 예순다섯 살때 그는 열두 살짜리 손자와 함께 돌 타일을 깐 파티오를 직접 만들었다. 45킬로그램짜리 돌 타일을 직접 들어 옮기면서 말이다. 70대에 접어든 후에도 꽤 오랫동안 그는 1에이커에 달하는 정원에서 여섯 시간 동안 정원 일을 하다가 바로 숲으로 하이킹을 하러 가기도 했다. 병 때문에 간신히 한 가지는 양보해서 나무를 베어야 할 때는 도와줄 사람을 고용하기는 했다. 하지만 거기에도 조건이 하나 붙었다. 만일 그가 쓰러지면(가끔 그런 일이 벌어졌다) 도와주는 사람은 그가 스스로 일어날 수 있도록 시간을 주고 기다려주겠다는 약속을 해야 했다.

여섯 남매 중 둘째로 태어난 소어는 토론토에서 한두 시간 북쪽으로 가면 나오는 머스코카의 헌츠빌이라는 작은 마을에서 자라났다. 숲과 호수는 그의 뒷마당이나 다름없었다. 여섯 남매 중에서 유일하게 대학교(퀸스대학교)에 진학한 그는 열심히 공부하는 성실한 학생이었지만 장난꾸러기였다. 학교에 방문한 러시아 미식축구 팀에게서 국기를 훔치기도 했고, 경찰서에서 트로피를 '빌려다가' 우체국에 가져다 놓기도 했다. 그런 식의 장난은 성인이 돼서도 계속됐다. 추수감사절 만찬에 두 딸 모두 새로 사귄 남자 친구를 데리고 왔다. 캐런의 남자 친구는 귀를 뚫었고, 킴의 남자 친구는 미식축구 선수였다. 소어는 달랑거리는 모조 다이아몬드 귀걸이를 하고 미식축구 선수들이 경기할 때 하는 것처럼 눈 밑에 검은 칠을 하고 저녁 식사 자리에 왔다. 그는 두 청년 모두를 환영하고 싶었다고 말했다.

소어는 광산 엔지니어로 커리어를 시작했다가, 공인 금융 분석가가 되었다. 광산들을 대상으로 한 주식 및 기업체를 발행하는 사업을 시작해서 전 세계를 누비며 30년간 경영을 했다. 평생 야외 활동을 좋아해서 친구들과 함께 주기적으로 사냥이나 낚시 여행을 다니면서 간이 숙소에서 자는 것도 마다하지 않았다. 그의 집에는 출장 갔다가 주워 온 돌로 가득했는데, 돌 하나 하나에 이야기가 담겨 있었다. 그의 고객이 남아메리카에 금 광산을 열자 그는 정글에서 자면서 일을 했다. 펜실베이니아 석탄 광산에 들어가기 위해 컨베이어 벨트를 탈 때는 몸을 반으로 완전히 접어야 하기도 했다. 한번은 캐나다 북부에서 도로가 얼어붙어 얼음이 덮이기 시작했을 때 그는 결정을 내려야만 했다. 오늘 나서면 길이 어쩌면 괜찮을 수도 있다. 어쩌면…. 그러나 오늘 떠나지 않으면 여기서 한 달을 지내야 한다. 그는 길로 나섰다. 하지만 문을 모두 열어둔 채로 달렸다. 얼음에 트럭이 미끄러지면 운전자와 함께 뛰어내리기 위해서였다.

은퇴하기 전 8년 동안 소어는 도심의 한 고층 건물에서 일을 하는 캐런과 카풀로 출퇴근을 했다. 그의 퇴근 시간이 더 빨랐기 때문에 그는 캐런의 사무실 로비에 앉아서 신문을 읽고, 지나가는 사람들과 이야기를 나눴다. "아버지는 사람들을 모두 다 알았고, 모두 아버지를 정말 좋아했어요." 그는 딸들에게 자기 인생 최악의 날은 2013년 어느 날 더 이상 자기 사무실 건물에서 마음대로 돌아다닐 수 없다는 사실을 깨달은 날이었다고 종종 말하곤 했다.

소어는 70세에 이혼을 했다. 47년의 결혼 생활이 점점 더 어려워지고 있었기 때문이다. 그는 오랜 친구 허브가 암으로 투병 중일 때 친구의 부인 샤론이 간호하는 것을 도왔다. 허브가 세상을 뜨고 난 후 소어는 샤론과 사귀기 시작했다. 소어는 샤론의 집으로 이사했고, 두 사람은 약 10년 동안 클럽에 함께 가입을 하고 친구들과 함께 플로리다로 여행을 하면서 행복하게 지냈다. 그러나 그의 질병이 악화되어 더 이상 '제대로' 관계를 유지할 수 없게 되자 소어는 샤론에게 이별을 고하고 그 집에서 나왔다. 그녀의 짐이 되기를 거부한 것이다. 그는 지금의 집으로 이사를 하고 목욕탕에 리프트를 설치해서 혼자 샤워를 할 수 있도록 했다.

2013년 소어가 은퇴를 했을 때는 캐나다에서 조력 사망이 합법화되기 전이었다. 그는 그것이 가능한 나라를 조사하기 시작했고 주로 스위스에 관심을 기울였다. 그는 국가를 상대로 소송을 낸 카터의 재판이 진행되는 것을 관심 있게 지켜보다가 법안이 통과되기도 전인 2015년 11월에 처음으로 의사에게 의료 조력 사망 요청을 했다. 2016년 3월 법안이 통과되자 그는 두 번째 요청을 했고, 2016년 6월 법의 효력이 발생되기 시작하자 세 번째 요청을 했다. 그는 완강했다. '그 약'을 달라고 의사를 졸랐다. 그러나 그때마다 소어의 담당의는 그의 요청을 거절했다. 그가 RFND 조건을 충족시키지 못했기 때문이다. 그가 어느 정도 가까운 시일 내에 자연사를 할 것이라는 합리적 예측이 가능하지 않았다.

소어는 시쳇말로 투지 빼면 시체였다. 처음에는 (여든한 살의 나이로) 자기에게 치사량의 펜타닐을 팔아줄 딜러를 찾으려고 시도했다. 그 일이 실패로 끝나자 그는 친구들을 초대하기 시작했다. "아주 바쁜 시기였어요." 그는 나중에 내게 장난기 어린 미소를 띠며 그렇게 말했다. 친구들은 알지 못했지만 그는 그들에게 작별 인사를 하고 있었다. 소어는 자신의 삶에 종지부를 찍는 '디데이'를 계획하고 있었다. 아무도 자기에게 '약'을 주지 않으면 직접 하는 수밖에 없었다. 2016년 7월 마지막 날, 그는 한때 아무도 오지 않던 외딴 지역으로 차를 몰고 가서 코냑으로 용기를 북돋운 다음 오른쪽 팔목을 칼로 그었다.

그러나 소어의 계획에는 결함이 있었다. 그날은 연휴가 낀 일요일이었고, 별장 주택이 많이 모인 그곳은 사람들의 왕래가 활발했다. 지나가던 사람이 온타리오 지역 경찰에 연락했고, 경찰이 그를 병원에 데리고 갔다. "어쩌다 이런 일이 벌어졌어요?" 하고 묻는 간호사에게 그는 매우 건조하게 대답했다. "이런 일이 벌어지게 마련인 방식으로 벌어졌겠죠." 그는 네 바늘을 꿰매고 항우울증 약 처방전과 함께 퇴원을 했다. 킴과 캐런은 그에게서 다시는 그런 짓을 하지 않겠다는 약속과 생활 보조 시설에 입주하겠다는 승락을 받아냈다. 대신 그에게 조력 사망을 제공해줄 사람을 찾아주겠다고 약속했다. 결국 두 사람은 나를 찾았다.

⋯

자살 시도와 의료 조력 사망 요청이 얼마나 복잡하게 서로 얽혀 있는지에 대해 내가 이렇게 늦게 알아차렸다는 사실이 놀랍다. 의료 조력 사망 초기만 해도 환자들을 심사해서 승인을 하는데 정신이 팔려, 그들의 이야기에 얼마나 자주 자살이 등장하는지 제대로 인식하지를 못했다. 그러나 이 책을 쓰기 위해 노트를 다시 처음부터 살펴보니 모든 것이 들어맞았다. 내가 의료 조력 사망을 제공하기 시작한 후 첫 5년 동안 만난 환자의 60퍼센트는 (의료 조력 사망이 합법화되기 전에) 이미 스스로 목숨을 끊으려는 시도를 한 사람들이었다.

나와 내 동료 의사들을 위한 변명을 좀 하자면, 이 환자들이 보이는 자살 신호는 매우 미묘하다. 많은 수가 너무나 오랫동안 만성 장애를 가지고 살아왔기 때문에 그들이 받는 고통의 강도가 명백히 보이지 않는다. 혹은 내가 어떻게 도와주면 좋을지 물을 생각이 들 정도로 표현을 강하게 하지 않는 경우가 많다. 격려나 사기 진작이 필요할까? 도움을 줄 인원을 더 찾아서 활동성과 사회적 교류를 증진시킬 방법을 찾을 수 있을까? 그들의 육체적 한계와 고정된 루틴 때문에 사기와 흥미가 돌이킬 수 없이 악화되는 것마저 드러나지 않을 때도 많다. 겉으로는 그냥 계속 그렇게 살아가면서 할 수 있는 일이 서서히 줄어들지만, 그래도 괜찮은 듯 보이는 것이다.

자신이 살고 있던 요양원의 손님 숙소를 예약한 후, 인슐린을 과다 복용한 나이 든 환자가 있었다. 분명 이 사건은 그녀를 잘 알고 있다 생각했던 그녀의 가정의를 충격에 빠트렸을 것이다. 그러나 그렇게 극적인 일이 벌어지기 전, 그녀의 절망과 목숨을 끊겠다는 단호한 결의를 그녀의 가족들은 알아차렸을까?

고통 속에서 살 이유가 없으며, 하루를 밝히는 즐거운 일이나 삶의 가치를 느끼게 해줄 일을 이제 할 수 없으니, 이를 견디며 살아갈 노력을 더 이상 하지 않겠다고 결심하는 것을 우리는 어떻게 알아차릴 수 있을까?

나는 많은 사람의 경우 생을 마감하기 위한 도움을 구할 수 있다는 사실을 안다는 것 자체로도 외롭거나, 수치스럽거나, 혹은 끔찍한 종말을 맞으리라는 두려움을 얼마간 덜어낼 수 있다고 확신한다. 궁극적으로 의료 조력 사망을 선택하지 않는다 하더라도 그 선택지가 있다는 것은 절망으로 빠지지 않을 수 있는 보루, 의지를 행사할 수 있는 도구, 상황을 장악할 수 있다는 안심, 그리고 이상하게 들릴지 모르지만 심지어 희망이 될 수도 있다. 자살은 은밀하고, 많은 경우 패배감 혹은 분노에 사로잡혀 외로운 상태에서 저지르는 절망감의 표현이다. 자살 시도를 하지 않은 이유가 죽음이 두려워서가 아니라 실패한 후 더 나쁜 상황 속에서 깨어날 수도 있다는 두려움 때문이라고 내게 고백하는 환자들이 많다. 그런 사람들에게 의료 조력 사망, 다시 말해 인정과 승인을 받고 공개적이며, 가장 중요하게는 제대로 지지를 받으며 맞는 죽음은 평생 의료 혜택의 마지막 퍼즐 조각이 될 수 있다. 합리적으로 내린 결정을 신중한 심사를 거쳐 안전하고 고통이 없으며 예측 가능한 결과로 이어지게 만드는 선택지인 것이다. 잘 운영되면 의료 조력 사망은 위안과 사랑의 행위가 될 수 있다.

여기서 강조해야 할 부분은 의료 조력 사망 시스템 밖에서 다른 사람이 목숨을 끊도록 돕는 것은 여전히 처벌받는 범죄 행위라는 사실이다. C-14 법안으로 형법이 개정돼서 나 같은 의사들이 자신이 원하는 조건과 방식으로 죽기를 원하는 환자들을 돕는 것을 허용하기는 하지만, 취약한 환자들을 보호하기 위한 엄격한 안전 장치 또한 마련되어 있다. 이미 언급했듯이 환자의 자격 요건을 결정하는 데 사용되는 네 가지 범주의 조건이 있고, 환자들과 만나서 왜 의료 조력 사망을 원하는지 물을 때 첫 세 가지 조건에 부응하는지를 알아내는 것은 비교적 쉽다. 위중한 질병이나 장애를 가지고 있고, 능력의 감퇴가 돌이킬 수 없으며, 그들이 경험하고 있는 심각하고도 치료가 불가능한 정신적 심리적 고통이 참을 수 없거나 받아들일 수 있는 방법으로 완화될 수 없는 상태에 있다는 조건 말이다.

그러나 2021년 개정 전에는 환자가 어느 정도 가까운 시일 내에 자연사를 할 것이라는 합리적 예측이 가능해야 한다는 네 번째 조건이 나를 비롯한 의료 조력 사망 분야에서 일하는 사람들 모두를 어려움에 빠트렸다. 실은 지금도 그렇다. 법은 바뀌었지만 사람들의 감정은 바뀌지 않았다. 사랑하는 사람이 너무 일찍 떠난다고 느끼면 그들이 내린 결정을 받아들이는 데 어려움을 겪는 사람이 많았다. 소어가 완벽한 예다.

킴과 캐런이 소어를 데리고 내 진료실로 왔던 2016년 10월, 그는 세 가지 조건은 문제없이 충족했다. 첫째, 그는 근육위축증을 앓고 있었다. 둘째, 30년이 지났으니 그의 질병이 많이 악화된 것은 누가 봐도 명백했고, 어떻게도 회복할 수 없는 상태였다. 셋째, 소어가 자신의 건강과 독립성을 얼마나 중요시하는지를 고려할 때 그가 자신의 현재 상태를 도저히 받아들일 수 없다는 것도 확실했다. 그는 유일한 해결책인 더 많은 도움을 받는 것을 일언지하에 거절했다. 도움을 받아 목욕을 하니 아예 하지 않는 편이 낫다는 쪽이었다.

나를 만났을 때 소어는 딸들을 달래기 위해 토론토에 있는 요양원에서 살고 있었다(킴은 요양원에 들어가는 날 아버지가 네 살짜리 아이처럼 떼를 썼다고 내게 말했다. "절대 안 갈 거야. 아무도 날 강제로 가게 할 수 없어." 그녀는 아이에게 하듯 아버지를 혼낸 끝에 겨우 차에 타게 할 수 있었다). 새로 입주한 요양원은 엘리베이터가 있었고, 식사가 제공됐으며, 동년배들과 어울릴 기회를 주었다. 킴과 캐런이 자주 방문했다. 소어는 직원들과 친구가 됐고, 여성 거주자들과 잘 지냈으며, 날마다 산책을 하면서 자주 만나는 사람들과 인사를 했다.

그러나 속으로는 이 모든 것이 끔찍이도 싫었다. 그가 '동료 수감자'라고 부르는 거주자들 중 너무 많은 수가 늙고, 혼란스러워했고, 무력했다. "죽어서 들것에 실려 나가기 전에는 방에서 나오지 않는 사람들도 있어요." 그가 말했다. 자기는 그렇게 되고 싶지 않았다. 천천히 고통스럽게 사라져가는 것은 그가 이 생에 작별을 고하고 싶은 방식이 아니었다.

그가 논리적으로 생각하고 돈 계산을 하는 능력을 잃지 않은 건 분명했다. 그는 연방 정부가 기꺼이 자기의 사망을 승인해야 한다고 내게 말했다. 그렇게 하면 노령 연금을 더 이상 지불하지 않아도 되고, 앞으로 들어갈 게 확실한 산더미 같은 의료 및 복지 비용도 아끼게 된다는 것이다. 소어는 자신이 행운아라는 걸 알고 있었다. 저축해놓은 돈을 모두 까먹고도 계속 살아있을지 몰라 두려워하는 사람들이 많지만 그는 돈도 충분했다. 그는 그저 '탈출'하겠다는 결심을 굳혔을 뿐이었다. 그는 그 말을 반복해서 했다.

스스로를 수치로 판단하건대 그는 이미 능력의 70퍼센트를 상실했다고 결론을 내렸다. 그러나 병이 상당히 악화된 상태임에도 불구하고 나는 솔직히 그가 '모든 의학적 상황을 고려할 때, 남은 생의 길이를 정확히 진단할 수는 없다 하더라도 어느 정도 가까운 시일 내에 자연사를 할 것이라는 합리적 예측이 가능해야 한다'는 당시 법에 부합된다고 말할 수 없었다. 나는 법에 따라 그의 요청을 거부할 수밖에 없었다.

소어는 분노했다. 점잖게 표현하면 그렇다. 그의 저돌적인 맹렬함, 하나의 목표를 향해 돌진하는 고집스러움에 상당한 위압감이 느껴질 정도였고, 바로 그 점에서 나는 그의 정신 상태가 괜찮은지 의문을 갖기 시작했다. 그가 단지 굳은 결심을 표현하기 위해 끝없이 같은 말을 반복하는 것일까, 아니면 그것도 악화된 상태 때문일까? 그의 딸들은 내가 그와 단독으로 대면하는 걸 꺼렸다. 그의 청력이 나빠지고 있어서 내 질문에 제대로 대답하지 못할 수도 있기 때문이라고 하긴 했다. 하지만 그게 뭔가 다른 것을 가리고 있는 건 아닐까? 당시만 해도 나는 환자와의 만남을 한 시간으로 제한하고 있었는데(그 후 나는 정책을 바꿨다) 소어와 시간을 더 보내야 할 필요가 있는 건 확실했다.

왜 한 시간으로 정했을까? 나 자신을 그렇게 훈련했기 때문이다. 의료 조력 사망에 관해 독학을 하던 초기, 서니브룩 암 병동과 그 병원의 관할 지역 공동체에서 함께 일했던 의사들은 환자 상담에 관해 비공식적이지만 매우 현실적인 불문율을 내게 가르쳐줬다. 진단, 결론, 조언 및 처방을 모두 60분 이내에 마쳐야 한다는 공식이었다. 시간이 제한되어 있으니 한 환자에게 시간을 더 많이 쓰면 다른 환자에게 소홀해질 수밖에 없기 때문이었다.

그래서 나 자신을 훈련시켰다. 환자와 인사를 나눈 다음에는 바로 환자를 만나게 된 용건의 자초지종을 듣고, 지금까지 받아온 치료, 과거 병력, 현재 사용하고 있는 약과 사용했다가 포기한 약들을 검토한다. 모든 의미의 지원 네트워크를 포함한 사회적 배경도 검토한다. 영적 지원, 가족 관계, 공동체에서 얻고 있는 사회 복지 서비스 등 모두. 그런 다음 검진을 한다. 해결해야 할 증상들, 예를 들어 통증, 호흡, 배변 등의 증상을 파악한다. 환자와 가족들에게 무엇이 잘못되었는지, 다음 방문 때까지 어떻게 그 문제를 해결할 것인지를 설명한다. 55분 정도 되었을 때 작별 인사를 한다. 내가 말이 빨라진 것도 놀라운 일이 아니다.

그렇게 해서 취합한 정보를 사용해 PPS를 결정하는데, 이 수치는 앞에서 언급했던 대로 환자가 사망에 이르기까지의 경로를 그리는 로드맵으로 사용된다. PPS를 파악하고 나면 더 많은 서비스를 주문하거나 현재 제공되는 서비스를 수정할 수 있다. 가족들은 호스피스에 들어갈 시기가 되었는지 아니면 도와줄 사람을 더 고용하거나 시간을 늘릴지, 혹은 의료 조력 사망을 고려할 시기가 되었는지 알 수 있다. 이 모든 것을 모두 신중하게 검토했음에도 불구하고 의사들은 우리가 돌보는 환자들의 죽음이 얼마나 가까운지를 과대평가하는 경우가 흔하다. 이런 경향은 수많은 연구 결과로 뒷받침된다. 그리고 환자들이 자랑스러워하는 부분이 되기도 한다. "의사가 3개월 남았다고 했는데 그게 벌써 6개월 전이에요!" 마치 죽음의 신을 속이는 마술의 열쇠를 쥐고 있어서 의사들이 틀렸다는 걸 증명하기라도 한 듯 말이다.

반면 호스피스에서 환자가 머무는 기간은 보통 예상하는 12주보다 훨씬 짧은 열흘 미만인 경우가 대부분이다. 내가 볼 때 이 통계는 집에서 환자를 돌보면서 과도한 짐을 지고 있는 가족들의 수고가 필요 이상으로 길게 지속된다는 의미다. 환자를 돌보는 가족들의 짐을 덜어줘야 한다는 사실이 간과되는 경우가 많다. 집에서 환자의 생애 말기를 돌보느라 배우자나 성인 자녀들의 육체적, 정서적 에너지가 남김없이 고갈돼버리는 사례가 너무도 흔하다.

다시 한번 말하지만, 당시는 의료 조력 사망을 시행하기 시작한 초기여서 모두 현실에 부딪히면서 규정을 새로 마련해 나가는 단계였다. 그러나 고통 완화 환자 진단 방식은 내가 사용하는 의료 조력 사망 심사의 기준이 되었다. 대부분의 경우 잘 작동하는 포맷이었다.

그러나 소어에 대해서는 막다른 골목에 다다른 느낌이었다. 근육위축증을 30년 동안 앓으며 살아온 그가 완전히 타인의 돌봄에 의존해야 하기까지 얼마나 남았을지를 전혀 예측할 수가 없었다. 나는 그에게 실라에게도 권했던 몬트리올 인지 평가를 다시 해보자고 했다. 몬트리올 인지 평가를 하면 그와 더 시간을 보내면서 자신의 삶을 이런 식으로 끝내고 싶어 하는 논리를 더 잘 이해할 수 있을 것이었다. 그의 고집스러운 껍질 아래에 있는 가치관들을 파악할 필요가 있었다.

소어는 30점 만점에 26점을 기록해서 거의 정상인의 수치를 기록했다. 예상했던 바이긴 하지만 나는 그의 추론 능력과 기억력의 기준점을 마련해두고 싶었다. 시간이 흐르면서 그의 상태가 악화되고 있다는 것을 증명할 필요가 있을지 몰라서였다. 이유는 분명치 않았지만 나는 그와 긴 시간을 함께 하게 될 것이라고 예감했다. 다음 단계로 소어와 그의 딸들에게도 임무를 줬다.

나는 그들에게 브리티시컬럼비아 시민 자유 협회(BCCLA)의 전화 번호를 줬다. BCCLA는 당시 RFND 조항에 대해 법원에 이의를 제기하는 과정을 밟고 있었다. 그 조항이 소어와 같은 사람들에게 캐나다 인권 및 자유 헌장이 보장하는 생명, 자유, 안전에 대한 권리를 침해한다는 주장이었다.

1993년에 이미 캐나다 대법원은 '인간의 생명은 어떤 수단을 동원해서라도 보존해야 한다는 개념이 생명의 신성함에 대한 원칙에 더 이상 부합하지 않는다'는 판결을 내린 바 있었다. 개인의 자유와 안전에 관해서도 대법원은 2015년에 이렇게 판결을 내렸다. '위중하고 치유 불가능한 의학적 상태에 대한 개인의 반응은 그 사람의 존엄성과 자율성에 핵심적인 의미를 갖는 문제다. 법은 이러한 상황에 처한 개인이 고통 완화 목적의 진정제 투여를 요청하고 인공적 영양 및 수분 공급을 거부하거나 생명 유지 의료 장치를 제거할 것을 요청할 수 있는 권리를 인정하지만, 의사에게 본인의 사망을 도와달라고 요청할 수 있는 권리는 인정하지 않는다. 이는 개인이 본인의 신체와 의료적 돌봄에 관한 결정을 내릴 수 있는 능력과 상충하는 것이며 따라서 자유를 침해한다.'

모두 말은 좋지만 당시까지도 전혀 행동에 옮기는 것이 가능하지는 않았다. RFND 조항의 제한 때문이었다. 그 조항이 수정되기 전까지 질병으로 인해 생명의 위협을 받지 않는 수많은 환자들이 몇 년씩 통증과 고통을 견뎌내야 했다.

나는 소어와 그의 딸들에게 법원의 판결이 나려면 2~3년은 걸릴 것이라고 경고하긴 했지만, 다수가 모이면 힘이 되기 때문에 그들도 서명 운동에 동참할 수는 있을 터였다. 거기에 더해, 지금은 소어가 자격 요건을 충족하지 못하지만 그의 사망을 합리적으로 예측할 수 있는 날이 올 것이라고 안심시키는 것도 잊지 않았다. 그의 파일은 종결시키지 않고 열어둘 예정이었다. 이미 언급했지만 내게 오는 환자와는 끝까지 함께 하는 것이 내 원칙이다.

• • •

2016년 11월이 되었다. 의료 조력 사망 심사자와 시행자가 캐나다 전역에서 수백 명의 환자들을 돕기 시작한 지 5개월이 지난 시점이었고, 조력 사망에 대한 수요가 꾸준히 증가하고 있었다. 그러나 사례를 하나씩 다룰 때마다 의문이 생겼고, 그런 의문들은 기하급수적으로 늘어났다. 그럼에도 불구하고 의료 조력 사망 관련 일을 하는 사람들은 그런 의문에 대한 답을 혼자 찾기 위해 고군분투하고 있었다.

의료 전문가들은 명확한 가이드라인에 따라 일하는 데 익숙하다. 나 같은 가정의들은 캐나다 가정의 협회에서 우리가 마땅히 해야 할 일과 치료와 돌봄의 핵심이 무엇인지 제시해준다. 그러나 의료 조력 사망을 시행하기 위해서는 가정의, 고통 완화 전문의, 마취과 전문의, 신경과 전문의, 내과 전문의 등을 포함한 방대한 분야의 전문가들이 함께 일해야 하는데, 아무도 현실에 적용할 수 있는 가이드라인을 제시해주지 못하고 있었다. 캐나다 의료 정책을 결정하는 정부 부서인 헬스 캐나다Health Canada도, 규제 기관들도, 연방 혹은 지방 정치인들도 침묵을 지켰고, 법적 원칙도 정립되지 않았다. 캐나다 전역에 적용해서 민감한 사안을 헤쳐나갈 수 있는 운영 원칙이 필요했다. 일관성 있으면서도 포괄적인 가이드라인을 만드는 일은 너무도 엄청나서 거의 불가능해 보였다. 나는 그런 가이드라인이 영원히 나오지 않는 것은 아닐까 하는 절망감을 느끼기 시작했다.

모든 이에게 다행스럽게도(여기서 '모든 이'라는 부분은 아무리 강조해도 지나치지 않다), 스테파니 그린이 이끄는 브리티시컬럼비아의 의사 집단이 심사자와 시행자를 교육하는 동시에 동료들과 연결할 수 있는 장을 제공하는 민간 단체를 시작했다.

 C-14 법안이 2016년 6월에 통과되기 전까지 그린 박사는 내가 하는 일과 대동소이한 일을 하고 있었다. 조력 사망에 관한 벼락치기 독학을 하고 있었던 것이다. 2016년 5월 그녀는 암스테르담에서 열린 '세계죽을권리연맹World Federation of Right to Die Societies' 회의에 참석했다. 4일간 계속되는 이 회의는 1976년부터 2년마다 세계 각 도시를 순회하며 열려왔는데, 학자, 행정가, 임상 전문가, 관심 있는 일반인 등이 참여한다. 개회식 리셉션에서 그린 박사는 다섯 명의 캐나다인을 만나 힘을 합치기로 결의했다. 코냐 트라우튼, 제시 페와처크, 엘런 위브, 그레이스 박 등 브리티시컬럼비아 출신의 의사 네 명과 행정가 대런 코페츠키다. 이들 여섯 명은 가능한 많은 것을 배우기 위해 강의를 열중해 듣고 받아 적은 것을 공유했다.

 집에 돌아온 후에는 이메일을 교환하면서 다른 사람들도 그룹에 초대했다. 밴쿠버 아일랜드에 사는 의사인 조너선 레글러와 타냐 도즈, 노바스코샤의 의사 둘도 합류했다. 그런 다음 내가 온타리오 출신 세 명의 동료와 합세했다(나는 이 그룹이 나누는 이메일 대화에서 떨어질 줄 몰랐다. 궁금한 게 너무 많았다). 여름이 끝날 무렵에는 그룹에 참여해 정보를 공유하는 인원이 스물다섯으로 늘었다. 처음에는 대부분 실용적인 대화가 오갔다.

 "정맥주사 줄은 어디서 구하나요?"

 "정맥주사는 주로 어디에 놓으세요?"

 "주사를 두 군데 꽂을 예정입니다. 하나만 꽂았다가 혈관이 막힌 경험이 있거든요.”

“저는 그렇게 생각하지 않아요. 두 군데나 꽂으면 환자가 힘들어하죠.”

“약사와 잘 협조해야 합니다. 약을 꾸준히 구할 수 있는 공급선 확보가 중요해요.”

“일을 기꺼이 함께 해줄 간호사는 어떻게 찾아야 하나요?”

“그날 가방에 뭘 챙겨 가나요?”

“시행을 하기 전에 장의사와 연락해두는 걸 잊지 마세요. 내가 전화한 장의사는 의료 조력 사망에 반대하는 곳이어서 시신을 모시러 오는 걸 거부했어요.”

“이곳 브리티시컬럼비아에서는 필요한 서류가 무려 열일곱 장이나 돼요. 퀘벡은 어떤가요?”

“온타리오 남부에서 의료 조력 사망을 제공하는 사람 아는 분 계신가요? 이번 주에 요청이 세 건이 들어왔는데 시간이 없네요.”

“암스테르담 회의에서 자기 자신을 돌보는 것도 중요하다고 한 게 기억나네요. 첫 시행 후에는 하루쯤 쉬는 게 좋지 않을까요?”

그런 식으로 대화는 계속 이어졌다.

얼마 가지 않아 한 주에 들어오는 이메일이 수십 통에 달했다. 모두 형언할 수 없이 소중한 내용들이었다. 다른 누구한테 궁금한 것을 물을 수 있겠는가? 아무도 없었다. 배우자나 친구들에게 하소연을 할 수는 있지만 그들은 우리가 가진 질문에 답해줄 수는 없었다. 그룹 사람들 말고는 아무도 없었다.

그룹 구성원 모두 시행 건수가 많아지면서 점점 더 개인적인 내용을 담은 이메일이 많아졌다. 환자 가족들이 우리에게 건넨 감동적인 말들을 공유했고, 예상치 못하게 벌어진 일에 함께 놀랐으며, 환자의 집을 떠날 때 어떤 느낌이 들었는지를 고백했다. 두려웠는지에 관해 이야기하고, 깊은 유대감을 형성하게 된 환자 가족들과 계속 연락하며 지내야 하는지에 관해 의견을 나눴다. 대화가 개인적인 내용이었기 때문에(신성한 비밀이라고까지도 할 수 있을 것이다) 상세한 부분을 다 밝힐 수는 없다. 그러나 우리는 옳고 그름을 따지는 도덕적 논쟁을 하는 것이 아니었다. 우리 모두 신념 하나로 선택한 일을 하고 있었다. "내가 이 일을 할 수 있을지 모르겠어요. 끝까지 해낼 자신이 없어요" 같은 내용이 아니라 "떨렸지만 옳은 일을 한다는 느낌이 들었어요. 몇 년 동안 돌봐온 조의 마지막을 함께 할 수 있어서 기뻤어요. 가족들이 얼마나 고마워하는지 감동이었지요" 류의 내용이었다.

공유되는 정보는 실용적이고 과정 중심적이었으며 활발한 참여와 토론이 이루어졌다. 이 그룹에서 오는 메일이 내 수신함을 가득 채웠다. 특별히 어려웠던 사례의 상세한 내용을 자세히 읽다가 잠드는 밤이 많았다. 섬뜩한 느낌의 유머도 깃들어 있어 미소를 띤 채 잠들기도 했다.

가을로 접어들면서 그린 박사는 우리가 그저 이메일만을 주고받는 비공식적인 그룹으로 머물러 있을 수는 없다는 결론을 내렸다. 우리에게는 가이드라인을 제공할 뿐 아니라 이 일을 하는 사람들을 대표하는 공식 단체가 필요했다. 우리를 대변해주고 지원해줄 단체 말이다. 그녀는 법인 설립을 위한 서류를 작성하고 처음 함께 그룹을 만든 다섯 명의 동료들에게 총무, 재무, 해외 교육, 연구, 표준 등의 분야를 각각 맡겼다. 2016년 12월, 이들은 이듬해 6월에 회의를 개최하기 위한 준비 작업에 들어갔다. 뉴스레터가 나갔고, 더 많은 의료 조력 사망 시행자들을 모았다. 모두 자원봉사로 하는 일이었고, 쉴 틈 없이 일해야 했다. 2017년 3월 법인 승인이 나서 우리 그룹은 '캐나다 의료 조력 사망 심사자 및 시행자 협회(CAMAP)'라는 공식 명칭으로 거듭났다.

2022년 초에 접어들 무렵에는 CAMAP 회원이 무려 400명으로 늘어났고, 사회복지사, 법조인, 행정가, 코디네이터, 간호사, 윤리학자 등 각계각층이 참여하고 있었다. 회원의 60퍼센트는 임상의였고, 그중 80퍼센트가 1차 진료 의사들이었다. CAMAP는 열두 건의 안내 문헌을 만들었고, 그중 여덟 개가 프랑스어로 번역됐다. 우리는 전국 규모의 회의를 세 차례 열었고, 사례를 공유하는 웹 세미나를 6주마다 열어 90분 사이에 네 개의 사례를 검토하고 거기서 배운 점에 대해 이야기를 나눴다.

초기에 이메일로 오가던 대화들은 세 개의 온라인 포럼으로 발전했다. 그중 가장 규모가 큰 포럼은 전체 회원을 대상으로 해서 의료 조력 사망과 관련된 모든 사람이 언제라도 원할 때 접속할 수 있었다. 중간 크기의 포럼은 심사자를 위한 것으로, 그곳에서는 민감한 이슈들에 대해 친밀한 분위기에서 안심하고 이야기를 나눌 수 있었다. 가장 작은 포럼은 조력 사망을 시행하는 의사들만을 위한 것으로, 일에 관해, 그리고 일을 하면서 어떤 느낌이 드는지, 여전히 해결되지 않은 난제가 무엇인지, 해결하기 위해 무엇이 필요한지에 대해 자유롭게 대화할 수 있도록 마련되었다.

이미 언급했듯이 정부와 법원이 우리를 위한 기준을 개발해 주지 않았기 때문에 임상의들이 경험에 바탕을 둔 기준을 마련해서 그 진공을 메워야 했다. 돌이켜보면 참으로 적절한 일이었다. 우리를 이끌어줄 사람을 다른 곳에서 찾는 것은 의미가 없었다. 우리보다 이 일을 더 잘 아는 사람은 없었기 때문이다. 의료 조력 사망을 시행하는 우리가 스스로를 훈련해 전문가가 된 것이다. 응집력 있고 편안하게 일을 할 수 있도록 모든 것을 매우 신중하게 규정하고 분명히 해야 했다. 이 부분을 잘못하면 대중으로부터 비난과 직업적 처벌을 받을 뿐 아니라 감옥에 갈 수도 있었기 때문이다.

2017년 6월 무렵, 합리적 예측이 가능한 사망 등을 포함한 여러 개념에 대한 임상적, 실용적 가이드라인을 마련해야 할 필요가 가장 중요한 이슈로 대두됐다. "이게 무슨 뜻이라 생각하세요?"라는 질문은 몇 달 내내 주고받는 이메일에서 가장 자주 등장하는 문장이었다. '어느 정도 가까운 시일 내에 자연사를 할 것이라는 합리적 예측이 가능하다'는 개념은 의학적 정의가 아니다. 그렇다고 법적 정의도 아니다. 의료 당국에서는 "3개월을 의미하는 것 같다"고 말할지 모르지만 환자는 "절대 아니죠, 난 3년이라고 생각해요"라고 반응할 수도 있고, "몇 달인지 몇 년인지가 중요한 게 아니에요. 사례마다 다르죠"라고 말할 수도 있다.

몇 달에 걸친 토론 끝에 결국 우리는 '합리적'이라는 것은 임상의가 내려야 하는 임상적 판단이어야 한다고 결론지었다. 정의를 내린 다음 사람들에게 알리고, 충분한 수의 동의를 얻으면 그것이 CAMAP의 가이드라인이 되었다. 2021년 실행된 법 개정은 우리가 본능적으로 내린 판단이 맞았다는 것을 증명했다.

그러나 2016년 말에 소어는 답을 원했고, 그때만 해도 RFND 가이드라인이 아직 나오지 않은 상태였다. 그래서 나는 스스로에게 질문을 했다. "'합리적'이라는 개념을 얼마나 확장할 수 있을까?" 그 후로도 많은 환자들을 만나면서 같은 질문을 수없이 하게 됐다. 내가 스스로 찾은 대답은 PPS에 따른 타임라인이었다. 소어, 애슐리, 욜란다와 같은 환자들의 경우, 몇 달이 아니라 몇 년 단위의 예측을 해야 했다. 악화의 '과정', 그리고 그 과정에서 경험하는 육체적, 정서적 고통이 타임라인보다 훨씬 더 중요한 의미를 지녔다.

그리고 내가 설정한 긴 타임라인에 대한 논리를 검시관에게 설득해야 했다. 온타리오에서는 모든 의료 조력 사망에 검시관의 서명이 필요했기 때문이다. 이는 매우 중요한 관리 감독 과정이기 때문에 잠깐 설명을 하고 넘어가자. 검시관이 던지는 첫 질문은 보통 이렇다. "환자에 대해 이야기해주세요." 그러면 나는 환자에 대한 기본적 정보로 시작한다. 이름, 주소, 간단한 병력. 자격 요건이 어떻게 충족되었는지에 대해 설명할 때는 더 주의를 기울여 상세히 한다. 나 말고 추가 심사를 한 두 번째 심사자를 언급하고, 환자가 의료 조력 사망 요청을 한 날짜와 내가 어느 약물을 어느 순서로 사용했는지도 말한다.

다음으로 검시관은 가장 중요한 질문을 던진다. "사인은 무엇입니까?" 사망증명서에는 사망 원인이 꼭 들어가야 한다. 검시관은 망자를 대변하는 엄숙한 의무를 지닌 사람들이다. 그들이 내가 제시한 상세한 내용에 납득해야 하고, 내가 모든 것을 제대로 수행했는지에 대해서도 납득해야 한다. 이 과정은 나를 안심시킨다. 내가 이 일을 혼자 하는 것이 아니라는 사실을 상기시켜 주기 때문이다.

이 부분은 의료 조력 사망의 인기가 높아져서 검시관이 전문 간호사를 고용해 업무를 전담하도록 하기 시작하면서 더욱 명확해졌다(가장 최근 확인한 바로는 온타리오에서만 이렇게 활동하는 간호사가 아홉 명이었다). 서로 잘 알게 되면서 내가 방금 조력 사망을 제공한 환자들에 대해 그들과 대화를 나누다 보면 나 자신을 성찰하게 되는 경우가 많았다. 그들은 대화 내용을 기계적으로 그냥 받아 적지 않았다. 내 말을 듣고 사색을 하고, 환자의 일생이 어땠을까 상상하며 나와 대화를 나눴다. 이야기를 들으면서 날카로운 관찰력을 바탕으로 한 코멘트에 감동할 때도 종종 있다. 그럴 때면 맡은 일을 제대로 해내기 위해 옆으로 밀어뒀던 감정을 되살려 상황을 제대로 느낄 수 있도록 해줬다.

소어의 경우에는 그의 사망이 왜 합리적으로 예측할 수 있는 것이었는지에 관해 긴 설명을 해야 할 것이라는 사실을 나는 이미 알고 있었다. 그리고 자신 있게 그 일을 해내기 위해서는 조력 사망 시행 동료들의 지원이 필요했다.

심각한 고통을 겪고 있는 말기 환자들에게 의료 조력 사망을 시행할 때 의사들의 마음은 불편하지 않다. 숨 쉬고, 말하고, 먹는 데 불편함을 느끼고, 너무 쇠약해서 근육이 모두 소진해가고, 침대에서 일어나지 못하거나 악화가 두드러지거나 할 때는 결론을 내리기가 쉽다. 반면 소어와 같은 사람은 상황이 나빠져도 거기에 적응할 방법을 찾아낼 것이라는 추측을 하곤 한다. 그런 사람들은 자신의 상태가 나빠진다는 사실을 받아들이고 거기서 최선을 추구할 테니, 우리는 공감하는 마음으로 귀 기울여 듣고 상담을 해주면 된다고 생각하는 것이다. 그러나 돌봐야 하는 우리의 의무가 모든 걸 중단하길 원하는 환자의 소망, 삶에서 탈출하는 시기와 방법을 직접 제어하길 원하는 환자의 소망과 부딪힐 때가 있다.

진실을 말하자면, '위중하고도 치유가 불가능한 고통'은 심리적 상태에도 적용이 된다. 그것은 매우 개인적인 감각이며, 각 개인이 자기가 더 이상 견딜 수 없다는 느낌이 들 때 의료 조력 사망 요청을 하게 되는 것이다. 환자가 겪는 고통의 정도를 판단하는 것은 내가 아니다. 그들이 고통스럽다고 하면 고통스러운 것이다. 소어는 글자 그대로 자신이 고통스럽다고 외치고 있었다. 만일 그가 지금 내게 온다면 나는 1초의 망설임도 없이 승인을 했을 것이다. 하지만 RFND의 정의가 제대로 확립되어 있지 않던 2016년에는 거절하는 것 말고는 다른 방도가 없었다.

소어와 그의 딸들에게서 아무런 소식이 들려오지 않은 지 여섯 달 정도 지난 어느 날, 킴에게서 충격적인 전화가 왔다. 킴이 운전해 그를 요양원에서 집으로 데리고 가는 도중 소어가 뇌졸중을 겪은 것이다. 그녀는 구급차를 불렀고, 구급 대원들은 그가 손목을 그었을 때 갔던 병원으로 소어를 싣고 갔다. 그는 세 시간 동안 혼수상태에 빠졌다가 서서히 정신을 차렸지만 섬망 증세를 보였고 휘청거렸다. 전화로 전해지는 목소리만으로도 킴의 깊은 죄책감이 느껴졌다. 자기가 한 일이 옳은 일이었을까? 구급차를 부르지 말았어야 했을까?

나는 그녀에게 아버지가 원하는 것이 무엇인지 잘 알았다 하더라도 그냥 거기 서서 무슨 일이 벌어질지 지켜보는 건 불가능한 일이었다고 안심시켰다. 그것은 위기의 순간에 가족이 지기에는 너무 큰 짐이었다. 그녀는 안도의 한숨을 내쉬었다. 나는 또 역설적이게도 소어가 뇌졸중을 겪었다는 사실 덕분에 의료 조력 사망 자격이 생겼다고 말했다. 나는 소어가 퇴원을 하자마자 킴이 약속을 잡기 위해 내게 전화를 할 것이라 예상했다.

그러나 아무런 소식이 들리지 않았다. 몇 주가 지났지만 조용했다. 나는 주기적으로 비서에게 "소어 가족에게 전화 온 건 없나요?"라고 물었다. 없었다.

그렇게 시간이 지나다 5월의 어느 금요일 오후 늦게 킴이 당황한 목소리로 전화를 했다. 소어가 넘어져서 대퇴골 골절을 입었다고 했다. 구급차가 그를 시내 병원(가톨릭계 병원이었다)으로 싣고 갔지만 응급실 직원들에게 수술을 하지 말라고 호령하고 있다고 했다. 자기는 조력 사망을 할 예정이라는 것이 이유였다(그의 말을 그대로 인용하자면 "난 허가받았어요. 반려견 안락사 시키듯 날 죽여줘요"라고 했다고 한다). 그는 필요 없는 수술로 병원이 돈을 낭비하기를 원치 않았다.

"일을 그렇게 할 수는 없어요." 내가 킴에게 말했다. "다리가 부러졌는데 들것에 그냥 둘 수는 없지요. 아버지를 설득해서 외과 의사들이 할 일을 할 수 있도록 허락해야 해요. 아버지가 수술실에서 나온 다음에 의료 조력 사망 신청서를 작성하도록 하십시다." 승인부터 실제 조력 사망 시행 사이에 법적으로 열흘 동안 숙고 기간을 두어야 하는데 그가 수술 후 회복을 하는 동안 그 시간이 흐를 것이다. 나는 또 가톨릭계 병원에서는 원내에서 의료 조력 사망 시행을 허락하지 않는다는 사실도 킴에게 알렸다. 장소는 늦지 않게 찾을 수 있을 것이었다.

소어의 수술은 성공적이었고, 자신이 선택한 미래가 자신이 원하는 대로 명확하게 보장될 것이라는 확신을 얻은 그는 매력을 발산해 병동의 인기를 독차지했다. 자기의 뜻이 드디어 관철될 것임을 알았기 때문에 매일 회진을 도는 외과의들에게 그는 명랑한 태도로 인사를 했다. 킴은 휴가를 내서 캐런, 아버지와 하루 종일 함께 지냈다. 휠체어를 탄 소어와 두 딸은 병원 안과 밖을 누비며 산책을 했다. 캐런의 아들이 샌프란시스코에서 날아와 할아버지에게 작별 인사를 했다. 그 몇 주 사이에 세 사람은 근처에 있는 양조장 겸 펍의 단골이 됐다. 손님이 아무리 넘쳐나도 펍의 주인은 목욕 가운 차림에 담요를 덮은 소어에게 언제나 테이블을 내주었다.

한편 나는 위민스 칼리지 병원으로 돌아가서 조력 사망을 시행할 공간을 허락해달라고 설득했다. 가톨릭 병원에서 정해진 날 퇴원한 소어를 휠체어에 태워 킴과 캐런이 북쪽으로 한 시간쯤 걸어 위민스 칼리지로 오기로 했다. 차로 올 수도 있었지만 소어가 마지막으로 산책을 하고 싶어 했다. 나는 위민스 칼리지 병원에서 그들을 만나 소어가 세상을 떠나는 것을 도울 계획이었다.

6월 15일은 날씨가 상쾌했고, 소어와 두 딸은 천천히 걸어서 병원에 도착했다. 소어는 평소보다 더 수다스러워져서 지나가는 행인에게 손을 흔들고, 가게 앞에 세워진 표지판을 보고 '아재 개그'를 했다("기다리는 사이에 바짓단을 고쳐준다고? 바지를 입은 채 하는 걸까, 벗으라고 하는 걸까?"). 병원 입구에 도착하자 킴이 벤치에 앉아 아버지와 눈을 맞추며 다시 물었다. "마지막 기회예요, 아빠." 그녀가 말했다. "저 문 안으로 들어가면 다시는 나오지 못하는 거예요."

그가 대답했다. "준비 다 됐어. 진심으로."

나로 말할 것 같으면, 그냥 고마울 따름이었다. 여러 차례의 수술, 수술 후 섬망증, 그리고 여기서 언급하지도 않은 또 한 번의 뇌졸중 비슷한 사건 등을 무릅쓰고 여기까지 와준 것이 고마웠다. 승낙을 제대로 할 수 있을 정도로 회복해주어서 고마웠다. 두 딸 모두 지난 한 달 동안 온 가족이 얼마나 행복했는지 내게 말해줘서 고마웠다. 끝나는 날을 받고 난 후 소어가 고양되고 긍정적인 태도를 보여줘서 고마웠다. 그가 존엄성을 잃지 않고, 자신이 원하는 방식으로 세상을 떠날 것을 알았기 때문에 온 가족이 함께 즐거운 시간을 보낼 수 있었고, 고통이나 공포 없이 긴 작별 인사를 하는 사치를 누릴 수 있었다.

나중에 킴은 처음부터 소어의 의료 조력 사망 요청에 대해 편안한 마음이 들었다고 내게 말했다. "아버지의 이미지와 딱 맞았어요. 지적으로나 성격적으로나 아버지다운 일이었죠. 누군가를 지지한다는 건 참 대단한 일이에요. 아름답다고까지 할 수 있을 것 같아요." 캐런은 처음에는 생각이 달랐다. 그러나 시간이 흐르면서 그녀는 아버지가 얼마나 변함없는 태도로 조력 사망을 원하는지, 그리고 그 계획을 이야기할 때 아버지가 얼마나 차분해지는지를 보면서 생각이 바뀌었다. "아버지를 지지해야만 했어요." 그녀가 말했다. "여행을 떠나는 사람에게 작별 인사를 하는 느낌이었어요. 슬프지만 행복하기도 한…." 그런 다음 캐런은 사실 소어의 병이 유전적이고, 자기도 소인이 있다고 덧붙였다. 만일 아버지와 같은 상황에 처하면 자기도 같은 선택을 할 것이라는 말과 함께.

나는 개인 병실에서 소어와 그의 딸들을 맞이했다. 그리고 우리는 샴페인으로 건배를 했다. 내가 절차에 대한 설명을 한 다음 시작을 했다. 소어는 알약이 아니라 주사라는 사실을 여전히 놀라워했다.

8장

톰

통증을 더 완화할 수 있다 해도
죽음을 선택하시겠어요?

간호사가 물었다. "사망증명서에 사인을 무엇이라 적을까요?" 나는 "바로 우리가 사인이에요. 사회적 관계를 제공해주지 못하고, 고통을 줄여주는 데 실패하고, 효과적인 돌봄 서비스를 제공하지 못한 우리 말이에요"라고 하고 싶은 걸 참느라 혀를 깨물어야 했다.

그가 세상을 떠나는 것을 돕기 전에, 세상 안으로 더 깊이 들어가도록 돕는 데 더 노력을 기울였어야 했을까?

예순두 살의 토마스 앨런 프레이저는 소어와 몇 가지 비슷한 성격을 갖고 있었다. 두 사람 모두 사교성이 좋고, 고집이 세고, 자기가 무엇을 원하는지 분명히 알았다. 그러나 그들의 마지막은 이보다 더 다를 수가 없었다.

톰은 보조금 지원을 받는 원룸 아파트에 살고 있었다. 토론토가 확장되기 전 시의 북쪽 경계를 따라 쭉 서 있던 전기 송신탑들 아래에 지어진 아파트였다. 아파트 문에는 수많은 잠금 장치뿐 아니라 주의 사항을 적은 메모지가 다닥다닥 붙어 있어서 무장 캠프를 연상시켰다. 나는 벨을 눌렀다. 기다렸다. 다시 벨을 눌렀다. 딸깍하는 소리가 나더니 무거운 철문이 활짝 열렸다.

집 안으로 들어섰다. 아니, 집 안으로 끼어 들어갔다. 바닥부터 천장까지…, 물건으로 가득 차 있었다. 빵 봉지 클립, 고무줄, 성냥갑 등이 잔뜩 들어 있는 비닐봉지, 그런 비닐봉지들로 꽉 찬 플라스틱 통들이 천장까지 가득했다. 음악 장비들도 많았다. 소니 워크맨이 세 개나 있었고 그중에는 포장을 뜯지 않은 것도 한 개 있었다. 그의 어머니가 쓰던 빈티지 싱어 재봉틀. 산더미처럼 쌓인 카세트테이프들(그는 CD를 많이 살 수가 없어서 좋아하는 하드록과 헤비메탈 음악을 테이프에 녹음했다). 전선 박스들, 기계 부품이 담긴 박스들, 옷이 담긴 박스들. 그가 주식으로 먹는 고열량 고단백질 드링크인 '인슈어'가 담긴 박스들. 벽에는 모터사이클 포스터들과 그가 자란 온타리오의 농장 사진이 빼곡히 붙어 있었다. 딱히 쓰레기라고 할 수는 없는 물건들이었고, 질서와 목적 의식이 느껴지기도 했다. 그러나 물건의 양이 엄청났다. 어항이 한쪽 벽에 붙어 있었고, 체스터필드 소파 하나가 건너편 벽에 놓여 있었다.

"안쪽이에요." 명령하는 목소리가 들려왔다. "침대에 누워 있어요. 문 닫았는지 확인하고요." 문은 이미 쿵 소리를 내고 닫혔지만 나는 고분고분하게 다시 한번 확인했다.

내가 선 곳에서 오른쪽으로 높게 쌓인 상자들 사이에 작은 오솔길이 나 있었고, 그 끝에 톰이 보였다. 그는 병원용 침대에 누운 채 원격 조정으로 자신의 삶을 관리하고 있었다. 내게 문을 열어준 것도 그가 설치한 수많은 장치 중 하나를 통해서였다. 침대 옆에 놓인 휠체어에 앉을 때도 호이어 리프트(몸을 움직이지 못하는 환자를 들어올릴 때 사용하는 장치로, 영화에서 본 적이 있다)를 스스로 작동해서 몸을 옮겼다. 그러고 보니 그 방에서 앉을 곳이라곤 그 휠체어밖에 없었다. 코딱지만 한 이 방도 바깥 공간과 마찬가지로 앨범, 테이프, 라디오 장비 등으로 가득 차 있었다. 벽에도 할리데이비슨 포스터가 빈틈없이 붙어 있었다. 톰은 똑바로 앉아 있었다. 내가 앉을 의자를 찾다가 실패하는 동안 그는 상대를 꿰뚫는 듯한 파란 눈으로 지켜봤다. 결국 나는 휠체어에 앉았다.

"당국에 전화해서 조력 사망을 요청하신 게 맞나요?" 내가 물었다.

"그 파일 이리 줘봐요." 그가 침대 발치에 놓인 파일을 가리키며 거칠게 말했다. "통증이 심해요." 그러고는 내게 색칠 범벅이 된 몸의 앞과 뒤가 그려진 종이를 한 장 건넸다.

익숙한 그림이었다. 환자의 어느 부위가 얼마만큼 아픈지를 한눈에 파악하기 위해 통증 클리닉에서 사용하는 그림이었다. 톰이 건넨 그림의 몸 뒷면 전체에 표시가 되어 있었고 엉덩이부터 발가락까지 빨간색으로 칠해져 있었다. 양팔의 팔꿈치 윗부분, 어깨, 목 뒷부분도 마찬가지였다. 그는 빨간색을 '계속적이며 극도로 심한 통증'으로 정해뒀다. 몸의 앞쪽에서 허리 아랫부분은 분홍색으로 칠해져 있고, '다른 종류의 덜 심한 통증'이라고 적혀 있었다. 그는 '신경성 동통'이라는 제목을 붙이고 빨간 펜으로 '지난 7일간 날카로우면서도 찌릿한 통증이 매우 극심했음'이라고 메모해뒀다.

"척수공동증이라는 게 뭔지 알아요?" 그가 날카롭게 물었다. "내가 가진 병이 바로 그거예요. 그리고 이제 막다른 골목까지 왔어요."

나도 그게 어떤 병인지 알고 있었다. 척수에 낭종이 생기고 거기에 액체가 고이는 병이었다. 톰의 증상은 척수에서 나와 다리로 가는 신경들을 둘러싼 막에 염증이 생기는 병 때문에 더 심해졌고, 그래서 끊임없이 통증이 있었다.

톰이 또 다른 종류의 고통을 겪고 있다는 사실도 얼마 가지 않아 명백히 알 수 있었다. 바로 극도의 외로움으로 인한 고통이었다. 그는 언제나 완고한 사람이었다. 자기가 원하는 방식이 확고했다. 결혼을 한 적도 없고 자녀도 없었다. 스물여덟 살부터 휠체어를 사용했다. 이런 여러 이유에 더해 모두들 바빴고, 거리도 멀었기 때문에 시간이 흐르면서 대부분의 친구와 가족이 그에게서 멀어졌다.

심사를 하는 노인들에게서 이런 식으로 연결 고리들이 점점 줄어들고 고립되어 가는 막막한 현실은 익숙한 상황이다. 친구들이 죽고, 자녀들은 멀리 이사를 하거나, 자기 살기 바빠서 더 이상 방문하지 않았다. 톰은 노인이 아니었다. 하지만 그는 특별히 심한 상실을 경험했다. 그런 상황 때문에 그는 자신의 고통에 더 심하게 몰두하고 침잠해버린 것일까? 의사들이 그의 통증을 완화하기 위해 최선을 다하고 있었다. 그러나 그의 외로움, 극도의 고독감에는 쉬운 해결책이 없었다.

톰은 척추와 척수가 제대로 형성되지 않아 생기는 스피나 비피다spina bifida, 즉 척추갈림증을 가지고 태어났다. 태어난 지 몇 주 되지 않아 허리 수술을 받았고, 두 살 때 두 번째 수술을 받았다. 그는 온타리오의 농장에서 자랐는데 아버지는 부서질 때까지 장비를 사용해야 한다는 생각을 가진 사람이었다. 톰이 처음으로 한 일은 아버지가 모는 트랙터에 앉아서 물이 줄줄 새고 김이 나는 라디에이터에 양동이로 계속 물을 붓는 일이었다. 그런 일을 하면서 그는 능력 있고, 근검절약하는 사람으로 성장했다. 그가 물건을 버리는 것을 좋아하지 않는다는 건 너무도 명백했다.

어린 톰은 비뚤거리며 걸었고, 한쪽 신발에만 굽을 대서 신어야 했으며, 몸놀림을 할 때 협응력이 떨어졌다. 놀리는 아이들도 있었지만 그의 장애에 신경을 쓰지 않는 좋은 친구 빌이 있었다. 톰과 빌의 엄마들은 친구였고, 두 아이는 함께 주일학교를 다니며 상대방의 집에서 저녁밥을 먹고 G.I. 조 게임을 했다(게임은 톰의 집에서만 했다. 빌의 엄마는 그 게임이 너무 폭력적이라 생각했다). "난 농장 집 아이답게 강했어요." 빌이 말했다. "어머니는 '톰하고 놀 때 조심해야 한다, 친구를 다치게 할 수도 있으니까' 하고 말하곤 했죠. 하지만 톰은 늘 얼굴에 미소를 띠고 있었고, 장난치는 걸 좋아했어요. 멋진 장난감도 많았고요."

톰이 열다섯 살 때 의사들은 30센티미터가량 되는 쇠막대 두 개를 그의 허리에 삽입해 굽은 척추를 교정하는 수술을 했다. 이 수술로 내부 흉터가 많이 생겼고, 나중에 섬유근육통이 생기는 원인이 됐다. 톰이 고등학교에 다닐 때 어머니가 심장마비로 갑자기 돌아가셨다. 아버지는 꽤 금방 재혼을 했는데, 톰은 새어머니를 좋아하지 않았다. 톰의 아버지는 농장을 팔고 가족과 함께 이사를 했다(톰에게는 프레드라는 형이 있다). 톰은 기회가 될 때마다 텐트를 가지고 새 집에서 나와 혼자서 캠핑을 하면서 모닥불을 피워 음식을 해먹곤 했다.

그는 작은 모터사이클을 사서 할 수 있는 만큼 오래 타고 다녔다. 염소수염을 길렀고, 길게 기른 머리를 따서 어깨뼈 있는 곳까지 늘어뜨리고 다녔다. 가족이 다시 한번 조지언베이에 있는 작은 마을로 이사를 하자, 톰은 아파트를 얻어 따로 나와 살았다. 긍정적인 태도를 가진 그는 새로 이사한 곳에서도 친구를 사귀었다. 사람들은 그를 도와주고 싶어 했다. 그가 너무 힘들거나 위험하지 않은 직장을 찾는 데도 도움을 줬다. 그리고 늘 그에게 관심을 가지고 돌봐줬다.

톰이 스물다섯 살 때 척추에 박았던 쇠막대들을 제거하는 수술을 했지만 나사못 몇 개는 그대로 남겨둬야 했다. 몇 년 동안 그는 지팡이를 사용했다. 그때부터 스물여덟 살이 될 때까지 세 번의 수술을 더 했고, 총 265일을 병원에서 지냈지만 척수공동증과 지주막염을 얻었고, 더 이상 걷지 못하게 됐다. 목 바로 아랫부분부터 배 윗부분까지 내려오는 척추 부위인 흉추가 손상됐기 때문이다. 다리가 마비된 것에 더해 대소변을 제어하는 능력도 잃었다. 도움을 더 많이 받기 위해 토론토 북쪽으로 이사를 했고, 휠체어를 사용하며 상체의 힘을 길렀다. 그는 지역 문화 센터에서 휠체어 농구도 했다. 음악을 좋아해서 편도 20킬로미터의 거리를 마다하지 않고 혼자 휠체어를 굴려 문화 레저 공간인 온타리오 플레이스에 가서 콘서트에 참석한 다음 다시 집으로 돌아오는 일도 가끔 했다. 거의 매년 크리스마스 때마다 빌과 그의 아내 다이앤은 근교 농원을 경영하고 있는 뉴마켓의 자기네 집으로 그를 데리고 와서 함께 휴가를 보냈다. 톰은 두 사람의 아이들을 무릎에 올리고 휠체어를 태워주곤 했다.

•••

나를 처음 만났던 7월의 어느 더운 날, 톰은 으쓱하며 커다란 토론토 지도를 보여줬다. 지도에는 그가 어느 해 여름 수동 휠체어로 완주한 700마일(약 1127킬로미터)이 빨간 펜으로 표시되어 있었다. "와, 휠체어 타이어를 여러 번 갈았겠군요." 내가 말했다. 그는 자기가 가진 모든 물건을 스스로 보수할 수 있는 기술을 독학으로 익혔다. 심지어 호이어 리프트도 직접 고쳤다. "정부에서 주는 건 항상 작동이 잘 안 돼요. 받는 물건은 전부 나한테 맞게 고쳐 써야 하죠."

그의 전성기였던 80년대와 90년대 사진들을 보면 건장한 상체에 딱 붙는 할리데이비슨 가죽 조끼나 모터사이클 재킷을 입고, 땋아 내린 머리에 밴다나를 하고 있어서 가수 윌리 넬슨의 쌍둥이처럼 보였다. 90년대 초에는 앤마리라는 여자 친구도 있었다. 그녀 역시 휠체어를 사용했고, 같은 건물에 살았다. 톰은 그녀의 '일종의' 애인이자 주 간병인이 되었다(그녀는 유방암을 앓고 있었다). 톰은 그녀의 식사를 만들고, 함께 외출을 했다. 하지만 각자의 아파트에 따로 살았는데, 톰의 물건을 보관할 공간이 필요해서이기도 했고, 앤마리의 부모가 두 사람의 관계를 좋아하지 않았기 때문이기도 했다(인도 출신의 부모는 딸이 외국인과 데이트하는 걸 원치 않았다).

앤마리가 1993년에 발작을 일으켰을 때 그가 함께 있지 않았던 것도 그 때문이었을지 모르겠다. 그 발작으로 그녀는 병원에 입원했고, 유방암이 뇌까지 퍼졌다는 진단이 나왔다. 톰은 그녀를 다시는 보지 못했다. 그녀의 가족이 그의 병문안을 허락하지 않았고, 그녀가 죽은 후 장례식에 참석하는 것까지 막았다.

그 전까지 톰은 보통 1년에 한두 번씩 빌에게 전화로 안부를 묻고 옛날 이야기를 나누곤 했다. 앤마리가 죽은 후에는 전화를 더 자주 하기 시작했다. "상황이 좋지 않았어요." 빌이 말했다. "통증도 더 심해졌고, 식사량이 줄었죠."

그 후로도 몇 년 동안 톰은 욕조에 들어가거나 나오는 것, 침대에 오르고 내리는 것뿐 아니라, 바닥에서 일어나는 것 등을 혼자 해낼 수 있었다. 일용품 쇼핑과 조리도 모두 스스로 했다. 이것저것 간단한 수리도 했다. 그러나 1996년에 접어들면서는 그 모든 것이 불가능해졌다. 육체적 능력을 잃고 독립적으로 사는 것이 불가능해진 것은 앤마리를 잃은 것만큼이나 큰 충격이었다. 형 프레드와도 사이가 나빠지고 있었지만 연락을 해서 화해를 하기에는 자존심이 너무 강했다. 1998년, 척추를 활성화시킬 목적으로 허리에 실험적인 장치를 삽입했다. 그러나 실험은 실패했고, 통증이 더 심해져서 2004년에 제거했다. 그리고 더 많은 것을 잃었다. 나를 만나기 1년 전, 톰의 담당 목사가 다른 곳으로 이사를 했고, 가끔 그를 데리고 나가 커피를 마시던 친구와 서서히 멀어졌으며, 그를 돌봐주던 가정의가 은퇴했다. 톰은 새로 배정된 가정의를 별로 좋아하지 않아서, 그해 그를 딱 한 번밖에 만나지 않았다.

나와 이야기를 하는 도중에도 주기적으로 통증이 몰려와 몸이 마비되다시피 했고, 그럴 때면 그는 말을 멈추고 꼿꼿한 자세로 통증이 잦아들기를 기다렸다. 한번은 갑자기 침대 옆 선반에서 커다란 병을 움켜쥐고는 숨이 넘어갈 듯 말했다. "모르핀이 필요해요!" 나는 그가 무릎에 쏟아낸 약을 한 움큼 삼키는 것을 망연자실해서 쳐다봤다. "통증은 누가 관리해드리고 있나요?" 나는 무슨 도움이 될 수 있을까 생각하며 물었다. 하지만 그의 통증 관련 복용약들을 듣고 낙담했다. 고용량의 지속성 모르핀, 돌발성 통증을 위한 속효성 마약성 진통제, 만성 통증에 부수적 효과를 보이는 항우울제 등을 이미 복용하고 있었던 것이다. 진통을 위해 처방된 가바펜틴 또한 번개처럼 찌르고 타는 듯한 톰의 신경병증을 완화하는 역할을 했다. 최신 약이 모두 동원된 것이 확실했지만, 그걸로 충분치 않다는 것도 명백했다. 톰의 담당 간호사인 첼시 정이 그를 돌보는 시스템 전체를 관리하고 있었다. 그녀는 고통 완화 전문의에게 그를 의뢰했고, 전문의가 두세 번 집으로 왕진을 왔다. 그 의사는 톰이 진통제를 "거의 최대치로 쓰고 있다"고 말했다. 우리가 만나기 5주 전, (아마도 강력한 진통제들과 새로 처방 받은 항우울제를 함께 복용해서) '마약에 취한 느낌'이 드는 상태에서 톰은 커피를 허벅지에 쏟아 심한 화상을 입었다. 이제 모든 일에 더해 화상 드레싱까지 처리해내야 했다.

화상의 충격을 경험한 후, 톰은 내가 만나는 수많은 의료 조력 사망 요청 환자들과 마찬가지로 자살 시도를 했다. 그는 로프를 사용한 '형편없는 시도'였다고 자평했다. 그를 돌보는 요양복지사가 제때 발견해서 구급차를 불렀다. 고통 완화 전문의는 진통제 처방에서 항우울제를 중단하고, 모르핀 용량을 줄이며, 인공 대마초인 나빌론을 더했다. 그 시점에서 나를 만난 것이다. 그의 감정적 롤러코스터에서 마지막 곡예 구간이 될 터였다.

그는 90년대에 휠체어 운동 경기에 출전했을 때만큼은 아니지만 내가 그의 상처들을 살피는 동안 몸을 들어올리고 움직여줄 정도로 여전히 민첩한 면이 있었다. 오른쪽 사타구니의 화상에 더해, 꼬리뼈와 오른쪽 엉덩이에 깊은 욕창이 있었다. 이 상처들을 돌보기 위해 상처 전문 간호사가 일주일에 두 번씩 방문을 하고, 요양복지사가 하루에 두 번씩 방문하고 있었다. 그럼에도 불구하고 톰은 자기가 몇 주 동안 외출을 하지 못했다고 했다.

'잃고, 잃고 또 잃고'라는 말이 내 머릿속에서 후렴구처럼 반복적으로 돌아갔고, 그와 함께 '시간이 흐르면서 외로움이 더 짙어진다'는 생각도 떠나질 않았다. 그의 분노와 좌절감, 심지어 절박감까지 강하게 느껴졌다. 그럼에도 불구하고, 그의 주된 인상은 삶에 활기차게 뿌리를 내린 사람이었다. 엄청난 양의 물건을 담은 박스들이 그 증거였다. 이 남자는 남에게 의지하지 않겠다는 결의가 단단해서 모든 것을 자기 손 닿는 곳에 두고 싶어 했다. 언젠가 필요할지 모르는데 나가서 구해올 수 없으니 아무것도 버리지 않았다. 워크맨이 좋아서 하나가 고장 날 경우에 쓸 여분까지 확보해뒀다. 포장도 뜯지 않은 워크맨은? 여분의 워크맨이 고장 날 경우에 대비했을 것이다. 죽겠다고 100퍼센트 결심한 사람이라면 그런 물건에 매달리지 않는다.

그보다 더 중요한 것은 그가 빌에게 매일 밤 전화를 해서 더 젊고 강하던 과거의 자신을 떠올리기 위해 애를 쓴다는 사실이었다. 전화를 해서는 60분에서 90분 정도를 혼자서 떠들어댔다. "머스코카에 있는 집에서 너네 아버지한테 내가 물 폭탄 쏜 거 기억나?" 그리고 빌은 그의 이야기들을 들어줬다. 일 때문에 보통 새벽 4시 반에 일어나는 빌은 저녁 내내 계속되는 톰의 독백을 듣다가 깜빡 존 적도 한두 번 있었다. "그러면 바로 눈치를 채요. '너 지금 졸았지?' 그러고는 우리 둘 다 웃음을 터뜨리곤 했죠." 빌이 나중에 내게 말했다.

빌은 통증이 너무 심해질 때 톰의 목소리가 흔들리는 걸 알아차렸다. 그럴 때면 계속 말을 시켰다. "20분쯤 지나면 목소리가 차분해지곤 했어요." 빌이 말했다. "같은 이야기를 백 번은 했지만 내가 아니면 누가 그런 이야기를 들어주겠어요. 전화를 끊을 때쯤 되면 마음이 차분해져서 잘 준비가 된 게 느껴졌어요. 그렇지 않으면 밤새 깨서 약을 콩 주워 먹듯 할 테니까요."

톰의 목소리에서 느껴지는 무언가가 그에게는 의료 조력 사망 이상의 도움을 줄 수 있을 것 같다는 생각이 들게 했다. "통증을 더 완화할 수 있다 해도 죽음을 선택하시겠어요?" 내가 물었다.

그는 나를 빤히 쳐다봤다. "이렇게 아프지만 않으면 물론 살고 싶겠죠."

"그러니까," 내가 말을 이었다. "'종합적 통증 통합 프로그램' 을 통해 상담을 받게 해드리면 어떨까요?"

다시 한번 꿰뚫어보는 듯한 푸른 눈이 나를 바라봤다. "내가 원하는 건 죽는 게 아니에요. 그냥 이 통증을 멈추게 하고 싶을 뿐이지."

내가 톰의 집을 방문한 것은 일상적인 진단을 하기 위한 것이었다. 톰은 의료 조력 사망 자격을 갖추고 있는가? 그에 대한 답은 두말할 것 없이 '그렇다'였다. 처음 세 가지 조건을 충족시킨다는 것은 누가 봐도 명백했다. 예순두 살밖에 되지 않지만 그가 어느 정도 가까운 시일 내에 자연사를 할 것이라는 합리적 예측이 가능한 이유는 감염, 패혈증, 사고 등으로 많았다.

하지만 나는 기계적으로 조건이 충족되는지만을 살피는 종류의 사람이 아니다. 물론 나는 조력 사망에 대한 강한 신념을 가지고 있다. 그러나 조력 사망은 그것을 진정으로 원하는 사람들만을 위한 것이다. 그래서 나는 그의 담당 간호사 첼시에게 전화를 했다. 놀랍게도 그녀는 톰이 의료 조력 사망을 요청했다는 사실을 전혀 모르고 있었다. 그의 고통 완화 담당의와도 통화를 했다. 만성 통증 관리는 그의 전문 분야가 아니었다. 그는 생애 말기 통증 완화 전문가였다.

심호흡을 한 번 했다. 톰에게 새 의사가 생긴 듯했고, 그 의사가 바로 나인 것 같았다.

● ● ●

의사 노릇을 45년 하다 보면 인맥이 넓어져서 긴 시간 기다리지 않고 뒷문으로 들어가 전문가들을 만날 수 있는 지름길을 알게 된다. 병원 복도에서 동료들과 상의를 하고, 동창들에게 전화를 하는 과정에서 관계가 돈독해진다. 서로 부탁을 할 때도 많다. "내 환자 한 번만 봐줄래? 복도 끝 저 방에 지금 있는데." "이 불운한(절박한, 도움받을 자격이 충분한) 환자 한 명만 보내도 될까? 네 특별한 접근법이 꼭 필요한 환자야."

하지만 이렇게 가볍게 부탁을 하는 일이 점점 드물어지고 있다. 의학이 너무도 세분화되어 이런 식으로 쉽게 접근하는 것이 불가능해졌기 때문이다. 그래서 부탁을 꼭 해야 할 때나 할 수 있을 때도 굉장히 조심스럽다. 동료에게 새치기를 하게 해달라는 부탁을 너무 자주 하면 통화하고 싶다는 메시지에 응답을 하지 않기 시작한다. 하지만 톰을 위해 뭔가를 해주지 못하면 그에게는 그게 마지막 지푸라기를 놓치는 일이 될 수도 있다는 확신이 있었다. 의사들을 믿지 못한다는 그의 믿음을 더 강화시켜 탈출구는 죽음뿐이라는 결의를 다지게 될 것 같았다.

빨리 해결책을 제시해야 했기 때문에 나는 두 가지 방법을 동시에 시도했다. 첫 번째 방법으로 내 홈베이스인 위민스 칼리지 병원에 연락을 했다. 최근 들어 토론토의 몇몇 병원들이 시내 여기저기 흩어져 있던 다양한 만성 통증 프로그램을 한데 모아 종합적이면서도 통합적인 아카데미로 만들어 위민스 칼리지에서 운영을 하기 시작했다. 최고의 재원과 인력, 전문성을 갖췄고, 중앙집중식으로 관리되기 때문에 2차 진료 신청 하나로 충분했다. 이미 내가 돌보던 다른 환자 때문에 접촉을 한 적이 있고, 아카데미에서 보인 반응은 인상적이었다. 기계 응답기가 아니라 실제 사람이 내게 전화를 다시 했고, 전화를 건 사람은 아카데미에서 제공할 수 있는 다양한 선택지들에 대해 낙관적인 태도를 보였다.

두 번째 방법은 아끼고 아끼던 인맥을 동원해서 토론토 웨스턴 병원의 신경외과 전문의에게 줄을 대는 것이었다. 척수 수술 분야 연구에서 선두적 위치에 있는 그 병원에서 톰의 복잡한 수술들이 모두 진행되었기 때문에 의사는 그의 병원 기록을 모두 볼 수 있었다. 나는 톰의 통증을 얼마간이라도 완화할 수 있는 수술이 있을지 물었다.

놀랍게도 그녀는 수술은 답이 아니라며, 토론토 재활 연구소의 ‘종합적 통증 통합 프로그램’을 추천했다. 통증 관리, 정신분석학, 정형외과 전문의들을 포함한 통섭 팀이 운영하는 프로그

8장

램이었다. 대기 시간이 16개월이었지만 그녀는 자기가 아끼고 아끼던 인맥을 동원해서 톰이 빨리 등록될 수 있도록 해보겠다고 했다.

내가 그녀에게 느낀 감사의 마음은 말로 다 표현할 수 없었다. 톰이 1년 반을 기다릴 수도 없고, 기다리지도 않을 것이라는 사실을 알고 있었기 때문이다. 크게 안도의 한숨을 쉬면서 나는 위민스 칼리지 병원에 했던 진료 신청을 취소하고 모든 신경을 '종합적 통증 통합 프로그램'에 집중했다. 거기서도 톰의 기록을 모두 볼 수 있었지만 나는 그가 견뎌내는 통증이 얼마나 심각한지를 설명하느라 담당 행정 간호사의 귀가 닳을 지경이 되게 만들었다. 그곳에서 톰을 상세히 진단하고 새로운 약 처방을 해주기를 바랐다. 너무도 많은 게 걸려 있었고, 만족스러운 결과를 과연 얻을 수 있을지 위태롭기 그지없었다.

2017년 8월 14일 첼시가 전화를 했다. 톰이 사용하는 마약성 진통제의 양이 늘어나고 있었다. 톰이 먹는 약의 양이 많긴 했지만 그때까지만 해도 처방된 용량을 지키고 있었다. 초과 용량을 복용하면 약이 떨어질 것이라는 것을 알고 있었고, 그런 상황을 두려워했다. 그러나 그는 이제 이전보다 훨씬 많은 돌발성 통증 진통용 모르핀을 복용하고 있었고, 기분이 어둡고 침울해져 있었다. 통증이 참을 수 없는 지경이었고. 도움을 받아 죽고 싶다고 했다. 더 이상 2차 진료도, 처방전 조절도 원치 않았다.

'어, 어, 잠깐만, 너무 빠르잖아!' 내 머릿속에서 제일 먼저 떠오른 생각이었다. 그리고 곧바로 내가 과욕을 부려 너무 앞으로 나가버린 거 아닌가 싶은 생각도 들었다. 아직 종합적 통증 통합 프로그램 측에서 약속을 받아내지는 못했지만 금방 연락이 오리라는 건 확신했다. 첼시와 나는 톰을 위해 돌발성 통증 진통용 모르핀의 양을 줄이고 인공 대마초 사용을 늘리자는 전략을 세웠다. 톰과 직접 만나야 할 필요도 있었다. 거기에 더해 우리는 톰을 돌보는 일에 대한 법적 결정권을 가진 그의 친구 빌도 톰의 아파트에서 만나기로 했다.

톰은 우울하기 짝이 없었다. 통증이 파도처럼 주기적으로 밀려왔기 때문에 먹는 일이나 화장실 가는 일마저 통증의 다음 공격이 치고 들어오기 전에 서둘러 해치우고 있었다. "이게 사는 겁니까?" 그가 우리에게 따지듯 물었다. "할 수 있는 일은 다 했어요. 이제 손들었어요."

빌은 슬퍼 보였다. "이건 톰에게 해로운 상황이군요." 그가 말했다. "우리 농장에서 키우는 개도 이렇게 대접하진 않겠어요."

침묵이 길어지면서 세 쌍의 눈이 내게로 향했다. 나는 차분한 상태가 됐다. 톰에게 조력 사망 자격이 있고, 내가 돕겠다고 말했다. 상세한 내용과 필요한 것들을 하나하나 짚어나갔다. 그와 친척 관계가 아니고, 그의 죽음으로 이득을 얻지 않을 두 사람의 증인 앞에서 정식으로 요청을 해야 했다(빌이 자원을 했고, 그의 아내 다이앤도 차를 몰고 올 수 있다고 말했다). 그런 다음에는 열흘 간의 숙고 기간이 있었다. 당시만 해도 이 부분은 의무 사항이었다. 내가 그의 첫 번째 심사자였고, 두 번째 심사자도 올 수 있도록 내가 약속을 잡을 수 있을 것이다. 사용할 약물과 약물 주입을 위한 방법(정맥주사)도 설명했다. 누구도 그를 막거나 그의 요청을 거절하지 않을 것이라고 안심시켰다.

하지만, 나는 계속 말을 이어나갔다. 톰의 상황을 가장 높은 선의 전문가들에게 호소했고, 얼마나 급한지 알렸으니 이제 정말 금방 답이 올 것이라는 확신이 드는 상황이라고 이야기했다. 직접 시내에 있는 병원까지 가는 불편을 겪지 않아도 되게 영상 회의로 연결할 예정이었다(팬데믹 이전이라 집에서 영상 회의를 하는 일이 거의 없었기 때문에 연결 상태도 좋지 않았고, 미리 준비해야 하는 기술적인 부분도 많았다. 그러나 나는 결의에 차 있었다). 첼시와 나 두 사람 모두 그 회의에 참석할 것이었다. 나는 "하지만 톰, 물론 선택은 당신에게 달려 있어요" 하고 말을 맺었다. '지금 내가 선을 넘고 있는 거 나도 잘 알지만, 당신에게 너무 많은 걸 걸어버린 느낌이에요'라는 말은 하지 않았다. 하지만 그건 사실이었다.

하지만 더 나은 통증 관리 방법을 한 번 더 시도해보자는 데 동의를 하면서 톰의 얼굴에 떠오른 안도의 표정을 보니 내가 옳았다는 생각이 들었다. 나는 내 모든 연락처뿐 아니라 그를 안심시키기 위해 의료 조력 사망을 위한 공식 요청서도 함께 두고 나왔다. 8월 말이었다.

그 후 우리가 맞닥뜨린 일련의 대실패를 생각하면 지금도 경악과 후회로 몸이 얼어붙곤 한다.

9월 1일. 팩스가 왔다. 통증 통합 프로그램 측에서 2차 진료를 취소했다. 필요한 영상 자료가 첨부되지 않았다는 것이 이유였다. 나는 곧바로 접수 담당 간호사에게 전화를 해서 톰은 토론토 웨스턴의 척수 외과 전문의가 촉발한 진료 의뢰라는 사실을 상기시키고, 자세한 사항을 하나하나 짚으며 설명하는 일을 다시 한번 반복했다. 그녀는 나를 기억한다고 했다. 자기가 알아서 필요한 영상 자료를 찾아서 첨부하겠다고도 말했다. 내가 진행될 통증 프로그램에 대한 합의서에 서명할 것인가(이는, 통증 프로그램은 톰의 약물 처방이나 항정신성 의약품 사용에 대한 관리를 책임지지 않겠다는 의미한다)? 나는 톰의 가정의가 아니었지만 여기서 발뺌을 해 모든 것을 지연시킬 수는 없는 일이었다. "네, 합의서를 보내면 서명할게요." 내가 말했다.

9월 7일. 합의서가 도착했고, 나는 서명을 해서 돌려 보냈다.

9월 21일. 영상 회의가 잡혔다. 모두 참석할 수 있는 두 시간 사이에 모든 것이 진행되어야만 했다. 그러나 갑자기 토론토 재활 연구소에 긴급한 문제가 생겨 그 일부터 처리하고 나니, 그 두 시간이 지나가고 말았다.

첼시와 나는 급히 톰과 다시 만났다. 첼시는 토론토 재활 연구소와 함께 영상 회의 날짜를 다시 잡으려 애쓰고 있었고, 나는 톰의 가정의와 가바펜틴 용량을 늘리는 문제에 관해 상의하고 있었다. 톰은 가정의에게 가바펜틴이 조금 도움은 되지만 충분치 않아서 더 필요하다고 말했다. 나는 몇몇 환자에게 권장 최대 용량인 3그램이 넘게 처방한 적이 있는데, 별 문제 없이 성공적인 결과를 봤다고 안심시켰다. 가정의도 그럴 용의를 보였다('할렐루야'라는 단어가 내 머릿속에서 후렴구처럼 반복적으로 울려 퍼졌다). 우리는 거기에 더해 톰의 마리화나 용량도 추가로 늘리는 데 합의를 봤다.

첼시와 내가 함께 있는 동안 휠체어에 앉아 있던 톰이 침대에 눕기 위해 호이어 리프트로 몸을 옮기려 했다. 우리는 그를 도우려 했지만, 번개처럼 내려찍는 통증으로 그가 경련을 일으키자 우왕좌왕하다가 환자를 거의 매트리스에 던지다시피 하게 됐다. 눈물이 날 지경으로 격노한 톰이 외쳤다. "당신들까지 내가 훈련을 시켜야 하나요! 뭘 어떻게 해야 할지 아는 사람이 도대체 아무도 없어!" 우리가 바로 옆에 서 있었지만 그가 얼마나 끔찍하게 혼자라고 느끼는지 너무도 명백하게 느껴졌다. 그는 화가 잔뜩 난 채 약을 한 줌 집어삼켰다.

그러고는 한숨을 쉬었다. 절망이 깃든 그의 웅얼거림은 지금까지도 내 뇌리를 떠나지 않는다. 그는 통증을 줄일 수만 있으면 더 살고 싶어 했지만 서명한 의료 조력 사망 요청서를 내게 건넸다. 빌과 다이앤의 서명이 증인란에 들어가 있었다.

나는 메모를 하느라 바빴다. 두 갈래로 나눠서 한 쪽은 통증 관리, 다른 한 쪽은 의료 조력 사망으로 이어지는 타래를 만들어 매 순간을 항목 형식으로 기록했다. 내가 지킬 수도 없는 너무 큰 약속을 한 건 아닌지 두려움이 계속 엄습해왔다. 사실 톰이 그토록 절박하게 원하는 정도의 통증이 가능하기나 한 것인지도 알 수 없었다.

나는 지금 어떤 역할을 하고 있는 것인가? 나는 톰의 통증 관리 의사인가, 의료 조력 사망 시행자인가? 내가 그 두 가지 일을 다 해낼 수 있을까? 그렇게 하는 게 옳을까? 당시는 조력 사망 시행 초기였고, 의료 조력 사망 시행자가 환자의 요청을 심사하는 과정에서 어디까지 의사 노릇을 해야 하는지에 관해 명확한 선이 그어지지 않았던 때였다. 선례가 많아서 참고를 할 수 있는 것도 아니었다.

나는 그의 가정의가 아니었다. 나는 그의 담당 전문 간호사도 아니었다. 두 사람 모두 내가 톰을 더 자세히 진찰하고, 더 다양한 전략을 구사하는 것을 환영했다. 그러나. 그러나, 이 사람이 살아갈 수 있도록 돌볼 책임과 조력 사망을 원하는 그의 요청을 존중하는 것 사이의 선이 흐려지고 있었다. 나는 서로 어긋나는 두 개의 목표와 공존이 불가능한 목적들 사이에 끼어서 양쪽 다 실패할 수밖에 없는 길을 걷고 있었다.

10월 초. 종합적 통증 통합 프로그램 측과 톰의 영상 회의가 마침내 실현됐지만 첼시와 나는 그 회의에 참석하지 못했다. 어찌된 일인지 이 회의를 계획하는 과정에서 우리 둘 다 제외되고 말았다. 그 당시에는 실망과 분노를 느꼈지만, 돌이켜보면 우리가 클리닉의 목표에서 핵심적인 인물들은 아니니 왜 그랬는지는 이해할 수 있다. 현대 의학은 좋든 싫든 분야별로 고립되어 있다. 통증 프로그램은 내부로 초점을 맞추고 있었지, 지역 공동체를 위한 재원 역할을 하는 식의 외부적 역할에는 관심이 없었다.

그 화상 회의에서 톰은 제일 통증이 심할 때 1부터 10 중 가장 높은 수준인 10이라고 했다. 그리고 가장 통증이 약할 때도 10이라고 말했다. 통증은 그의 삶의 모든 면에 영향을 주고, 그의 삶 전체, 다시 말해 생활의 100퍼센트가 통증의 영향 아래 있다고 말했다. 통증 프로그램 관계자들은 그가 사용하는 약물을 검토하고, 최근 용량을 늘린 것도 인지했다. 그의 상처들 특히 둔부의 깊은 욕창에 대해서도 이야기했다. 불행하게도 그 상처 때문에 워터 테라피 같은 추가적인 선택지는 불가능하다는 판단이 내려졌다. 통증 프로그램 전문가들이 제공할 수 있는 구체적인 조언은 수면 패턴을 향상시켜보라는 것뿐이었다. 톰은 보통 새벽 2시부터 5시 사이에 잠들어서 세 시간에서 여섯 시간 정도 잤다. 양질의 수면을 더 길게 하면 통증을 더 잘 관리할 수 있을지도 몰랐다. 한 달 후 다시 연락하겠다는 약속과 함께 영상 회의가 끝났다.

10월 중순. 보고서가 내 받은 메일함에 들어왔다. 나는 경악했다. 통증 프로그램 쪽에서 아미트리프틸린을 처방했다. 아미트리프틸린이라니! 항우울증 치료제인 그 약은 1990년대에 (결국은 별 효과가 없는 것으로 판명이 난) 만성 피로 증후군 치료제로 널리 알려졌고, 피로감이 너무 심해서 계단을 내려가는 것마저 힘든 환자들에게 마지막 희망으로 처방되는 약이었다. 내 머릿속에서 경종이 울렸다. 캐나다의 가장 큰 도시에서 활동하는 최고의 통증 전문가 팀에서 제시하는 최선의 답이 눈곱만 한 용량의 구식 항우울제라고? 불쌍한 톰, 그를 돕는 건 우리의 능력 밖이라는 생각을 하지 않을 수 없었다.

나는 통증 팀의 팀장인 플래너리 박사에게 긴급 전화를 했다. 한 달 후로 약속되었던 영상 회의가 일주일 뒤로 다가와 있었다. 내가 말했다. "첼시와 제가 톰의 집에 가서 함께 영상 회의를 하는 게 매우 중요합니다." 하지만 '톰을 다시 실망시킬 수는 없어요'라는 말은 입 밖에 꺼내지 않았다.

플래너리 박사는 경청했다. 그는 상황을 잘 이해했다. 하지만(내가 톰에게 사용했던 바로 그 '하지만'이 이제 내게로 돌아오고 있었다) 플래너리 박사는 자기도 톰의 현실을 바꿀 수 있을 정도의 마법을 부릴 수 있을지에 관해서 그다지 낙관적이지 못하다고 설명했다. "이 분야의 통증 관리는 모든 상황이 아주 좋아도 어렵습니다." 그가 말했다. 우리는 마약성 진통제를 더 쓴다 해도 별 도움이 되지 않을 것이라는 데 동의했다. 나는 플래너리 박사에게 감사 인사를 한 다음 톰이 지금 당장 얼마나 고통스러워하는지를 걱정하는 이메일을 첼시에게 보냈다.

마약성 진통제에 관해서 한마디 하고 넘어가자. 캐나다에서 활동하는 의사는 한 사람도 빠짐없이 위기 상태까지 치달은 마약성 약물 중독 현상과 씨름하고 있다. 통증은 점점 더 심해지고 약효는 점점 더 떨어지는 악순환 때문에 중독 및 남용으로 인한 사망은 두려우리만치 급상승 곡선을 그리고 있다. 의사들은 상황이 이렇게 우울해지기까지 우리도 기여한 바가 있다는 사실을 받아들이지 않을 수 없었다. 마약성 진통제로 '안전하게' 통증을 관리할 수 있다는 제약회사들의 유혹적인 표적 홍보에 환자뿐 아니라 의사들도 넘어갔다. 우리가 그들의 말에 설득됐고, 그 사실은 그냥 부끄럽다는 수준에서 그칠 일이 아니었다. 우리가 돌보는 환자들뿐 아니라 사회 전반에 위험한 일이었기 때문이다. 톰이 세상을 뜬 후 상황은 심지어 더 나빠졌지만, 톰을 돌보던 때만 해도 환자의 진통제 사용량이 급속도로 증가하면 의사들은 반사적으로 마약성 진통제 처방을 중단하는 식으로 반응했다. 완전히 단절하는 것이다. 말이 되지 않는 해결책이었다. 빅 파마Big Pharma, 즉 대형 제약회사들에게 '사기를 당한' 데 대한 반응이었고, 그 결과 많은 사람이 고통을 받았다.

처방되는 마약성 약물의 기간, 양, 종류는 필요보다는 규칙에 따라 결정됐다. 의사들은 어떠한 마약성 약물도 처방하기를 꺼리면서 애드빌이나 타이레놀 같은 처방전 없이 살 수 있는 약품에 의존했다. 그런 약들로는 적절한 통증 관리를 할 수 없는 상황이라는 것을 알면서 그렇게 할 때도 종종 있었다. 내 환자들 중에서도 응급실에서 초강력 타이레놀 두 알씩 먹으라는 지시를 받고 퇴원한 후 불과 몇 시간 만에 내게 전화를 해 더 강한 진통제가 필요하다는 절박한 호소를 하는 경우가 많았다. 나는 의사들이 왜 스스로를 유혹당하도록 허락했는지 이해가 된다. 가장 좋고, 가장 안전한 진통제를 원치 않는 의사가 어디 있겠는가. 그러나 모든 피해는 결국 환자들이 감당하게 됐다.

11월 3일. 톰이 매우 화가 난 상태로 전화를 했다. 영상 회의가 오늘로 잡혀 있었지만 아무도 그에게 이야기해주지 않았다! 주기적으로 하는 대장 청소를 오늘 할 계획이었는데 말이다. 자기의 치료 전략을 짜는 과정에서 본인을 완전히 소외시키다니, 의사들은 도대체 뭐 하는 사람들인가! 과거에 자기가 혼자서 고군분투할 때 그들은 뭘 하고 있었나? 무능력한(그것도 좋게 말하는 거라고 그는 소리쳤다) 의사들 같으니라고! 의사들 중 아무도 자기한테 신경을 쓰거나 자기가 뭘 필요로 하는지 이해하는 사람이 없다!

"내 생활이라는 게 이제는 겨우겨우 일어나는 일을 다 하면 다시 잘 준비를 해야 하는 날의 반복이에요." 그는 완전히 지쳐 있었다. "빌에게 전화를 했어요." 그가 결론을 내렸다. "의료 조력 사망 시행 날짜를 잡으려고 해요." 그는 영상 회의를 취소했다.

나도 지칠 대로 지쳤다. 다이앤에게 전화를 해보니 톰이 의료 조력 사망 날짜를 잡기 위해 그날만 세 번이나 전화를 했다고 했다. 우리는 11월 9일로 날짜를 정했다. "톰은 우리가 농장 일로 너무 바쁘지 않은 날을 고르고 싶어 했어요." 그녀가 말했다.

헛된 희망을 갖도록 한 데에 대한 죄책감과 패배감에 사로잡힌 채 나는 두 번째 심사가 이루어질 수 있도록 조치를 취했다. 이미 환자들이 많이 밀려 있던 터라 톰의 일은 그렇게 '보류'해 두고 다음 환자를 보기 위해 진찰실로 들어갔다.

* * *

11월 9일 아침, 톰의 집 문이 다시 한번 활짝 열리며 나를 맞았다. 그의 요양보호사(여기서는 제인이라고 해두자)가 문에서 나를 맞았다. "꼭 하지 않아도 되는 일이에요." 그녀는 단어 하나하나에 힘을 주며 그렇게 말했다. 톰의 눈만큼이나 꿰뚫는 듯한 푸른 눈으로 나를 노려봤다.

"이건 나나 당신이 결정할 수 있는 일이 아닙니다." 나는 최선을 다해 평정심을 유지하며 말했다. "선택의 문제지요. 톰이 선택한 일이에요."

"여기 밤새 있었어요." 그녀가 쏘아붙이듯 말했다. "소파에서 밤을 지새웠죠. 톰은 침대에서 전화로 조카들과 몇 시간 동안 이야기를 했고요. 진통제는 한 번도 먹지 않았어요. 그런데 괜찮았어요. 밤새 계속 이야기를 하는 데 아무 지장도 없었어요. 통증이야 관리하면 돼요. 가능한 일이고요. 죽을 필요가 없어요."

'그의 요양보호사까지도 내가 톰과의 약속을 지키지 못했다는 걸 알고 있구나' 하는 목소리가 내 머릿속에서 울려 퍼졌다. 나는 방으로 들어가 빌과 다이앤에게 인사를 했다. 뉴마켓에서부터 차를 몰고 온 터였다. 두 사람 모두 재킷에 흰 장미가 꽂혀 있었다. 톰을 번갈아가며 도와오던 요양보호사 세 명이 모두 침대 주변에 모여들어 그를 준비시키고 있었다.

톰의 형 프레드는 없었다. 그러나 그는 이미 전날 방문했다고 나중에 전해 들었다. "톰은 형에게 의료 조력 사망에 관해 이야기하지 말아달라고 했어요." 빌이 말했다. "톰이 '형은 아직도 내게 화가 나 있어. 그런데 애초에 왜 싸웠는지도 기억이 나질 않아' 하고 말했죠." 하지만 빌은 형에게 전화를 해야 한다고 고집했고, 전화 메시지를 남긴 지 한 시간도 되지 않아 프레드가 다시 전화를 했다. 톰이 밖에서 볼일을 보고 들어왔는데 차를 몰고 온 프레드가 로비에서 톰의 아파트 벨을 누르고 있었다. "두 사람은 눈물을 흘리며 서로 껴안고, 몇 시간 동안이나 내

내 이야기를 하면서 꼭 잡은 손을 놓지 않았어요." 빌이 말했다. "정말 감격스러운 광경이었죠. 그 한순간에 몇 년 동안 귀에 못이 박히게 하소연을 들어온 보람이 있구나 싶었어요."

프레드와 톰의 관계가 소원해져 있던 몇 년 동안 톰은 프레드의 아이들인 자기 조카들을 그리워했다. 그래서 톰이 밤새 그들과 전화로 이야기를 나누며 잃어버린 세월을 보충한 것이었다.

톰을 돌보는 사람들이 그를 거실로 밀고 들어왔다. 멋진 모습이었고, 빛이 났다. 머리는 그의 트레이드마크인 길게 하나로 땋은 스타일이었다. 까만 할리데이비슨 가죽 조끼를 입고 칼라에 흰 장미를 꽂았다. 기쁨에 찬 얼굴이었다. 빌은 모든 사람들에게 스카치 위스키를 따라 건넸고, 우리는 톰을 위해 건배했다 (빌은 그 위스키 병을 아직까지도 자기 집 냉장고 위에 보관하고 있다). 톰과 빌은 마지막으로 몇 가지 일화를 다시 회상했다. 늘 하던 이야기였다. 머스코카에 있던 집에서 톰이 빌의 아버지에게 물 폭탄을 퍼부었던 일 기억나? 황혼 무렵이었는데 톰이 나무 뒤에 숨어 있다가 쾅! 빌은 지난 사흘 동안에만 같은 이야기를 열 번도 넘게 들었다. 그래도 또 웃었다. 톰의 요양보호사가 그의 휠체어를 밀어 침대로 돌아갔고, 우리는 그 뒤를 따랐다.

그는 자기가 만든 마지막 플레이리스트를 틀었다. 수없이 많은 하드록 앨범과 카세트테이프에서 고른 곡들이었다. 그는 노래를 따라 불렀다. 노래 몇 개를 듣다가 순서를 다시 조정하기도 했다. 그리고 이야기를 좀 더 했다. 그가 이 시간이 끝나는 걸 원치 않는다는 생각이 들었다. 나는 사람들로 가득 찬 방을 둘러봤다. 모두 그를 위해 여기 모여, 그에게 미소를 짓고 있었다. 톰이 이런 정도의 사회 생활을 오랫동안 전혀 누리지 못했을 게 분명했다. 그의 주변에 늘 이렇게 사람들이 많았다면 그는 계속 살기를 원했을까?

대신 그에게는 내가 있었다. 이제 시작할 시간이 되었다. 나는 질문을 했고, 그는 동의를 했다. 그가 누웠다. 그는 자기의 마지막 노래가 될 곡을 틀었다. 레드 제플린의 9분짜리 대작 〈천국으로 가는 계단Stairway To Heaven〉이었다(취향이 고급인 걸로는 그를 따라갈 자가 없었다). 나는 미다졸람을 주입했다. 수술을 한 번이라도 받았거나 의료 드라마를 본 적이 있는 사람은 미다졸람이 어떻게 작용하는지 알 것이다. 열부터 거꾸로 세기 시작해서 여섯까지 가기도 전에 보통 잠이 든다.

톰은 아니었다. 어쩌면 진통제에 내성이 생겨서일 수도 있다. 아니면 사람들과 함께 하는 시간이 너무 즐거워서였을까? 무슨 이유에서든 약이 전혀 효과를 발휘하지 못하고 있었다. 톰은 활기와 에너지가 넘쳤다. 노래가 끝났지만 톰은 계속 이야기를 하고 있었다. "지금쯤이면 잠들었어야 하는데 말이죠." 내가 그의 옆구리를 쿡 찔렀다. 그는 이런 상황에 대해 이미 준비가 되어 있었다. 손을 뻗어 침대 밑에서 뭔가를 꺼냈다. 망치였다. "이거면 될까요?" 그가 물었고, 모두가 웃음을 터뜨리자 자기도 활짝 웃었다.

마침내 그의 발음이 흐릿해지기 시작했고, 그러다가 그는 잠에 빠져들었다. 나는 다음 세 단계의 약을 주입했고, 그의 사망 시간을 말한 다음 검시관에게 전화했다. 우리는 모두 그 작은 공간에 함께 서서 검시관이 다시 전화해주기를 기다렸다. 전화가 오자 보고를 했고, 검시관이 톰의 시신을 검시할 필요가 없다고 승인했다. 빌이 장의사에 전화를 했다. 그 후 망치의 행방에 대해서는 난 모른다.

● ● ●

검시관에게 전화했을 때, 전화를 받은 전문 간호사가 물었다. 늘 하는 질문이었다. "사망증명서에 사인을 무엇이라 적을까요?" 나는 "바로 우리가 사인이에요. 사회적 관계를 제공해주지 못하고, 고통을 줄여주는 데 실패하고, 효과적인 돌봄 서비스를 제공하지 못한 우리 말이에요"라고 하고 싶은 걸 참느라 혀를 깨물어야 했다.

내가 느끼는 이 자괴감의 짐을 이 여성에게까지 지우는 것은 적절치 못하다는 사실을 나도 알았다. 그런 넋두리를 해봐야 이제 톰에게는 하등의 도움도 될 수 없었다. 그의 통증을 줄여줘야 한다고 완고하게 밀고 나가느라, 다시 말해 의료적 해결책을 찾느라 바빠 정말 중요한 부분을 놓친 것일 수도 있다는 사실에 속이 뒤집혔다. 대신 그의 외로움을 덜어주는 쪽, 의료가 아니라 인적 해결책을 찾으려 노력했다면 어땠을까?

내가 가려고 일어서자 처음 문을 열어준 요양보호사 제인이 배웅하러 따라 나섰다. "당신도 마음이 많이 슬프고 흔들렸군요." 그녀가 누그러진 표정으로 말했다. "우리가 톰을 돌보고 있었어요. 톰은 혼자가 아니었어요. 우리가 도와서 계속 살게 할 수도 있었어요." 내게 남아 있던 마지막 방어 심리마저 사라져버렸다. 우리는 눈물이 그렁그렁한 눈으로 서로를 바라봤다. "또 만나게 되겠죠." 제인이 말했다. 우리는 포옹을 하지 않았는데, 그게 후회가 된다. 서로에게 작으나마 위안이 되어줄 수도 있었을 텐데 말이다. 아직까지는 그녀를 다시 만나지 못했지만 나는 늘 그녀를 만날 수 있을까 하며 살피곤 한다.

톰이 죽은 후 빌과 다이앤은 다이앤이 가끔씩 만나곤 하는 심령술사에게서 위안을 얻었다. "심령술사가 그러는 거예요. '휠체어 탄 사람이 기다리고 있네요. 당신이 거실에서 춤을 추는 걸 봤다고 하는군요.'" 아니나 다를까 바로 얼마 전에 다이앤과 빌이 결혼식에서 연주됐던 음악에 맞춰 춤을 춘 것이다. 심령술사는 톰이 그 광경을 정말 좋아했다고 다이앤에게 말했다. 그리고 톰이 자기 휠체어를 한쪽으로 밀어버리면서 "이젠 아프지 않아" 하고 말했다고 전했다.

나는 어땠냐고? 톰이 세상을 뜬 2017년 11월은 내가 이 일을 시작한 지 19개월쯤 되던 때였다. 대부분의 경우 나는 그 일에서 성취감을 느끼곤 했다. 사람들이 존엄성을 잃지 않고 죽음을 맞이할 수 있도록 도움을 받아야 한다는 것은 내 도덕관에 깊은 뿌리를 내리고 있다. 나는 그것이 내가 한 히포크라테스 선서의 일부인 해를 끼치지 않는다는 조항에 부합한다고 생각한다. 톰이 세상을 떠나는 것을 돕는 것이 나의 역할이었다면 나는 그 사실을 받아들일 수 있다.

그러나. 그러나 그가 세상을 떠나는 것을 돕기 전에, 세상 안으로 더 깊이 들어가도록 돕는 데 더 노력을 기울였어야 했을까? 더 많은 친구들, 더 넓은 세상으로? 통증 관리 팀을 만나기 전 그의 굳건한 요양보호사와 먼저 만났다면 어땠을까?

나는 삶의 대부분에 과도한 확신을 가지고 사는 편이다. 인생에 큰 영향을 끼치는 중대한 결정도 순간적으로 내리고 뒤돌아보지 않는다. 그러나 의혹에 시달릴 때는 또 그만큼 크게 흔들리곤 한다. 그럴 때면 '이랬다면 어땠을까?', '누구를 위해?', '왜?' 같은 질문을 던지며 며칠 밤을 잠들지 못하고 뒤척인다.

보통은 그런 불확실성을 환영하는 마음으로 받아들인다. 중요하고 거대한 질문들에는 정답이 없지만, 그럼에도 불구하고 그런 질문은 끊임없이 해야 한다는 사실을 상기시켜 주기 때문이다. 인간의 취약성에 대해 깊이 생각할 필요가 있다. 알지 못하는 것에 대해. 별생각 없이 그냥 가던 길을 계속 가다가 그 길이 잘못된 길이라는 사실을 깨닫는 것에 대해서 말이다. 나는 환자에게 선택할 권리가 주어져야 한다고 믿는다. 나는 그들이 옳은 선택을 할 수 있도록 돕기 위해 내 힘이 닿는 곳까지 최선을 다한다.

그러나 그들의 생명을 끝내는 것은 결국 바로 나다. 그것은 내가 한 선택이다. 그리고 그 선택의 결과가 나를 짓누르기 시작했다.

욜란다, 파트 2

이제 더 이상
내가 나 같지 않아요.

"아주 오래전에 혼자 약속을 한 게 있어요. 내가 여행을 하지 못하게 되면, 여행에 흥미를 잃게 되면, 그러니까 세상에 참여하고 싶은 생각이 없어지면, 시간이 다 되었다는 의미라는 걸 잊지 않겠다고요. 이제 그 시간이 됐어요.

전 이 병으로 죽게 될 거예요. 빠져나갈 길은 없죠. 유일한 질문은 평화로운 죽음을 맞이할 것인가, 끔찍한 죽음을 맞이할 것인가. 그것뿐이에요."

욜란다 마틴스를 처음 만났을 때 맨 먼저 나의 주의를 끈 것은 그녀의 호흡이었다. 2017년 11월 잿빛의 축축한 날이었다. 욜란다는 자기 친구 패티의 집에서 의료 조력 사망 상담을 해달라고 내게 연락을 했다. 토론토대학교 교수인 패티는 아넥스 지역에 살고 있었다. 안정된 가정들이 모여 살고 작은 공원들이 많아 안식처처럼 느껴지는 곳이다. 커다란 산소통 압축기가 현관에 존재감을 보이며 떡 버티고 있었다. 산소 줄을 코에 낀 욜란다가 나를 맞았다. 기다란 플라스틱 관과 바퀴 달린 산소통이 그녀가 가는 곳이면 어디든 따라다녔지만 그녀는 입으로 얇은

숨을 힘겹게 쉬고 있었다. 공기가 그녀의 목구멍으로 들어가는 걸 귀로 들을 수 있을 정도였다. 가파른 계단을 따라 몇 층을 올라간 다음 가쁘게 숨을 몰아쉬는 걸 상상해보자. 그런 다음 하루 24시간 그렇게 숨을 쉬어야 하는 상태를 상상해보자.

나를 안내해 거실로 들어가는 그 20미터를 걷는 것도 욜란다에게 얼마나 힘든 일인지 너무나 훤히 보여서 시간도, 우리도 기어가는 느낌이었다. 나는 그녀의 외관을 살폈다. 작은 체구와 짧게 자른 검은 머리에, 낯빛은 창백하고 얼굴이 부석부석했다. 스테로이드를 복용해서 그럴 거라 추측했다. 짙은 갈색의 눈은 맑고 날카로웠지만 눈 밑의 커다란 다크서클은 거의 보라색으로 보일 정도로 짙었다. 욜란다의 눈길이 닿으면 그녀가 보지 못하는 것은 없었다. 숨는 것은 불가능했다.

'정말 젊구나.' 나는 생각했다.

그녀는 "LAM이 뭔지 아세요?"라는 말로 포문을 열었다. 나는 바로 그녀의 의도를 이해했다. 필요 없는 소리 같은 것은 집어치우자는 뜻이었다. 그녀는 내가 무엇을 알고 있는지 알아야 했다. 이미 내가 알고 있는 것을 다시 설명하느라 가뜩이나 부족한 에너지를 낭비하지 않을 수 있도록.

결국 그녀에게 배운 것이지만 LAM은 림프관평활근종증 Lymphangioleiomyomatosis이라는 희귀한 폐 질환이다. 거의 여성에게만 보이는 질병이고, 글자 그대로 100만분의 1의 확률로 나타나며, 가임기에 주로 시작된다. 욜란다가 처음 호흡 곤란을 느낀 것은 열다섯 살 때였다. 나를 만났을 때 그녀는 마흔다섯 살이었다. 30년 동안 수백 개의 낭종이 그녀의 폐 속에서 자라나면서 폐를 채워 공기가 들어갈 자리가 거의 없어졌다. 나는 LAM을 설명하는 그림을 처음 보고는 질겁을 했다. 폐는 병에 걸린 벌집처럼 보였다. 폐포, 즉 폐의 공기 주머니가 있어야 할 자리를 액체가 새어 나오는 포도송이 같은 낭종이 채우고 있었다. 산소를 빼앗아가는 젖은 스폰지나 마찬가지였다. 그냥 보기만 해도 목이 졸리는 느낌이었다.

초기 단계에는 LAM을 천식이나 다른 폐 질환으로 오진하는 경우가 많다. 알려진 원인도, 치료법도 없다. 유일한 선택지는 폐 이식 수술뿐이고 그렇지 않으면 평생 산소 탱크를 달고 살아야 한다. 산소 호흡기가 없으면 욜란다는 길고도 두려운 과정을 거쳐 사망에 이를 것이 확실했다. 3일에서 30일에 걸쳐 천천히 물에 빠지기 혹은 천천히 질식하기의 과정을 거칠 것이라는 의미다.

자신의 병력을 이야기하는 욜란다를 지켜보며 나는 그녀가 얼마나 기계적이고 감정 없이 말을 하는지에 주목했다. 같은 내용을 여러 차례 반복한 게 틀림없었다. 나를 만나기 5년 전, 그녀는 목숨을 구해줄 폐 이식 수술을 받았다. 하지만 수술 후, 있을 수 있는 모든 부작용이 찾아왔다. 장기 이식을 받은 사람은 모두 그러하듯, 욜란다도 몸이 새 폐에 거부 반응을 일으키지 않도록 하는 면역 억제제를 사용하고 있었다. 이 약의 부작용은 다른 바이러스와 싸우는 몸의 자연스러운 면역 반응까지도 억제해버린다는 점이다.

예를 들어, 우리 중 90퍼센트는 엡스테인바 바이러스로 인해 끊임없이 B림프구 감염을 당한다. 엡스테인바 바이러스는 헤르페스 바이러스로, 가장 흔한 인간 바이러스 중 하나다. 이 감염이 일어나면 우리 몸 전체를 훑으면서 청소를 하는 기능의 세포독성 T세포가 대응하기 때문에 대부분의 경우 그런 바이러스에 감염이 되었는지도 모른 채 지나가곤 한다. 그러나 욜란다가 복용하는 면역 억제제는 그녀의 T세포를 완전히 무력화시키고 B세포가 마구 자라나게 해서, 결국 말하자면 백혈구가 너무 많이 생기는 암, 일종의 백혈병과 같은 증상을 초래했다.

이런 일은 장기 이식의 흔한 부작용이지만 그렇다고 해서 욜란다에게 위로가 되지는 않았다. 그녀는 주기적으로 항암 치료를 받았고, 그에 따른 끔찍한 부작용으로 고통을 받았다. 부신 피질 호르몬제인 프레드니손을 영구적으로 복용해야 했다. 그러다가 새로 개발된 신약이 효과를 발휘해서 그녀에게 얼마간의 시간을 벌어주었다. 세포 단계에서 효소 경로를 차단하기 위해 특별히 개발된 생물학적 약이 걷잡을 수 없는 백혈구 증식을 멈추는 효과를 발휘한 것이다. 이런 약은 환자의 수명을 6개월에서 24개월까지 연장해준다. 욜란다는 이제 그 2년의 끝 지점에 와 있고, 이식된 폐에서 다시 질병이 악화되고 있었다.

그녀가 얼마나 지쳐 있는지 생생하게 들을 수 있었다. 그리고 그 뒤에 숨은 만만찮은 사람도 볼 수 있었다. 이 병이 아니었으면 그녀가 어떤 사람이 되었을지 언뜻언뜻 보였다. 총명하고, 적극적이며, 모험을 마다하지 않고, 위트가 넘치는 사람의 모습. 하지만 욜란다는 너무도 오랫동안 에너지를 아껴가며 살아야 했기 때문에 추가로 무엇을 할 수 있는 여유가 전혀 없었다.

나는 서두르지 않는 마음으로 그녀가 원하는 만큼, 아니 할 수 있는 만큼 이야기하는 것을 다 들었고, 결국 두 시간이 흘렀다.

욜란다와 그녀의 여동생은 가이아나에서 태어났다. 그녀가 다섯 살 때 부모님이 캐나다로 이민을 왔다. 이미 이모, 삼촌, 사촌이 잔뜩 있는 대가족이 캐나다에 정착해 있었다. 그녀의 어머니는 9남매 중 첫째였고, 욜란다는 몇 명인지 다 셀 수도 없는 사촌들 중 맏이였다. 그녀는 토론토에서 서쪽으로 조금만 가면 나오는 미시소가에서 가톨릭계 학교를 다니면서 피아노와 무용을 배우고, 엄청난 양의 독서를 하며 자라났다. 가족은 정기적으로 휴가 여행을 다녔고, 시끌벅적한 파티를 열어서 밤늦게까지 손님들과 함께 춤추고 노래했다. 어머니가 크리스마스 만찬에 70명을 먹일 음식을 하는 일도 자주 있었다.

그녀의 부모님은 교육을 매우 중시했다. 여름 방학마다 수학과 읽기 문제집을 풀어야 했지만, 그녀는 그게 싫지 않았다. 여섯 살 때부터 과학자가 되고 싶어 했기 때문이다. 패티는 욜란다가 토론토대학교에서 사회심리학, 집단행동심리학을 공부할 때 그녀를 지도한 교수 중 한 명이었다. 나중에 욜란다는 새로운 음식 거부증인 푸드 네오포비아를 연구해서 박사 학위를 받았다. 푸드 네오포비아는 다른 문화에 대한 불신에 근거를 두는 경우가 많은 심리 현상이다.

욜란다의 강점은 완전하고도 정확한 데이터를 얻을 수 있는 질문을 만들어내는 능력이었다. 그 덕분에 학계에서 뜨거운 인기를 모아 아무 직장이나 원하는 대로 고를 수 있었다. 늘 오스트레일리아에서 살아보고 싶어 했던 그녀는 애들레이드의 플린더스대학교에서 행동과학 통계학을 가르치는 일을 선택했다. 욜란다는 큰 결정을 내리는 일을 두려워하지 않았다. "선택한 직장이 마음에 들지 않으면 그만두면 돼요." 그녀가 말했다. "머리를 자르는 것이나 마찬가지죠. 다시 자라나니까."

그녀는 애들레이드 사람들이 유지하는 일과 삶의 균형이 정말 좋았다. 아무도 오후 5시 이후에는 업무 관련 이메일을 보낼 엄두를 내지 않았다. 그렇게 해서 확보한 여가 시간에는 하이킹, 스쿠버다이빙, 스카이다이빙, 절벽 다이빙, 상어나 쥐가오리 등과 함께 수영하기 등을 즐겼다. 돌이켜보면 이미 그때부터 LAM이 한창 진행 중이었을 것이다. 하지만 욜란다는 자기가 겪는 증상의 원인을 다른 데서 찾았다. 깊이 다이빙했을 때 숨을 너무 얕게 쉰다든지, 높은 곳에 올라갔을 때 약한 공황 상태에 빠진다든지, 기관지염이 너무 심해서 기침할 때 피가 나온다는 식으로 생각했다. "이제 보니 굉장히 위험한 짓을 했었어요." 그녀가 말했다. "죽지 않은 게 다행이죠."

그녀는 내가 그 농담을 이해할 수 있도록 한 박자 기다리며 시간을 줬다. 그런 다음 말을 이어나갔다. "제 나름의 철학이 있었어요. 모험을 하다가 죽으면, 그래도 내가 사랑하는 것을 하다가 죽은 거니 다행이라고 생각하는 거예요. 좋아하는 걸 나중으로 미루는 건 제 스타일이 아니죠. 이 말은 좀 으스스하긴 하지만, 부모님이 그러더라고요. 제가 여덟 살 때 '난 쉰 살까지 살지 못할 거야'라고 말했다고. 아프다는 걸 알기 전에도 전 쉰 살이 넘은 제 모습을 상상할 수가 없었어요."

애들레이드에서 4년을 지낸 후 그녀는 다시 부모님과 가까운 곳에서 살고 싶어졌다. 그러나 캐나다로 돌아오기 전 그녀는 친구와 함께 마추픽추로 향하는 잉카 트레일 하이킹을 하기 위해 페루에 들렀다. 3650미터의 고도에서 42킬로미터를 걷는 여정이었다. 그 여정은 믿을 수 없을 정도로 힘들었다. 하지만 그녀는 자기가 심한 고산병에 걸렸다고 생각했다. 숨을 쉴 수도 없었고, 먹지도 못했다. 스물다섯 걸음 정도 걷고 나면 멈춰서 쉬어야 했다. 얼마 가지 않아 욜란다와 그녀의 친구는 함께 가던 일행보다 다섯 시간이 뒤처졌고, 그녀는 폐에 공기를 넣기 위해 코카 잎 차를 엄청나게 마셨다. 서른세 살 때 일이었다.

토론토로 돌아온 그녀는 건강염려증 환자라고 여러 명의 의사에게 무시를 당한 끝에, 의학계의 지인들을 동원해서 메릴랜드 국립건강원 예약에 성공했다. 2009년 1월, 진단명이 나왔다. LAM이었다. 그곳 전문가들이 본 것 중 가장 심각한 사례 중 하나였다.

욜란다는 망연자실했다. LAM은 천천히 진행되는 병이었지만 진단을 받은 후 생존 기간 중간값은 2년에 불과했다. 의사들은 그녀는 발병한 지 이미 15년 정도 지났을 것이라 추측했다. 그녀는 이제 '땅에 목줄로 묶인 신세'가 되었다. 더 이상 스쿠버다이빙이나 스카이다이빙 같은 건 꿈꿀 수조차 없었다. 짧은 비행기 여행만 허락됐다. 몇 달 동안 그녀는 많이 울었다. 그 직전에 한 남자와 데이트를 하기 시작했고, 자녀를 갖는 문제에 대해서는 어느 쪽으로든 마음을 정하지는 않았지만 선택권을 잃었다는 것이 슬펐다. 죽는 것이 두렵지는 않았다. 버킷리스트 같은 것도 믿지 않았다. 늘 원하는 것을 하면서 살았기 때문이다. 하지만 고통은 두려웠고, 가족들이 느낄 아픔 또한 무서웠다.

자기 자신을 교육하기 위해 그녀는 전국 LAM 환자-의사 학회에 가서, 최신 연구, 약물 시험, 동료 멘토링, 장기 이식 지원, 식생활 정보 등에 이르기까지 각 분야의 전문가들과 상담하는 20분짜리 미팅에 연달아 참석했다. 그녀는 가장 나이가 젊은 환자들 중 하나였다. 사기가 꺾이는 일이었다. 그러나 그녀가 기대어 마음의 평화를 찾은 것이 하나 있었다. 바로 때가 되면 그녀가 세상을 떠날 수 있도록 돕겠다고 약속한 친구들이었다(당시는 의료 조력 사망이 합법화되기 전이었다).

하버드대학교 의료 시스템 소속으로 권위 있는 암 전문 병원이자 LAM 전문가들을 만날 기회가 있는 보스턴의 '데이나파버'에 일자리가 생기자 욜란다는 덥석 지원했다. 그녀는 남자 친구와 함께 미국 메사추세츠주로 이사해 5년 동안 일하면서 100건이 넘는 신뢰성 보증 시험을 위한 데이터를 분석했다. 욜란다는 그 일, 특히 방법론을 강조하는 그 일이 굉장히 좋았다. 수많은 연구원들이 그녀에게 와서 자기가 하려는 연구 방법을 디자인하기 위한 도움을 구했다. 그녀는 연구 방법을 정교하게 다듬는 방법을 가르쳤다. "연구를 제대로 디자인하지 못하면 얻은 결과가 어떤 의미인지 알 수가 없기 때문이죠."

그러다가 그녀가 작은 소리로 무심코 뱉은 말이 나를 놀라게 했다. "일부러 LAM 연구는 읽지 않았어요." 그녀가 말했다. "나만의 뚜렷한 정체성이 있었으니까요. 그냥 'LAM 환자 중 한 명'이 되고 싶지 않았죠. 누군가를 비판하려는 건 아니지만 진단을 받고 나면 그 병이 자기의 정체성이 되어버리는 사람이 가끔 있잖아요. 그 병을 홍보하는 가두 행진에 참석하고, 그 병과 관련된 이슈에 목소리를 내는…. 하지만 난 그런 사람이 아니에요. 내가 보탤 수 있는 도움은 그런 게 아니에요.

중한 병을 가지고 있는 사람은 자기 주장을 해야 할 일이 너무 많아요. 어디에 에너지를 쓸지 결정을 해야 하죠. 저는 과학자예요. 의사들을 믿고요. 처음부터 묘책은 없다는 사실을 잘 알고 있었어요."

이미 오랜 시간 이야기를 하고 있었지만 나는 서두르고 싶지 않았다. 욜란다는 내게 자신의 데이터를 체계적으로 알려주고 있었다. 그녀가 전환점에 도달하기 위해 이야기를 전개하고 있다는 감이 왔다.

그건 좋은 소식이었어야 했다. 서른여덟 살이 되던 해, 욜란다는 폐 이식 수술을 하게 됐다. 그녀는 힘든 수술이고 후유증이 매우 심각하다고 남자 친구에게 경고를 하면서도 건강을 되찾을 수 있을 것이라는 희망에 온몸이 흥분감으로 넘쳤다. 남자 친구가 이별을 고한 것이 바로 그때였다. 자기가 감당하기에 모든 것이 너무 벅차다는 게 이유였다.

2012년 12월, 욜란다의 어머니는 욜란다가 새 폐를 이식 받기로 한 피츠버그로 날아갔다. 장기 기증자는 키가 180센티미터가 넘는 장신이었는데, 그녀는 겨우 155센티미터도 안 되는 신장이라 새 폐를 '욱여넣는다'는 표현이 더 어울렸다. 수술도 엄청나게 힘들었지만 후유증은 더 심했다. 만성 구토증에 이식 받은 폐가 샜고, 색전증이 생기는가 하면 이식 후 암 반응, 신장 문제 등이 겹쳐서 일어났다. 몸무게가 31킬로그램으로 떨어져서 중심정맥관을 통해 주사로 영양 공급을 해야 한 적도 있었다. 그녀의 어머니는 그 모든 과정을 옆에서 함께해주었다.

더 이상 일을 할 수 없다는 사실을 마침내 받아들인 욜란다는 캐나다로 돌아가기로 결정하고, 토론토에서 동쪽으로 40분 떨어진 작은 도시 휘트비의 부모님 집으로 이사했다. 토론토 대학병원 장기 이식 병동에 가야 할 일이 자주 있었는데, 그때마다 여기 패티네 집에서 잠깐씩 머물렀다. 그러나 그녀의 삶의 반경은 점점 좁아지고 있었다. 하루에 열아홉 시간을 잤다. 일어나서 옷을 입는 데 세 시간이 걸렸다. 미셸 오바마의 책《비커밍》을 1년에 걸쳐 읽었다. 하루에 세 페이지 이상 읽을 수가 없었기 때문이다. 처음에는 무거운 책을 드는 것이 문제라고 생각하고 독서대를 샀다. 하지만 글자가 적힌 종이를 집중해서 보는 것 자체가 자신을 기진맥진하게 만드는 일이라는 것을 곧 깨달았다.

건강한 사람들은 병을 앓는 것이 '풀타임 직업'이라는 사실을 모른다고 욜란다는 말했다. 게다가 이 직장에서는 돈을 받게 아니라 내야 했다. 장애 보험금을 받을 자격이 있었지만 넉 달에 한 번씩 새로 서류를 제출해서 자신이 여전히 장애를 겪고 있다는 사실을 증명해야 했다. 치명적인 말기 질환을 앓는 경우에도 예외는 없었다. 그녀가 복용하는 처방약들은 특별한 서류가 필요했다. 보험사와 통화할 때면 이 사람에서 저 사람으로, 이 부서에서 저 부서로 계속 보내져서 몇 시간씩 전화기에 매달려 있어야 했다. 절망과 짜증으로 눈물을 흘리기 일쑤였다. 부모님이 도와주고 싶어 했지만 그러기에는 시스템이 너무 복잡했다. 그녀 혼자서 무거운 짐을 져야만 했다.

거기에 더해 '휠트랜스'를 이용하기 위해 악몽 같은 일들도 견뎌야 했다. 차 없이 휘트비의 부모님 집에 살았기 때문에 어디를 가려고 해도 이동이 어려운 사람들을 위한 도어투도어 이동 서비스인 휠트랜스를 이용해야만 했다. 그러나 2018년 그녀가 사는 지역에는 장애자가 이용하기 쉬운 버스가 도입됐고, 그에 따라 그녀는 휠트랜스 이용 자격을 박탈당했다. 버스를 타기 위해 정류장에 가는 것만으로 에너지를 모두 소진해버려서 버스에 탈 기력도 남아 있지 않을 것이라는 사실을 설명하려 했다. 그러나 당국에서는 그녀가 휠트랜스를 이용할 만큼 장애가 크지 않다고 응답했다. 그래서 변호사를 고용할 돈을 모아야 했고, 청문회에도 직접 참석해야 했다. 결국 이기기는 했지만 석 달을 고군분투하고, 1만 5000달러의 비용을 들인 끝에 얻어낸 승리였다. 최근에 휠트랜스에서 또 편지를 받았다. 모든 이용자의 자격을 다시 검토하고 있다는 내용이었다.

그 모든 것에 더해 끊이지 않는 통증이 그녀를 괴롭혔다. "폐 내벽에서는 통증을 느끼지 못한다고들 해요. 믿어져요?" 그녀답지 않게 분통을 터뜨렸다. 수소문을 해서 호흡 전문 필라테스 강사를 찾아 폐활량을 극대화하는 방법을 배웠다. "필라테스가 아니었으면 지금쯤 죽었을 거예요." 그녀가 단정하듯 말했다. 그 덕분에 실제보다 폐활량 수치가 크게 나왔다. 예를 들어, 6분 걷기 테스트에서 그녀는 정상의 40퍼센트를 기록했다. 그러나 그건 욜란다 자신이 얼마나 기진맥진하는지를 보여주는 숫자는 아니었다.

자신의 미래를 생각해보면 별 가망이 없어 보였다. 그녀의 장기 이식 주치의는 캐나다 최고로 꼽히는 사람이었고, 새로운 약이 나올 예정이었다. 그러나 그 약을 사용할 자격을 얻으려면 다시 한번 폐 이식을 받겠다고 동의를 해야만 했는데, 욜란다는 그럴 생각이 없었다. 첫 이식 때 너무나 고통을 받았기 때문이고, 그렇게 이식을 받은 후 6년 사이에 건강이 더 나아진 기간은 6개월에 불과했기 때문이며, 체격이 작은 자기 흉강에 맞는 사이즈의 폐라면 어린이한테 이식되는 편이 더 나을 것이라는 생각을 떨칠 수 없었기 때문이다. 게다가 너무 지쳐 있었다.

"그 모든 과정을 견뎌낼 열정이나 에너지가 없어요." 그녀가 말했다. "완전히 지쳐버렸거든요."

바로 그 순간 나는 그렇게 오랫동안 내게 이야기하고 있는 그녀의 열정에 감복하고 있었다. 하지만 동시에 내가 무엇을 보고 있는지도 이해했다. 자기 자신을 완벽하고 철저히 이해하고 있는 여성이 죽을 권리를 주장하고 있었다.

"처음에는 너무 서서히 악화돼서 악화되고 있는지도 몰랐어요." 욜란다가 말했다. "하지만 항상 피곤하다 느낀 지가 벌써 몇 년째예요. 내 폐가 정상적으로 열리고 닫히지 못하니까 근육이 항상 긴장해 있어요. 자유롭게 움직일 수가 없으니 온몸이 점점 굳어가고요. 잠도 제대로 잘 수 없고, 의자에 앉아 있는 것만도 큰 노력이 필요하죠. 목소리를 크게 내서 다른 사람에게 들리도록 하는 것마저 노력을 기울여야 해요. 음악을 배경으로 틀어놓는 것도 이제 싫어해요. 내 말을 들리게 하려면 목소리를 높여야 하니까. 횡경막이 너무 팽팽해서 앞으로 몸을 굽히는 것도 힘들어요. 이제는 자고 일어난 침대마저 스스로 정리할 수가 없어요. 굽 없는 신발만 신어야 하고, 사람들의 대화를 제대로 따라가는 것도 어려워요.

행복한 느낌도 없고, 우울한 느낌도 없어요. 아무 느낌도 없어요. 장기 이식 환자를 전문으로 보는 심리치료사가 저는 우울증에 걸린 게 아니라고 하더라고요. 내가 하는 일을 하는 사람들은 모두 이렇대요. 내가 무슨 일을 하느냐고요? 존재하는 일을 하고 있죠. 하루 종일 겨우겨우 한 일이 고작 한 시간짜리 숨 쉬기 연습뿐인 날도 많아요. 그 연습마저 하루를 건너뛰면 바로 안 좋아지는 게 느껴져요. 마사지를 받긴 하는데 갈비뼈들이 서로 너무 가까워지지 않도록 이완을 시키는 게 전부예요. 이제 요리도 하지 않아요. 요리하는 걸 정말 좋아했는데 말이죠. 더 이상 혼자 외출할 수도 없어요. 삶에서 얻는 게 하나도 없어요.

이제는 누군가가 나를 항상 돌봐줬으면 좋겠다 싶어요. 독립심이 강했던 예전 모습하고 너무나 다른 사람이 되어버린 거죠. 이제 더 이상 내가 나 같지 않아요. 아주 오래전에 혼자 약속을 한 게 있어요. 내가 여행을 하지 못하게 되면, 여행에 흥미를 잃게 되면, 그러니까 세상에 참여하고 싶은 생각이 없어지면, 시간이 다 되었다는 의미라는 걸 잊지 않겠다고요.

이제 그 시간이 됐어요."

그녀가 결론을 내렸다. "이제 작별 인사를 할 시간이 됐어요. 내 몸은 이 병과 인생의 절반 이상을 싸워왔잖아요. 이제는 그 싸움을 그만둘 준비가 된 거죠. 여전히 가족이나 친구들과 함께 할 때 순간적으로 행복할 때가 있어요. 슬픈 순간들도 있고요. 하지만 화가 나지는 않아요. 한 번도 화가 난 적은 없어요. 이게 내가 가야 할 길이에요. 난 이 병으로 죽게 될 거예요. 빠져나갈 길은 없죠. 유일한 질문은 평화로운 죽음을 맞이할 것인가, 끔찍한 죽음을 맞이할 것인가. 그것뿐이에요."

내 팔로 그녀의 몸을 감싸 안아주고 싶었다. 울고 싶었다. 그녀가 걸어온 역경과, 위대할 수도 있었을, 그러나 이제는 포기할 수밖에 없는 그녀의 삶과, 이 잔인한 질병의 무작위성이 슬퍼 울고 싶었다. 하지만 나는 눈물을 흘리는 대신 그녀가 필요로 하는 일을 했다. 나는 그녀가 의료 조력 사망 자격 요건을 모두 갖췄다고 확인해줬다.

과정을 모두 설명하고 필요한 일들을 설명했다. 욜란다에게 담당 의사들이 그녀의 마지막 순간을 지키고 싶어 할 것 같다는 말도 했다. 그녀가 내 환자라면 분명 그렇게 생각할 것이라는 말과 함께. 하지만 혹시 몰라서 그녀에게 내 연락처를 줬다. 하지만 나는 그녀가 다니는 병원인 유니버시티 헬스 네트워크 (UHN)와 전혀 관련이 없다고 설명했다. 내게는 아무 권한도 없었다. 그녀가 자신의 질병에 무력한 만큼이나 나도 그 병원 시스템에서는 무력했다. 내가 할 수 있는 최선은 그런 권한을 가진 동료와 그녀를 연결해주는 일뿐이었다. 나는 그녀에게 걱정하지 말라고, UHN 팀도 나랑 똑같은 판단을 할 것이라 안심시켰다. 그들이 그녀를 잘 돌볼 것이라 확신했다.

다음 날, 나는 UHN에서 일하는 동료에게 전화를 걸어 욜란다의 이야기를 요약해서 설명했다. 내가 그녀의 요청을 승인하긴 했지만 이를 입증하는 평가는 이미 그녀를 돌보고 있는 팀에서 나와야 한다는 이야기도 했다. 전화를 받은 동료도 동의했다. 욜란다가 공식적으로 준비가 되면, 장기 이식 팀이 프로세스를 시작할 것이라고 했다. 내 상담 노트는 필요하지 않을 것이다.

나는 거기까지만 하면 될 것 같았다. 하지만 그 후 몇 달의 시간이 흐르는 동안 나는 수시로 욜란다를 떠올렸고, 그런 내 자신에 놀랐다. 아무런 계기가 없어도 LAM에 시달리는 폐의 이미지가 문득문득 떠오르곤 했다. 전화를 해서 그녀의 일이 어떻게 진행되고 있는지 알아보고 싶은 충동이 강하게 일었지만, 그것이 내 병적 호기심처럼 보일까 걱정됐다. 욜란다를 돌보는 전문가들을 믿고 그들에게 그녀를 맡긴 것 아닌가. 게다가 그녀는 굳센 의지를 가진 여성이었고, 시스템을 잘 이해하고 있었다. 그녀가 할 수 없는 일이라면 아무도 하지 못할 일이다.

내려놓자, 내려놓자. 나는 그렇게 되뇌었다.

벼랑 끝

내 영혼이 위안을 필요로 하면
어디로 가야 할까?

의료 조력 사망 시행자들은 반복적인 연민의 감정
과 슬픔의 트라우마가 쌓여, '무너져 내린 영혼'으
로 인해 결국 번아웃 증후군을 앓게 될 것이다.
나는 사람들의 삶을 끝내는 짐을 진다. 그 일은 나
를 거의 파괴하다시피 했다. 그러나 이제 그 일은
내가 조각조각 부서지지 않고 나를 나이게끔 만드
는 아교 역할을 한다.

내가 정상이 아니라는 사실을 처음 깨달은 것은 2019년 6월, 토론토에서 밴쿠버로 가는 비행기 안에서였다. 신나 마땅한 일이었다. 혼자 앉아서 밀린 의학 저널을 읽을 수 있는 소중한 다섯 시간을 확보했을 뿐 아니라 CAMAP, 즉 캐나다 의료 조력 사망 심사자 및 시행자 연합이 개최하는 세 번째 학회에 가는 길이었으니 말이다.

  CAMAP는 이제 교육, 홍보, 지원, 연구의 보고로 자리 잡은 상태였다. 생각만 해도 자랑스러워 어깨가 으쓱했다. 거기 내가 참여하고 있다는 사실은 내게 무척 소중한 일이었다.

사랑하고 의지하는 남편이 있다. 나를 지지해주는 가족과 친구들도 있다. 하지만 그들과 의료 조력 사망에 대한 대화를 하는 건 꺼리는 편이다. 자연스럽게 따르는 질문들이 너무 으스스하고 병적으로 느껴질 수 있기 때문이다. 가령 98세의 노인 여성을 심사해야 한다고 치자. 친구들은 대부분 세상을 떠났고, 가족은 거의 찾아보지 않는 상황에, 누구를 위해, 무엇을 위해 살아야 하는지 이유를 전혀 찾지 못하는 여성이다. CAMAP 포럼에서는 다른 데서 할 수 없는 질문을 할 수 있다. 고령에 사회적 관계가 거의 단절된 사람이라면 의료 조력 사망 자격이 있을까(2021년 통과된 법령에 따르면 그에 대한 답은 '그렇다'이다. 그러나 그 전까지는 분명한 답이 존재하지 않았다)? 그런 상황이 치유 불가능한 고통을 초래할까? 나는 밤늦게까지 거기에 달린 열 몇 개의 답글과 다른 질문들과 그 답글들을 읽곤 했다. 예, 아니오 같은 단순한 답들이 아니라, 깊은 사유에 바탕을 둔 길고도 미묘한 차이가 가득 찬 토론들이었다. 정보를 공유하기 위해 만들어진 이 서비스는 내가 의지하는 기둥이 되었다.

없어서는 안 될 이 중요한 동료들을 직접 만나러 가는 일인데 나는 왜 설레지 않을까? 그들과 어울리는 것은 내가 지난 40년 동안 참석했던 대부분의 학회보다 훨씬 더 신나는 일이었다. 그런 학회의 대부분은 '지속적 의학 교육'을 위해 의무적으로 참석해야 하는 행사들이어서 지루한 발표가 계속되면 꾸벅꾸벅 졸기 일쑤였다. 그러나 CAMAP 학회는 에너지와 공동의 목표, 긍정적인 태도로 활기가 넘쳤다. 특히 빅토리아에서 2017년에 열린 학회는 100명도 넘는 회원들이 참석했고, 우리 모두는 행복한 마음으로 서로를 부여잡고 화면에서 보던 이름에 얼굴을 덧입히고, 몇 달간 온라인으로 나누던 대화를 얼굴을 보며 계속 이어나갔다.

의료 조력 사망은 계속 진화해갔고, 새로운 정보가 끊임없이 쏟아져 나왔다. 그러니 2019년에 열린 학회는 내게 있어서 그해 최고의 행사여야만 했다. 2017년보다 참가자가 세 배로 늘어났고(벌써!), 최신 연구에서부터 실습 시연, 이익 단체들의 발표까지 다양한 강연과 부수 행사로 알차게 꾸며져 있었다. 나는 심지어 의료 조력 사망 심사자가 되어볼까 생각 중이던 동료 의사 로리 모리슨을 설득해 참석하게까지 했다. 캐나다에는 더 많은 의료 조력 사망 시행자가 필요했고, 학회 참석자들의 집단적인 에너지와 열정이 그녀를 설득할 수 있기를 바랐다.

그런데 왜 내 기분이 자꾸 가라앉고 심지어 초조하기까지 했을까? 내가 굉장히 많은 수의 환자를 돌보고 있긴 했다. 잘 아는 사실이었다. 그리고 그중 명확한 사례는 극소수에 불과했다. 모두 딸린 짐이 있었다. 한 환자는 자신이 의료 조력 사망 요청을 했다는 사실을 가족들에게 알리지 않고 비밀에 부치고 싶어 했다. 만성 통증에 시달리고 있지만 나이가 50대에 불과한 환자도 있었다. 또 다른 환자는 솔직히 말해서 그냥 어려운 환자였다. 자격 요건을 모두 갖추고 있었지만 이미 두 번이나 마음을 바꾼 적이 있었다. 두 번 다 모든 준비가 끝나고 시행을 목전에 둔 마지막 순간에 그렇게 한 것이다. 나는 그녀가 죽음을 원치 않는다고 생각하기 시작했다. 그녀가 원하는 건 사람들의 관심일까? 그냥 죽음이 두려운 것일까? 그 두려움을 줄이기 위해 내가 도울 일이 있을까? 그녀의 결정에 고통보다 외로움이 더 큰 영향을 주는 건 아닐까?

누군가가 요청을 하면 나는 그 요청을 진지하게 받아들인다. 의료 조력 사망이 시행되기 전까지는 몇 주, 몇 달에 걸쳐 그들의 파일을 열어둔 채 계속 내 마음에 담고 다닐 것이라는 걸 안다. 그런 내 버릇은 환자들에게 깊게 관여하는 결과를 낳았고, 어떤 때는 과한 정도가 되기도 했다. 나는 적정 수준에서 선을 긋는 일을 잘 못하는 듯했다.

그리고 내가 새 요청을 피하기 시작했다는 사실도 어렴풋이 느끼고 있었다. 의료 조력 사망 담당 의사들은 요청에 신속하게 응하는 것으로 유명하다. 심지어 응급실 외과의들보다 더 빠를 때도 있다고 나는 농담을 하곤 했다. 그러나 최근 들어서는 내 클리닉의 접수 담당자에게 "메시지를 받아두세요, 제가 전화를 다시 할게요"라고 말할 때가 많았다. 그러고는 '실제로 죽음을 목전에 둔 환자 좀 받았으면' 하고 생각할 때가 너무 많았다.

내가 그렸던 의료 조력 사망의 비전, 다시 말해 그것이 요람에서 무덤까지 환자를 돌보는 가정의의 의무 중 일부로 자리 잡아야 한다는 비전이 내 생각대로 전개되지 않을 것이라는 사실은 나도 점점 깨달아가고 있었다. 나는 의료 조력 사망 시행 의사가 점차적으로 늘기를 희망했다. 가정의가 의료 조력 사망을 요청한 환자를 내게 보내면, 그 가정의를 초대해서 어떤 과정을 거치는지 보여준 다음, 또다시 요청 환자가 생기면 이번에는 그 가정의가 두 번째 심사자가 될 기회를 주고, 그 후에는 자기 환자들에게 직접 의료 조력 사망을 시행하면서 다른 의사들을 가르치는 식으로 말이다.

그러나 그런 일은 일어나지 않고 있었다. 의사들은 오래도록 돌봐온 자기들의 환자를 나 같은 의사들에게 넘기는 것으로 만족했다. 가끔 환자들에게 힘을 보태기 위해 시행하는 자리에 참석하기도 했다. 그러나 스스로 배우는 건 '고맙지만 사양합니다'라는 반응을 보였다. 그 결과 캐나다 의료 조력 사망 사례의 85퍼센트는 환자들이 전혀 모르는 낯선 의사들이 시행을 하고 있었다. 우리는 환자들과 한 시간가량 시간을 보내면서 심사를 했고, 그것으로 끝이었다. 다시 말하자면 사람들은 이 세상에서의 마지막 순간들을 자기가 모르고, 자기를 모르는 사람에게 맡기고 있었다. 그 사실을 나는 마음 편히 받아들일 수가 없었다.

나는 일지 비슷한 걸 쓰고 있었다. 내가 의료 조력 사망을 시행한 환자 하나하나에 대한 기록이었다. 한 사람당 한두 페이지에 걸쳐 그들의 일생에 대한 이야기를 공책에 썼다. 그것을 바탕으로 상담 노트를 썼다. 이 환자가 어떤 사람인지, 왜 이 요청을 했는지, 배경 이야기는 무엇인지, 돌이킬 수 없는 선택을 하는 배경이 된 그들의 철학은 무엇인지 설명했다. 이 일을 시작한 지 3년밖에 되지 않았는데 내가 이미 그들의 이름과 이야기들을 망각하기 시작했다는 사실 또한 내 마음 한편을 괴롭히고 있었다.

놀라울 정도로 빠른 시간 내에 의료 조력 사망은 그 자체로 전문 분야, 그것도 매우 배타적인 전문 분야가 되어가고 있었다. 시행자를 찾기가 힘들었고, 찾는다 하더라도 예약은 하늘의 별 따기였다. 나는 이 상황이 환자들에게 좋지 않다고 생각했다. 죽기 위해 도움을 구하는 사람들이 그 과정에서 더한 어려움을 겪는 것을 나는 절대 원치 않았다. 의료 조력 사망을 시행하는 집단이 더 작고 더 엘리트화 될수록, 우리끼리 그 주제에 대해 더 토론하고 더 다듬어갈수록, 우리만 새로 제정된 법을 해석하고, 해석할 수 있다는 기대를 받게 되고, 그렇게 되면 우리와 우리가 아닌 사람들 사이의 간극은 커져갈 것이다.

40대였을 때 의료 파트너인 캐럴린 베넷과 함께 일했는데, 어느 날 문득 정신을 차리고 보니 우리가 1년에 300건의 분만을 감당하고 있다는 사실을 깨달았던 게 생각났다. 주말 사이에 내가 분만을 도운 아기만도 열세 명이었다. 거의 분만실에서 살고 있었던 것이다. "우린 이제 가정의가 아니라 산과 일반의가 되고 말았어." 내가 캐럴린에게 말했다. "그런데 이 일을 물려받을 후배는 하나도 없군." 의료 조력 사망도 그와 비슷한 느낌이 들었다.

그렇게 의식 한 꺼풀 아래에서 뭔가를 께름칙해 하는 동안(그곳은 내가 불편해 하는 것들을 쑤셔박아 놓는 곳이다) 처음으로 검시관과의 업무가 삐걱거리는 일이 생겼다. 환자는 간질성 방광염을 앓는 82세 여성이었다. 생명을 위협하는 병은 아니었다. 쇠약하고, 끊임없이 통증에 시달리고 있었지만, 그녀가 가진 기타 의학적 문제를 모두 다 열거할 필요가 있을 것이라는 사실을 나는 이미 알고 있었다. 아무도 입에 올리지는 않지만 사실 가장 큰 문제 중 하나는 그녀가 살고 있는 굉장히 비싼 요양원 비용이었다. 가진 재원이 모두 소진된 후까지 계속 살아남으면 거기 살 비용을 감당할 수 없을 테고, 그리 되면 온타리오의 공립 장기 요양원으로 옮겨야 했다.

그게 의료 조력 사망을 요청한 이유인지 직접 묻지는 않았다. 이 일을 하면서 나는 환자의 삶과 직업에 대해 상세히 듣고 그 안에서 답을 찾는 방법을 익혔다. 지역 공동체 고통 완화 의료 팀과 함께 일했던 경험이 있어서 나는 이 쇠약한 노인이 편안히 살 수 있도록 돌보고, 필요한 지원을 하는 데 들어갈 급속도로 증가하는 비용을 계산할 수 있었다.

그러나 주의 깊은 검시관이라면 이런 사정을 재빨리 눈치챌 것이라는 것도 알고 있었다. 검시관들은 경찰과도 같아서, 놓치거나 보지 못하는 것이 별로 없었다. 그들은 망자를 지켜주는 사람들이다. 나 같은 의료 조력 사망 시행자들의 행동을 심판하는 대변인들이다. 일말의 강요나 압박이라도 감지되면 환자의 의료 조력 사망 요청은 기각된다. 거기에는 환자가 느끼는 재정적 압박도 포함된다. 자기를 계속 돌보는 것이 자녀들에게 갈 유산을 좀먹는 것이라고 느낄 수도 있다. 혹은 같은 이유로 가족에게서 압박을 느낄 수도 있다. 내 환자가 사망한 후 나는 검시관 대신 전화를 받은 전문 간호사에게 그녀의 상황을 설명했다. 긴 침묵이 흘렀다. "좀 상의를 해봐야겠네요." 그녀가 말했다.

심상치 않은 발언이었다. 내가 제시한 설명에 납득하지 못했고, 그래서 검시관과 상의를 해야겠다는 뜻이었다. 그리고 검시관이 이 사망을 수상쩍게 여기면 내가 앞으로 의료 조력 사망을 시행하는 데 지장이 있을 것이었다.

검시관이 환자가 자격을 갖췄다고 승인한 의사의 판단이 의심쩍다는 결론을 지으면 심각한 결과가 따른다. 최악의 경우 검시관은 그 행위가 법을 위반했다고 판정할 수 있다. 혹은 해당 의사를 의사 협회에 회부해서 처벌을 받거나 면허 정지를 당하도록 할 수 있다. 그보다는 덜 끔찍하지만 여전히 나쁜 경우는 검시관이 해당 의사가 이후 실행하는 의료 조력 사망 사례들을 극도로 면밀히 조사할 가능성이 높다.

바로 이런 이유에서 환자의 의료 조력 사망 자격 요건을 두 사람이 심사하도록 되어 있고, 그 환자의 경우에도 나와 또 다른 의사가 동의를 했었다. 그러나 그 순간 우리가 내린 결정이 정당했다고 방어를 할 수 있는 사람은 둘 중 한 명뿐이었다.

그때 내가 할 수 있는 건 다시 전화가 오길 기다리는 일뿐이었다. 나는 함께 앉은 환자의 두 딸에게 약간의 문제가 생겼다고 설명하면서 한 시간을 기다렸다. 겉으로는 침착함을 유지하기는 했지만 속으로는 진땀이 흘렀다. 마침내 전화벨이 울렸고, 전문 간호사가 말했다. "시신을 장의사로 넘겨도 됩니다. 하지만 당신은 예의 주시 대상입니다." 그 후 아무도 이 문제에 대한 후속 질문이나 심사를 하지 않은 것으로 봐서 검열을 통과한 듯했다. 하지만 나는 크게 당황하고 동요했다.

그리고 에드 문제도 있었다. 에드는 내가 최근에 의료 조력 사망을 시행한 환자였는데, 그 사람보다 더 고독한 사람을 만난 적이 없었다. 60대 초반이었고, 심각한 협심증에 심혈관 여기저기가 막혀 있었다. 접수를 담당해서 내게 에드를 보낸 줄리 캠벨은, 그가 아마 스텐트 시술만 받으면 될 것 같은데 그를 진단한 의사가 갑자기 쓰러져 사망해버릴 수도 있다고 겁을 준 모양이라고 전했다. 제어할 수 없이 갑자기 죽을 수도 있다는 생각이 들면, 더 계획적이고 제어할 수 있는 상황에서 삶을 끝마치고 싶다는 요청을 하고 싶은 생각이 충분히 들 수 있었다.

나는 응급 심장내과의에게 전화를 했다. 에드를 다시 진단해서 안전하게 수술을 받을 수 있고, 죽지 않을 것이라는 확신을 심어달라는 요청을 했다. 며칠 후 에드가 내게 전화를 했다. 그는 여전히 불안해했다. 이제 오히려 의료 조력 사망 방향으로 더 빠르게 치닫고 있었다. 기르던 반려동물들을 다른 사람들에게 보내기 시작했고, 전화를 하는 그 순간에도 반려묘를 싣고 나이아가라로 운전해서 가는 중이었다. 그러면서 차를 몰다가 갑자기 심장마비가 오면 고양이는 어떻게 될지 걱정을 했다.

상황이 톰의 경우와 너무도 비슷했고, 나는 다시는 같은 실수를 반복하고 싶지 않았다. 에드의 주치의가 되고 싶지 않았다. 나는 그의 심장 주치의에게 전화를 했다(그가 안심하게 해달라고 부탁했던 응급 심장내과 전문의랑 다른 사람이었다). 하지만 역효과가 나고 말았다. 주치의는 격노했다. "고칠 수 있는 병인데 수술을 거부한다고요?" 그녀가 말했다. "그러면 정신병원에 보내야지요! 어떻게 이런 사람이 의료 조력 사망 자격이 있다고 생각하세요?" 나는 다시 한번 똑같은 상황에 빠지고 말았다. 에드에게는 나 말고 아무도 없었다.

에드의 의료 조력 사망 시행 당일, 내가 도착해 보니 그는 혼자 있었다. 젊은이 한 명이 왔지만 에드가 기르던 털복숭이 반려견을 데리러 온 사람이었고, 그의 반려동물 중 마지막으로 입양되는 그 개를 데리고 이내 떠나고 말았다. 에드가 영국에 있는 동생과 인터넷 전화로 통화했지만 내가 약물 주입을 시작하기 전에 로그아웃을 해버렸다. 에드의 목사가 나타나자 나는 큰 안도감을 느껴 그를 안아주고 싶은 지경이 됐다. 하지만 에드가 사망하고 난 후, 검시관의 전화를 기다리는데 목사는 떠나려고 자리에서 일어났다. "장의사가 시신을 가지러 올 겁니다." 그가 말했다.

나는 방에서 나가는 그의 등에다 대고 물었다. "집은 어떻게 해야 하죠?"

"그냥 두세요."

그래서 그렇게 했다. 에드의 시신 옆에 앉아서 검시관이 전화를 할 때까지 느리게 흐르는 긴 시간을 기다렸다. 검시관과 통화를 한 다음 나는 자리에서 일어나 문을 닫고 집에서 나왔다. 장의사가 빨리 오기를 기도하고, 거기 혼자, 혼자, 혼자 남은 에드에 관해 생각하지 않으려고 애쓰면서.

이 글을 쓰며 생각해보니 내가 위기로 치닫고 있었던 게 너무나 분명해 보인다. 그러나 당시에는 짙은 안개 속에서 좁은

산길을 힘들게 올라가는 것처럼 느껴졌다. 이리저리 구불거리는 길을 나는 눈을 가린 채 더듬거리며 가고 있었다. 전체적인 위험은 생각지 않고 내딛는 한 걸음 한 걸음에만 정신을 집중하고 있었다. 그래서 절벽 끝에서 발을 헛디뎌 몸이 붕 뜬 후에야 무슨 일이 벌어졌는지 깨달았다.

• • •

3차 CAMAP 회의는 순조롭게 시작됐다. 앙드레 피카르André Picard가 기조 연설을 했다. 《글로브앤드메일》의 저명한 건강 전문 기자이자, 캐나다의 노인 돌봄 문제 상황을 살핀 중요한 저서 《더 이상 방치되지 않으리Neglected No More》의 저자인 피카르는 의료 조력 사망 합법화의 선구자였다. 그의 연설을 몇 번 들은 적이 있었고, 그때마다 고개를 끄덕이며 그의 말에 동의했다. 그날 연설에서 그는 조력 사망에 대한 언론 보도가 어떻게 개선되고 있는지, 그리고 글을 쓰는 사람들이 어떻게 삶의 길이보다 삶의 질에 주의를 기울이는지를 이야기했다. 환자들은 삶의 길이를 줄임으로써 삶의 질을 개선하는 쪽을 선택하고 있고, 그 결과는 놀라운 것이었다. 의료 조력 사망을 제공하는 캐나다의 여러 지방 자치 지역들에서는 고통 완화 의료의 질과 수가 눈에 띄게 개선되고 있었다. 나는 동의하는 마음으로 고개를 끄덕였다.

좋은 소식이었다. 사람들이 의료 조력 사망을 필요로 하는 쪽보다 원하는 쪽이 되어야 한다. 그래서 오전 마지막 강연인 '의료 조력 사망의 지속성: 양질의 조력 사망 서비스 조성과 지속'을 들으러 갈 때까지도 괜찮은 기분이었다. 사실 약간 자만심까지 들었다. 연사로 나선 앤드리아 프롤릭Andrea Frolic 박사는 한 단어로 정의가 불가능한 사람이다. 해밀턴 건강 과학 센터의 의료윤리학자, 사회인류학자, 예술가, 무용가인 그녀와 나는 그보다 2년 전에 애슐리 문제를 상의하느라 전화로 이야기를 나눈 적이 있었다. 나는 내 말에 귀를 기울여주는 그녀가 고마웠었다.

그러나 프롤릭 박사는 의학 박사가 아니었다. 그녀는 자신을 '직업적 의사 관찰자'라고 묘사했는데, 강연에서 그녀는 의료 조력 사망을 시행하면서 우리 자신을 지속적으로 보호할 수 있는 방법에 관해 이야기할 것처럼 보였다. 하품이 나왔다. 이전 3년 동안 나는 그런 강연을 많이 들었고, 모두 한 귀로 듣고 한 귀로 흘려버린 터였다. '자신에게 친절하기' 같은 이야기는 딴사람에게나 해당되는 일이지 나는 필요 없었다.

"여러분에게 폭탄 몇 개를 던져보려 합니다." 그녀가 선언했다. 나는 눈썹을 치켜뜨며 생각했다. '경험으로 잔뼈가 굵은 이 프로들에게? 행운을 빌어요.'

그리고 폭탄이 날아오기 시작했다. 고통이란 무엇인가, 우리는 고통을 측정할 수 있는가? 어떻게? 누가 판단하는가? 치료 목표가 환자의 죽음이라면 유능한 의사의 능력은 과연 무엇으로 측정할 수 있는가? 형법상 예외 조항은 무엇이고, 어느 지점부터 의료 조력 사망이 과실치사가 되는 것일까? 의료 조력 사망 시행자는 어떻게 환자를 대변하는 동시에 그녀의 죽음에 참여하는 사람이 될 수 있을까?

나는 침을 삼켰다. 이건 내가 예상했던 자장가 같은 위로의 강연이 아니었다.

"네덜란드에서는 의료 조력 사망을 일상적인 의료 행위로 간주하지 않습니다." 앤드리아가 말을 이어나갔다. "정부는 이를 시행한 의사에게 그다음 날 하루를 쉬게 합니다. 의사가 그 경험을 자신의 생활 안에서 소화할 시간을 주기 위해서지요. 이 나라의 통계 수치는 캐나다와 정반대로 나타납니다. 네덜란드의 의료 조력 사망 사례의 85퍼센트가 그 환자의 가정의에 의해 시행됩니다. 이 의사들은 환자를 잘 아는 사람들입니다. 그리고 시행하는 건수도 훨씬 적어요. 의사 한 사람이 커리어 전체를 통해 의료 조력 사망을 시행하는 평균 횟수는 5회입니다."

다섯 건이라. 나는 이상하게 몸이 더워지는 느낌을 받았다. 그때 내가 관리하고 있는 의료 조력 사망 환자만 해도 다섯 명이었다.

강연은 계속됐다. 네덜란드의 의사는 자신이 모든 죽음에 영향을 받는다는 사실을 인정한다. 미사여구를 사용하지도 않는다. 그들은 환자들에게 이 서비스를 '시행한다'고 말하지 않고, 환자를 '죽인다'고 말한다.

나 자신에게 허용하지 않는 단어였다.

갑자기 그보다 몇 달 전에 했던 대화가 떠올랐다. 내가 늘 하는 방식으로 그냥 무시하고 넘어갔던 대화 중 하나였다. 남편 밥과 함께 점심을 먹고 있던 변호사인 친구가 이렇게 물었다고 했다. "진은 누구랑 상담을 하고는 있어?"

"무슨 말이야?" 밥이 물었다.

"그게 말이지, 경찰이나 응급 대원이나 소방관 같은 사람들이 긴급 구조 활동에 참여하다가 사망이 발생하면, 그러니까 누군가가 그냥 자연사를 하는 게 아니라 죽음을 당하면 전문가와 상담을 할 기회가 주어져. 아니, 꼭 상담을 해야 한다는 의무 조항이 있어."

그날 밤 저녁 식사를 하면서 밥이 내게 같은 질문을 했다. 나는 그를 곁눈질로 바라봤다. "흠, 간호사들에게서 보고를 들어요. 그래야 간호사들도 걱정거리를⋯."

"아니, 여보." 밥이 내 말을 잘랐다. "의사들 말이에요."

"아, 젊은 의사들은 필요할지도⋯."

밥이 내 말을 다시 한번 잘랐다. "진, 당신 말이야."

"여보, 난 괜찮아. 괜찮다고."

나는 그 기억을 머리에서 떨쳐내고 이제 마지막 포인트로 넘어간 프롤릭 박사의 강연에 다시 주의를 기울였다. "의료 조력 사망은 고위험 의료 행위입니다." 그녀가 결론지었다.

뭐라고요? 나도 고위험 의료 행위에 대해서는 좀 아는 사람이었다. 트라우마는 고위험 의료 행위이고, 응급실도 고위험이다. 나도 30년 동안 분만 가정의로 일했다. 그보다 더 고위험인 의료 행위는 없다. 지루하기 짝이 없는 보통의 분만이 순간적으

로 급변해서 1분 만에 피땀을 줄줄 흘리는 상황으로 돌변할 수
도 있었다. 의료 조력 사망은 전혀 달랐다. 내 친구들은 내가 의
료 사고로 고소당하는 일은 없을 것이라고 농담 아닌 농담을 하
곤 한다. "환자가 죽지 않으면 고소를 당할지도 모르지만 말이
야, 하하하!"

그러나 앤드리아는 내 생각보다 훨씬 앞서 있었다. 의료 조
력 사망이 고위험 의료 행위라고 하는 것은 환자가 아니라 의사
에게 해당하는 말이었다. 점점 증가하는 의료 조력 사망 요청과
현재 활동하는 시행 의료진 숫자를 집계한 어느 통계를 보더라
도 곧 의사가 700명 정도 부족할 것이라고 추산됐다. 지속 가능
한 상황이 아니었다.

의료진 숫자가 충분치 않고, 결국 얼마 되지 않는 사람들에게
그 일이 떨어질 것이며, 거기에는 나도 포함되어 있었다. 나도.

"여러분이 자기 자신을 돌보지 않으면 시스템은 무너지고 말
겁니다." 프롤릭 박사가 말했다. 의료 조력 사망 시행자들은 반
복적인 연민의 감정과 슬픔의 트라우마가 쌓여 결국 번아웃 증
후군을 앓게 될 것이다. '영혼이 무너져 내린다'는 표현에 특히
공감이 갔다.

연사가 강연을 마친 뒤 연단으로 뛰어가는 일을 난 거의 하
지 않는다. 하지만 프롤릭 박사의 강연은 내 심금을 울렸다. 고
맙다는 인사와 함께 우리가 통화를 한 적이 있다는 사실도 알리
고 싶었다. 나는 그녀 주변을 둘러싼 채 이야기를 하고 악수를
하는 다른 의사들이 모두 물러나기를 기다렸다. 마침내 혼자 남

은 나는 사람을 반기는 그녀의 얼굴을 바라보며 입을 열었다. "그냥 강연이 정말 좋았다는 이야기를 하고 싶….."

그런데 당황스럽게도 갑자기 목이 메어왔다. 목소리도 잠겨 버렸고, 눈에는 눈물이 그렁그렁했다. 나를 바라보던 앤드리아의 당황한 표정이 부드러워지면서 연민의 표정이 떠올랐다. 그녀 앞에서 이렇게 약한 모습을 보이다니 완전히 낭패도 이런 낭패가 없었다. 그녀가 경고한 바로 그 현상을 그대로 재현하고 있는 것 아닌가. 무너진, 영혼.

그녀가 "이야기를 해야겠군요"라고 말을 시작했지만 나는 이미 그 자리에서 도망친 후였다. 회의실을 박차고 나와 호텔을 나서서 밴쿠버 워터프런트로 향하는 긴 보도를 따라 뛰었다. 머릿속이 하얘진 채 전속력으로 뛰었다. 얼마나 오래 서서 바다를 바라보고 서 있었는지 모르겠다. 생살을 들어낸 듯 쓰라리고 영혼 깊은 곳까지 흔들린다는 느낌 말고는 아무런 생각을 할 수가 없었다.

함께 일하자고 설득하려던 로리 모리슨 박사의 얼굴은 어떻게 쳐다볼 수가 있을까(다행히 그녀는 마취과 의사들 몇 명을 만나서 괜찮은 시간을 보내고 있었다). 나의 배신을 감지한 것이 분명한 동료들의 얼굴은 또 어떻게 쳐다볼 수 있을까.

그때는 내 상태를 이렇게 생각했다. 배신. 이제는 달라졌다. CAMAP는 이제 중요한 정보를 공유하는 장일 뿐 아니라 시행자들이 자신의 의혹과 근심을 표현할 수 있는 공간이 되었다. 그러나 시행 초기였던 당시만 해도 우리는 서로의 사기를 북돋우고, 의료 조력 사망 제도 자체를 지지하는 든든한 응원군 역할을 해내야만 했다. 학회에서 의혹 따위를 이야기할 여유가 없었다. 우리 모두 이 일을 굳건히 확립시켜 일반 대중이 받아들일 수 있게 되기 전까지는 우리 자신의 약함을 인정할 수 없다는 데 암묵적으로 동의하고 있었다.

그래서 그 순간 내 취약함은 도덕적 실패처럼 느껴졌다.

나는 이 일에 많은 것을 걸었고, 헌신하고 있었다. 그러나 갑자기 이 일이 내 여력을 모두 갉아먹어서 바닥이 드러난 미래, 가까운 미래가 눈앞에 보이는 듯했다. 나는 무한한 여력을 지닌 사람이라고 늘 생각했다. 48시간 동안 잠도 자지 않고 계속 아기를 받을 수 있는 사람이 바로 나 아닌가. 의료 조력 사망 시행 과정에서 온 정신을 일곱 개의 주사기에 집중할 수 있는 사람이 바로 나 아닌가. 부서지는 건 내 정체성의 일부가 아니었다.

온몸이 흔들릴 듯한 한숨을 마지막으로 한 번 더 내쉰 다음, 나는 의지력을 짜내서 회의장 안으로 들어갔다. 다음 회의는 나를 비롯한 모든 의료 조력 사망 시행자들에게 핵심적인 문제를 다룰 예정이었다. 인지 능력에 문제가 있는 환자들을 심사하는 데 필요한 가이드라인을 정하는 것에 관한 회의였다. 심사자가 참고하고 의지할 수 있으며, 조력 사망을 요청하는 환자의 인지 능력 저하로 인한 문제를 해결할 수 있는 탄탄한 합의 기반이 필요했다. 시행 당일 날 동의의 의지를 표현할 수 있는 능력을 잃기 전에 그들이 생을 마감하는 것을 도울 수 있어야 한다. 우리 모두 환자를 실망시킨 기억, 암시를 놓치는 실수를 한 기억,

너무 늦어버린 기억들을 한두 가지씩은 가지고 있었다. 나야말로 제일 먼저 일어나 실라의 이야기를 했어야 했다. 하지만 학회가 끝날 때까지 멍한 마음으로 입을 닫은 채로 지냈다. 공항의 탑승 수속을 기다리는 줄에서 앤드리아 프롤릭이 나보다 몇 사람 앞에 서 있는 것을 봤지만 못본 척하고 말았다.

●●●

집에 돌아온 나는 학회에서의 경험을 마치 없었던 것처럼 한쪽으로 밀어두고 다시 바쁜 일상으로 돌아가려고 애썼다. 하지만 계속 머리에 몇몇 기억들이 떠오르면서 나를 찌르듯 자극했다. 첫 번째 기억은 내가 이번과 비슷하게 무너졌던 과거에 대한 것이었다. 나의 첫 번째 결혼이 실패로 끝나가고 있던 때였다. 나는 위민스 칼리지 병원 이 층에서 저 층으로 뛰어다니며 거의 모든 시간을 분만실에서 보내고 있었다. 건물 뒤편에 난 계단을 뛰어내려 가면서 그날 밤 아이들을 어떻게 아이들 아버지에게 데려다줄 것인지에 대해 생각하고 있었는데, 갑자기 어떤 확신이 온몸을 휩쓸었다. 이 모든 걸 감당하지 못할 것이라는 확신. 나는 그 길로 병원에서 곧장 뛰어나가서 서쪽으로 두 블록 떨어진 곳에 있는 퀸스파크까지 계속 뛰었다. 쓰러지듯 벤치에 주저앉았고, 나를 소용돌이처럼 감싼 혼잡한 교통 소음 속에서 큰 소리로 비명을 지르듯 울었다.

내 자신이 무너지는 것을 허락한 것은 그때가 처음이었다.

삶을 열심히 살아가는 중이었는데 갑자기 더 이상 계속할 수가 없었다. 나중에 생각하자 미뤄뒀던 모든 것이 한꺼번에 쏟아져서 나를 짓눌렀다. 한 30분가량을 소리 내어 흐느끼다 보니 내 안의 목소리가(아버지의 목소리였나?) 그걸로 됐다고 말했다. 나는 다시 직장으로 돌아갔다.

두 번째 기억은 번아웃을 겪고 있는 사람을 처음 환자로 만난 경험이었다. 가정의로 일하기 시작한 지 얼마 안 되던 때였다. 여성 보호 시설에서 일하던 젊은 환자였다. 세심하고 이상주의적인 사회운동가였던 그녀가 병가를 내기 위해 나를 찾아왔다. 그녀에게는 태어날 때 얻은 부상으로 인해 생긴 뇌성마비로 상당한 장애를 가진 남동생이 있었는데, 그를 돌보는 것을 돕고 있었다. 그녀에게서 의사소통 수단으로 블리스 심볼˚ 사용법을 배운 남동생은 많은 발전을 거듭해 시집을 출판하기까지 했다. 그러나 내게 찾아오기 얼마 전부터 보호 시설에 머물고 있던 한 여성의 남편이 분노를 이기지 못해 시설 전체를 위협하고 있었다. 그 사람 때문에 받는 스트레스가 너무 커서 내 환자는 직장으로 다시 돌아가지 못했다. 글자 그대로 문턱을 넘어 발을 들여넣는 일을 할 수가 없었다.

당시만 해도 스트레스 장애에 대한 이해나 공감이 거의 부재한 상태였지만 나는 그녀의 병가를 승인했다('온타리오 직업 및 정신 건강'이 아니라 '실업 보험'과 '정신병'의 시대였다). 그러나

● 그림 문자 체계로 된 국제 보조어.

몇 주가 몇 달이 되고, 그 환자가 내 진료실에 찾아올 때마다 눈물을 흘리는 것을 보면서 나는 그녀가 다시 그 직장으로 돌아갈 수 없다는 걸 깨달았다. 그래서 다른 직장을 알아보라고 권했다. 아직까지도 그것이 옳은 해결책이었는지는 모르겠다. 내가 희생자로서의 정체성이 그녀의 삶을 지배하도록 유도한 건 아닐까? 어찌 됐든 그녀의 번아웃은 내 마음속에 각인되어 남았다. 자기가 가진 걸 모두 쏟아붓지만 보답으로 거의 아무것도 되돌려받지 못할 때, 그 일에 계속 매달릴 수 있는 의지(능력은 말할 것도 없고)를 잃는 일이 가능할까? 지금의 내가 바로 그 사람일까?

세 번째로 내 머리에 계속 떠오른 기억은 프롤릭 박사가 강연에서 회복탄력성의 상징으로 사용한 배낭이었다. 그녀는 심지어 실제 배낭을 꺼내서 자기 앞 연단에 올려놓은 다음 내용물을 보여주기까지 했다. 모두 그녀에게 의미가 있고, 그녀를 지탱해주는 물건들이었다. 아들이 선물로 준 구멍 난 조개껍데기, 스카프, 그림. 내 마음이 힘들어지기 전이었다면 그런 걸 보면서 지나치게 감성적이라 생각했을 것이다. 사실 조개껍데기는 호감이 갔다. 흠이 있지만 완벽하고, 아들의 마음이 담긴 선물이라는 게 마음에 들었다. 나는 그 배낭 아이디어를 거부하려고 했지만 결국 그것이 나를 구했다(우리 아버지는 "넌 똑똑하다는 말을 듣는 애치고 참 바보야"라고 말씀하시곤 했는데, 역시 아버지는 늘 옳았다).

밴쿠버에서 느꼈던 그 두렵고 지친 감정이 사라졌다는 걸 깨닫기까지 3주가 걸렸다. 내가 서서히 의료 조력 사망 관련 전화나 문자를 더 이상 피하지 않는다는 사실을 깨달았다. 나를 지탱해주는 것이 무엇인지 생각해볼 마음이 생겼다. 내 영혼이 위안을 필요로 하면 어디로 가야 할까?

첫 번째 자극은 내 환자 리즈에게서 왔다. 그녀는 독일에서 1년을 보내기 위해 떠나기 직전이었다. 그 1년 사이에 중년을 살아남는 방법에 대한 책을 쓸 예정이었는데, 지나가는 말로 자기가 배낭을 비유로 사용할 것이라고 말했다. 나는 크게 웃음을 터뜨렸다. 그런 다음 왜 웃었는지 황급히 설명했다. 학회, 프롤릭, 배낭, 조개껍데기. 그러다가 갑자기 홍수처럼 부끄러운 말들이 쏟아져 나오면서 내 자신에게도 하지 않은 이야기들을 리즈에게 털어놓고 있는 내 모습을 발견했다. "부서진 조개껍데기를 가진 건 저였어요. 프롤릭이 한 번 쿡 찌르니까 그렇지 않은 척하고 있던 껍질이 다 무너져버린 거죠!" 나는 리즈의 상담 시간을 완전히 나에 관한 시간으로 만들어버렸다. 이전에는 한 번도 없었던 일이었다. 시계를 본 나는 충격을 받았다. 25분 동안 내내 내말을 쏟아내고 있었던 것이다.

두 번째 자극은 의료 조력 사망 시행을 2주 앞둔 환자에게서 왔다. 그녀는 친구들에게 줄 '작은 꾸러미'를 준비하고 있다고 했다. 함께 눈물을 흘리고 기쁨을 나눈 기억을 담은 기념품들이 담겨 있었다. 각각의 꾸러미에는 땅에 심을 씨앗도 들어 있었다. 그녀가 떠난 후에도 그녀의 기억을 지탱해줄 수 있도록 말이다. 그녀와 배낭 이야기를 하고 싶은 충동이 너무도 강해서 숨이 막힐 지경이었다. 그러나 리즈를 만났을 때와는 달리 이 환자는 가볍게 안아주고, 내 이야기가 아닌 그녀의 이야기로 시간을 채운 뒤 방을 나오는 데 성공했다.

집에 돌아온 나는 스스로를 꾸짖었다. 어떻게 그렇게 분명한 암시들을 놓칠 수가 있단 말인가? 나야말로 배낭의 여왕 아닌가! 배낭을 메고 퍼시픽 크레스트 트레일을 누비고, 네팔에서 트레킹을 하고, 몬태나의 대륙 분수령을 탄 사람 아닌가. 최근에 이사를 할 때 짐을 싸면서 배낭이 자그마치 스물일곱 개나 나왔다(그중 여섯 개만 보관했다).

'의료 조력 사망 시행에 필요한 약물도 배낭에 넣어서 가지 않는가.'

배낭은 내 결혼 생활의 초석이기도 했다. 오십 번째 생일 기념으로 나 자신에게 한 선물은 애팔래치아산맥 트레일에서 3개월간 하이킹을 하는 것이었다. 1600킬로미터에 달하는 험난한 지형을 25킬로그램짜리 배낭을 메고 이동했다. 메인에서 조지아까지 잇는 그 전설의 트레일에 관해서는 십대 시절 〈내셔널지오그래픽〉에서 읽었다. 3540킬로미터의 그 트레일 중 일부라도 걸어보고 싶다는 꿈은 오랫동안 마음속에 품고만 있었다. 그러다가 정신을 차려 보니 갑자기 나이는 마흔아홉 살이나 된 데다, 실패한 결혼을 극복하는 중이었고, 아이 셋은 거의 성인으로 자라 있었다. 삶의 한 장을 마감하고 다음 장을 여는 방법으로 이보다 더 나은 게 더 있을까?

마지막 순간에 나는 만난 지 얼마 안 된 남자 친구 밥에게 함께 가지 않겠냐고 초대를 했다. 결국 그 트레킹은 우리 둘 사이의 유대를 다진 경험이 되었고, 밥은 남자 친구에서 두 번째 남편이 되었다. 트레일을 걷는 동안 우리가 나란히 걷는 법은 거의 없었다. 둘 다 앞서거니 뒤서거니 걸으며 내적으로 소화해낼 일이 많았다. 그는 중독에서 회복하고 있는 중이었고, 나는 이제 내가 무엇이 되어야 하는지를 모색하고 있었다. 우리는 연달아 7일을 트레일에서 벗어나지 않고 걷다 캠핑하다를 반복하다가, 8일째 되는 날 식량과 연료가 바닥나서 도로로 나가 가장 가까운 마을까지 히치하이킹을 했다. 거기서 값싼 모텔을 찾아 빨래를 하고, 축복처럼 느껴지는 샤워를 하고, 가족들과 짧은 통화를 하고(휴대전화가 나오기 전이었다), 필요한 물자들을 보충했다.

어려움도 있었고, 무의식 중에 상대방의 기질과 끈기를 시험하기도 했다. 캠핑용 스토브 세 개를 말아먹었고, 폭풍이 몰아치기 전에 안전한 곳으로 피신하기 위해 뛰다가 방울뱀을 밟을 뻔하기도 했다. 끊임없이 식수가 부족해서 진흙 구덩과 아주 작은 옹달샘의 물을 걸러서 마셔야 했다. 그럼에도 불구하고 여정이 끝난 후 우리는 새로운 커플이 되어 서 있었다.

나는 키가 크지 않다. 그때 지고 다니던 배낭은 거의 내 몸만큼 컸다. 그런 내 모습이 꼭 달팽이처럼 보였을 것이다. 그러나 그 배낭에는 글자 그대로, 그리고 상징적으로 탄력적인 회복을 위한 도구들, 잭나이프와 스토브, 식량, 텐트가 들어 있었다. 그리고 내 새로운 관계를 시험할 수 있는 틀도 들어 있었다. 배낭은 내 투지와 능력에 대한 도전이었고, 내게 자유와 새로운 독립성을 확보해줬다.

그런데 왜 나는 그토록 소중히 여겼던 것에서 도망치고 있을까? 내 성격의 가장 큰 장점은 다른 사람들에게 뭘 많이 드러내지 않는다는 점이다. 그건 내 가장 큰 단점이기도 하다. 다시 한번 아버지의 목소리가 들리는 듯했다. "넌 커다란 몽둥이로 머리를 맞기 전에는 딴사람 말을 절대 안 듣지."

'제기랄, 앤드리아 프롤릭, 당신이 맞았어요. 나도 당신이 말한 그 바보 같고 멋진 배낭이 필요해요. 내게 힘을 주고, 나를 보호하고, 지탱해줄 것들을 담아야겠어요' 하고 혼잣말을 했다. "자기만의 도구여야 해요." 앤드리아가 말했다. "스스로 만들고 찾아야 합니다."

그 사실을 받아들이는 순간 내가 필요했던 것들이 마법처럼 모습을 드러냈다. 사람이 죽는 것을 돕는 데 필요한 기술 중 하나는 사는 방법에 대한 새로운 방식을 열린 마음으로 받아들일 줄 아는 것이다. 최근 나이 든 유태인 여성에게 의료 조력 사망을 실행했다. 내가 약물을 준비하는 동안 그녀의 자녀들이 유대교 기도문으로 그녀를 칭송했다. 암시적이면서도 직선적이며 진실로 가득한 기도문에서는 죽음과 상실이 반복적으로 언급됐다. 애도문이 마땅히 그래야 하듯이. 아파트 전체에 메아리치는 말과 흐느낌의 힘에 나까지 휘청거렸다. 마침내 어머니가 손을 들고 말했다. "이제 됐다." 그녀가 준비가 된 것이다. 그녀의 자녀들도 준비가 됐다. 내가 개입할 시간이었다. 시행이 끝난 후 나는 가족들에게 그 기도문을 보내달라고 부탁했다. 그 기도문은 내가 꾸린 배낭에 첫 번째로 들어갈 물건이었다.

두 번째는 앤드리아의 완벽하게 불완전한 조개껍데기에 해당하는 물건이었다. 이미 언급했지만 우리 아버지는 농부였을 뿐 아니라 목수이기도 해서, 목공 도구가 지하실에 가득했다. 내가 열 살, 아니면 열한 살 정도 됐을 때 조각하기 딱 좋은 나무 토막 하나를 발견했다. 나는 아버지의 잭나이프를 사용해서 남자 모습을 조각했다. 코는 별로였고, 턱은 괜찮게 나왔다. 하지만 완벽한 비율에 부드럽게 조각된 머리는 대만족이었다. 손을 얹으면 나무의 옹이와 결이 모두 다 느껴졌다.

나는 내 작품을 아버지에게 자랑했다. "뭐에 관한 조각이냐?" 아버지가 물었다. 생각지도 못했던 부분이어서 그냥 불쑥 말했다. "세상의 모든 굶주린 사람들이에요." 아직도 왜 그렇게 대답을 했는지 모르겠다. 하지만 아버지는 고개를 끄덕였다. 그 조각상은 우리 별장의 장식장에 놓여 있고, 나는 그것을 자주 바라본다. 그 조각상은 거의 저절로 조각되다시피 했다. 내게는 그렇게 느껴졌다.

일흔 살이 되었을 때 나는 목공예를 다시 시작했다. 회전 틀로 그릇을 깎고, 뚜껑 달린 상자들을 만들었다. 대부분 한 손에 들어올 정도로 작았고, 반짝반짝 윤이 날 정도로 광을 냈다. 그리고 할 수 있는 한 최고로 얇게 만들려고 노력했다. 오랫동안 공을 들이고 열심히 일하고도 완벽한 실패에 얼마나 가까이 근접할 수 있는지를 생각하게 해주기 때문에 얇디얇은 목공예품은 나를 항상 매혹시킨다. 이 모든 과정에서 나무가 나를 이끈다. 늘 스스로 방향을 잡는 내 삶의 나머지 부분과는 완전히 다른 귀중한 시간이다. 그리고 그릇이 완성된 후에야 나는 의식과 정확한 측정, 집중력의 무의식적인 조합과 거스를 수 없는 나무의 결을 찾는 데 들어간 헌신에 감탄한다. 내가 가장 좋아하는 건 손바닥 정도 크기의 그릇으로, 완벽하게 깎였지만 내가 너무 무리를 한 작품이었다. 바닥을 종잇장처럼 얇게 만들고 싶어 열성을 부리다 금이 간 것이다. 하지만 레너드 코언Leonard Cohen이 말했듯, 그렇게 해서 빛이 스며 들어가는* 것 아닌가. 그 그릇도 내 배낭에 들어갔다.

음악가를 언급한 김에 하는 말이지만, 나는 최근 노래 두 곡을 배낭에 챙겼다. 2020년 여름, 여기서는 프레드라고 부를 70대 남성이 자신의 뒷마당에서 세상 떠나는 것을 도왔다. 실외에서 시행을 한 덕분에 코로나19 관련 제한으로 인해 합법적으로 실내에 모일 수 있는 인원보다 훨씬 많은 수의 가족과 친구들이 모일 수 있었다. 시행 예정 시각도 내 관례보다 훨씬 늦은 시간이었다. 보통은 약사가 필요한 약물을 오전 8시 30분까지 내 아파트로 배달을 하고, 나는 9시가 되기 전에 환자를 만나러 나선다. "서두를 필요가 있나요?" 프레드가 내게 물었다. 그래서 늦은 오후에 내가 도착했을 때는 그의 '아직 죽지 않은 사람의 문상 파티'가 몇 시간째 계속되고 있었고, 정원에는 음식과 꽃, 샴페

● 코언의 노래 〈Anthem〉 중 'That's how the light gets in'이라는 가사를 인용한 것.

인, 음악이 흘러넘쳤다.

그다지 놀라운 광경은 아니었다. 의료 조력 사망 의식에 정해진 규칙은 없었다. 가족들이 전적으로 순서를 정할 수 있고, 많은 경우 다정한 혹은 시끌벅적한 축하 파티가 되곤 한다. 프레드가 발언을 시작하자 웅성거리던 사람들이 말을 멈췄다. 그와 그의 여자 친구는 17년을 함께했지만 결혼은 하지 않았다. 하지만 결혼식을 했다면 이 곡에 맞춰 첫 번째 춤을 췄을 것이라 했고, 곧 루이 암스트롱의 〈이 멋진 세상What a Wonderful World〉이 울려 퍼졌다. 이미 수백 번 들은 곡이었다. 암스트롱의 걸걸한 목소리로 평범한 삶의 특별함을 감동적으로 그려내는 곡이다. 그러나 오후의 햇빛이 비껴드는 그 뒷마당에 앉아서, 음악에 맞춰 천천히 몸을 움직이는 사람들과 하얀 꽃 향기가 나는 미풍을 받으며 듣는 그 노래는 완전히 새로웠다.

눈에 눈물이 고였다. 모두가 그랬다. 하지만 그 뒤를 이은 노래에 나는 완전히 뻗어버렸다. 베라 린이 〈우린 다시 만날 거예요 We'll Meet Again〉를 부드러운 목소리로 조용조용 부르고 있었다. 나는 전시에 태어나 자란 사람이다. 나와 우리 자매들의 삶은 그 시대의 노래에 속속들이 베어 있다. 사실 베라 린이 103세를 일기로 숨을 거둔 지 얼마 안 되는 시점이었다. 그 노래가 세대에서 세대로 전해 내려오면서 사람들을 한데 묶는 것이 얼마나 좋았는지 모른다. 그 정원에 모인 사람들은 팬데믹 같은 것에 상관하지 않고 한데 모여 포옹을 했다. 그러니 이 노래들도 내 배낭에 들어갈 것이다.

프롤릭 박사의 강연을 듣기 전에도 각각의 죽음을 특별히 기념하기 위해 자기 자신과 환자 가족을 위해 자신이 정한 의식을 꼭 치르곤 한다고 이야기하는 조력 사망 시행자들을 많이 만났다. 참석한 가족들 하나하나에게 초를 나눠주고 불을 켠 다음, 그것을 불어서 끄게 하는 종류의 의식들 말이다. 나는 한 번도 그런 의식들에 관심을 두지 않았다. 효율성과 냉철한 전문가 정신으로 임무를 완성하는 데 여념이 없었기 때문이다. 나는 복잡한 감정을 느끼는 것은 가족의 일이라 생각했다. 내 임무는 간단했다. 주사약이 들어가는 정맥 튜브를 잘 유지하는 것. 약이 잘 들어가고 있는지, 한 단계에서 다음 단계로 부드럽게 넘어가고 있는지, 다음 약물은 준비가 되었는지 확인하는 것. 내가 의료 조력 사망의 의식을 이끄는 방법은 내 존재감을 없애는 것이었다. 나는 주어진 임무를 수행하지만 거기에 존재하지 않았다. 가능하면 환자 뒤에 서는 것을 좋아했다. 초점은 환자에게 맞춰져야지 내게 맞춰지면 안 됐다.

그러나 프롤릭 박사 강연을 들은 후, 감상적이기 그지없는 그 배낭은 내 구명줄이 되었다. 나는 그 배낭을 현재의 나를 나로 만들어준 경험들을 상징하는 의미 있는 물건들로 채웠다. 그것들은 내 목적에 프레임을 제공하고 내 확신을 강화해준다. 그 배낭은 마지막으로 '이것'이 없이는 완성할 수 없다. 바로 시다.

평생 동안 나는 말과 이미지들을 모아왔다. 어릴 적에는 세상에서 일어나는 일들에 관한 잡지 기사들을 스크랩했다. 10대 초반에 우리 집 뒤편에 있는 오래된 농가에서 제2차 세계대전을 기록한 포토 저널들이 담긴 커다란 상자를 발견했고, 그것을 보며 오랜 시간을 행복하게 보냈던 기억이 있다. 어른이 돼서 말과 이미지를 합성한 궁극의 산물인 시를 발견한 후에는 여기저기에 시를 보관하는 버릇이 생겼다. 시가 적힌 종이를 접어 지갑에 가지고 다니고, 사무실 책상에도 넣어두었다.

내게는 아끼는 공책이 한 권 있다. 내가 분만 업무를 그만뒀을 때 나와 함께 일하던 간호사들이 준 공책으로, 첫 열 페이지는 그들이 내게 보내는 메모와 메시지로 채워져 있다. 나는 나머지 페이지에 인용문과 시를 적어나가기 시작했다. 한 단계의 끝, 다음 단계의 시작. 공책을 들고 다니지는 않지만 내 별장의 책상에 놓여 있어서 필요한 말을 찾고 싶을 때면 언제든 찾을 수 있다.

내가 가장 좋아하는 시는 메리 올리버의 〈기러기〉다. 이 책의 첫 부분에 실린 문구를 본 사람이라면 그 이유를 짐작할 것이다. 착해야 하지도, 회개해야 하지도 않고, 다만 사랑하는 것을 사랑하는 것으로 충분하다는 올리버의 생각이 담겨 있는 글이다. 그 말들을 생각하는 것만으로도 심장이 조여온다.

거의 번아웃에 빠져들 뻔했던 내 경험은 이 기러기들의 울음처럼 거칠고 흥분되는 것이었다. 그 덕분에 내 자리를 다시 찾을 수 있게 되었다. 이제 나는 다시 한번 의료 조력 사망이 합법화된 날 그 러닝머신 위에서 다짐했던 일을 할 수 있게 됐다. 나는 사람들의 삶을 끝내는 짐을 진다. 그 일은 나를 거의 파괴하다시피 했다. 그러나 이제 그 일은 내가 조각조각 부서지지 않고 나를 나이게끔 만드는 아교 역할을 한다.

욜란다, 파트 3

지금보다 나의 선택에
더 강한 확신이 들었던 적은 없다.

"내 생애 마지막을 계속 울면서 보내고 싶진 않아요. 나도 슬프죠, 그게 정상이겠죠. 하지만 내 삶의 마지막 며칠을 오직 내 죽음만 생각하며 보내고 싶진 않아요."

그녀는 확신했다. 의료 조력 사망이라는 선택지가 있다는 사실만으로도 많은 위안을 받았다는 사실을. 그리고 고통을 받지 않아도 된다는 사실에 감사했다.

나는 욜란다에게서 온 이메일을 보고 기함했다.

　2018년 3월이었다. 패티 집에서 그녀의 이야기를 들었던 그 날로부터 1년이 넘게 지난 시점이었다. UHN의 품으로 그녀를 잘 인계했다고 안심하고 있었다. 시스템 내로 들어온 환자들을 잘 돌보기로 정평이 난 곳 아닌가. 그녀가 원했던 의료 조력 사망은 이미 시행된 지 오래일 것이라고 생각했다.

　그런데 자기를 기억하는지 묻는 메일이 내 받은 메일함에 들어 있었다. "당신을 잊을 수 있는 사람이 있겠어요?" 나는 소리 내어 중얼거렸다.

알고 보니 그 전해에는 욜란다 자신이 준비가 되지 않았다. 확신이 들 때까지 시간을 늦추고 있었다. 이제 7월 31일로 날짜를 잡았고, 그녀는 모든 걸 '제대로' 하고 싶었다.

그 후 넉 달에 걸쳐 욜란다와 나는 다수의 이메일, 정확히 말하자면 서른일곱 통의 이메일을 교환했다. 거기에 더해 나는 그녀를 돌보는 여러 명의 의사들에게 추가로 서른다섯 통의 이메일을 보냈다. 그리고 욜란다를 병원에서 두 번, 패티의 집에서 두 번 직접 만났다. 욜란다 자신도 내가 기울이는 노력에 못지않은 노력을 하고 있는 게 명백했다. 하루에 네 시간 정도만 활동을 할 수 있는데도 말이다. 아무것도 우연에 맡겨두지 않는 욜란다의 성격에 딱 맞는 행동이었다.

그녀는 엉망진창이 된 자신의 폐를 기증해서 연구를 돕겠다는 의지가 강했다. 그렇게 하기 위해서는 사망 직후 그녀의 폐를 제거할 이식 수술 팀이 대기해야 하지만, 욜란다는 병원에서 죽고 싶지 않았다. 병원은 너무 비인간적이고 냉랭했다. UHN과 협업하는 켄징턴 호스피스를 고려하고 있긴 했지만 병원에서 제공하는 요양보호사들에 대해 불만이 컸다. 내가 위민스 칼리지 병원을 제안하자 생각해보겠다는 답이 돌아왔다. 그녀는 어디서 시행을 하든, 5월 중순까지는 모든 결정을 내린 후 6월과 7월은 편한 마음으로 친구들에게 작별 인사를 할 수 있기를 바랐다. "죽기 전까지 남은 시간을 제대로 보내고 싶어요." 그녀가 말했다.

욜란다는 자신이 죽는 데 필요한 준비 과정의 너무도 많은 부분을 스스로 해결해야 된다는 사실에 고통스러워했다. 고통 완화 치료 전문의, 폐 전문의, 신장 전문의, 그리고 나를 포함해서 자그마치 스물다섯 명과 각각 이메일을 끊임없이 주고받으며 잘 진행될 수 있도록 조정하고 있었다. 이식 수술 팀이 그녀의 폐와 신장을 기증받아 연구에 사용하겠다는 동의를 했기 때문에 욜란다는 자신의 시신을 병원 영안실로 어떻게 이동시켜야 할지까지 준비해야 했다. 그러나 그렇게 옮겨진 시신을 인수할 사람은 누구고, 그녀의 장기들을 적출할 사람들은 또 누구이며, 그다음에 시신은 어떻게 장의사에게 인계될 것인가(그녀는 가족에게 그 부분을 맡겨서 그들에게 짐을 지울 수는 없다고 결심했다)? 그녀는 산소호흡기 사용을 멈춰서 호스피스에 들어갈 자격을 갖추겠다고 제안했다. 산소호흡기의 도움 없이는 가까운 시일 내에 사망할 확률이 매우 높아지기 때문이다. 하지만 그렇게 해서 너무 몸이 안 좋아져서 시행 직전에 동의를 할 수 없는 지경에 빠지면 어떻게 할 것인가?

욜란다는 있는 힘껏 도와달라고 소리치고 있었지만 아무도 그녀의 비명을 듣지 못했다. 그 상황에 내가 다시 등장한 것이다. 소속되지 않은 거대 병원 기업에 끝없이 끽끽 소리를 내는 나라는 바퀴 하나가 굴러 들어가는 형상이었다. 이번에도 다시 한번, 나는 내가 할 자격도 없는 말, 지킬 수 있을지 확신할 수도 없는 약속을 하고 말았다. "내가 일이 되게 해볼게요." 하지만 이번에는 나 자신에게도 하는 약속이었다. 욜란다를 위해 이 일을 해낼 수 없으면, 나는 이 일을 할 자격이 없는 사람이라 생각했다. 일이 되도록 해야 했다.

UHN이 정신을 차리고 나를 도와 일이 잘 진행되게 해줄지도 모른다는 일말의 희망을 여전히 버릴 수 없었다. 그래서 이 기관의 의료 조력 사망 시행을 이끌고 있는 매들린 리 박사에게 전화를 했다. 그녀는 아군이었고, 의료 조력 사망과 관련된 수많은 부서, 전문가들과 어떤 식으로 협력해서 일해야 하는지 잘 아는 사람이었다. 리 박사는 자기도 욜란다에 대해 알고 있고, 이 일이 진행 중이라고 확인해줬다. 우리는 모든 준비를 제대로 할 수 있는 시간이 아직 충분히 남아 있다고 서로를 안심시켰다. 나는 들뜬 기분으로 욜란다에게 전화를 해서 UHN 시스템 내에서 원하는 날짜에 의료 조력 사망 시행을 받을 수 있다고 말했다. 그녀는 그저 공식 요청서를 새로 작성해서 서명을 하기만 하면 됐다.

그러나 욜란다는 욜란다답게 모든 선택지를 면밀히 조사하길 원했다. 위민스 칼리지 병원의 의료 조력 사망 병실을 둘러볼 수 있을지, 그녀의 부모와 이모도 참석할 수 있는지 등을 물었다. 나는 매우 놀랐다. 대화를 나눌 때마다 욜란다는 독실한 천주교 신자인 어머니가 의료 조력 사망에 크게 반대한다는 말을 했기 때문이다. 그녀의 어머니는 딸이 자살을 한 죄로 영원히 '지옥불'에서 고통을 받을 것이라는 두려움에 휩싸여 있었다.

"정말이에요? 어머니가 오길 원하세요?" 내가 물었다. "그리고 당신도 그게 괜찮은 거예요?" 내 머릿속에서 갖가지 생각이 빠르게 지나갔다.

"지난 6월 이후 엄마 태도가 약간 변했어요. 내가 폐렴으로 거의 죽을 뻔한 직후였죠." 욜란다가 대답했다.

그녀는 자기 어머니가 의료 조력 사망 시행 당일에는 참석하지 않을 것이라 덧붙였다. 솔직히 말해서 욜란다 자신도 어머니가 참석하길 원치 않았다. 어머니가 함께 있으면 마지막 동의를 할 수 없을 것만 같았다. 하지만 그녀의 어머니도 그녀가 세상을 떠날 장소를 미리 보고 싶어 하긴 했다.

"엄마랑 다른 가족들은 기적이 벌어질지도 모른다는 희망에 여전히 매달려 있어요. 그 기적이라는 게 이미 벌어졌다고 설득하는 데 거의 성공을 한 셈이에요. 이 병을 안고 30년을 살아남았잖아요."

알고 보니 욜란다의 어머니와 이모 모두 위민스 칼리지 병원에 대해 좋은 기억을 가지고 있었다. 일행은 개축된 부분, 높은 유리 천장, 가게 등을 보며 놀라워했다. 욜란다의 휠체어를 밀고 가다가 '아비바'라는 보석 가게를 지나면서는 "쇼핑을 해야겠네"라고 농담을 하기도 했다. 나는 그 가게의 주인 아비바가 내 환자였다는 이야기를 했다. 아름다운 세공품을 만들어내는 장인이었던 그녀는 사용하는 모든 산호와 터키석을 아시아에서 수입하느라 그 지역을 자주 방문했고, UHN에서 최초로 간이식 수술을 받은 환자 중 한 명이었다. 하지만 나는 그녀가 죽었을 때 욜란다와 비슷한 나이였다는 부분은 언급하지 않았다.

응급 통원 치료 병동 한쪽 조용한 곳에 확보한 의료 조력 사망 병실 두 개를 나는 자랑스럽게 일행에게 보여줬다. 적어도 김빠진 욜란다의 얼굴을 보기 전까지는 그랬다. "정확히 어떻게 진행되는지 설명해주실 수 있을까요?" 그녀가 물었다. 정맥주사를 꽂고, 하나하나 어떤 약물을 주입하는지를 정말로 자세히 듣고 싶다는 것일까? 그녀의 어머니 앞에서? 그녀는 금방이라도 부서질 듯한 표정과 어두운 눈으로 그렇다고 말했다.

그 방문 이후, 그녀의 결심은 더 굳어졌다. 욜란다는 자신이 평화롭다고 느끼는 곳에서 죽기를 원했다. 병원은 어림도 없었다. 패티가 자기 집을 제안했고, 욜란다는 그 제안을 받아들였다.

나는 그녀의 장기 기증에 필요한 여러 조치를 책임지겠다고 제안했다. 먼저 매들린 리 박사에게 연락을 했다. "UHN에서 누구와 이야기를 해야 하나요?" R.J. 에드레일린이라는 답이 왔다. 의료 조력 사망 코디네이터를 맡고 있는 전문 간호사였다. 병원 네 개와 켄징턴 호스피스를 오가며 모든 의료 조력 사망 시행에 참석하고, 필요하면 정맥주사를 놓고, 약을 가져오고, 모든 과정을 조율하고, 마지막 보고까지 맡아서 해야 했기 때문에 엄청나게 바쁜 사람이었다. 다시 말해서, 딱 내 타입의 사람이었다.

그래서 다음으로 모두가 R.J.라고 부르는 에드레일린에게 연락을 취했다. 그는 욜란다의 장기 적출 문제를 최우선으로 두고 일을 하겠다고 약속했다. 토론토 종합병원에 외과 팀을 미리 예약하고, 현장에서 그녀의 시신을 인계받아, 병리학과로 안내할 사람을 배치하는 일까지 책임지겠다는 뜻이었다. 패티의 집에서 토론토 종합병원까지는 15분이 걸려서, 호스피스에서 가는 시간과 비슷했다. 모든 게 제대로 돌아가겠죠, 그렇죠? 그렇죠?

욜란다에게서 새로운 이메일이 도착했다. 호흡기 감염증을 앓고 있다는 소식이었다. 이 사실이 폐 기증 자격에 영향을 주지는 않을까 불안해했다. 바로 이전에 앓았던 호흡기 감염 때문에 거의 죽을 뻔했다는 사실을 고려해서 나는 그녀가 죽기 전에 토론토 종합병원에 입원할 경우에 대비한 플랜 B를 마련해야 한다고 R.J.에게 알렸다. 그렇게 되면 이식 수술은 더 쉽게 진행될 수 있겠지만 나는 더 이상 참여할 수 없는 영역이 되고 만다.

일주일 후 R.J.가 전화를 했다. 그는 소위 '창의적인 주도력'을 발휘해서 필요한 모든 팀이 동원될 수 있는 날짜를 찾았다고 말했다. 연구 팀의 팀장인 주벳 박사는 폐 감염이 있다 해도 폐 조직을 기증하는 데는 아무런 문제가 없다는 사실을 확인해주는 이메일을 내게 보냈다. 욜란다는 자신을 돌보는 문제에 대해 법적 권한을 맡긴 친구 중 하나인 제임스도 의사소통 과정에 참여시켰다. 제임스는 밴쿠버에 살지만 이식과 동의에 관한 자세한 과정을 모두 잘 협상하고 돌보겠다고 약속했다. 욜란다는 사체 해부와 장기 기증에 대한 동의 서류 모두에 직접 서명을 해야 했다(그 부분은 정말 어려웠을 것이다). 시행 당일에 내가 몇 시에 도착하길 그녀가 원하는지, 몇 명이나 참석할지도 알아야만 했다.

그러나 욜란다에게 전화를 한 나는 그녀의 가늘고 쉰 목소리에 깃든 깊은 불행감에 깜짝 놀랐다. 그녀는 이 모든 과정이 "지칠 대로 지친 사람이 감당하기에는 불필요하게 길고 지나치게 복잡하다"고 느끼고 있었다. UHN의 누구도 그녀의 생애 말기 목표가 무엇인지 차분히 묻는 사람이 없었다고 욜란다는 말했다.

"지난 여섯 달 사이에 사람들에게 내 의도가 뭔지 말할 기회는 한 번도 없었어요. 서양 문화에서는 치료를 받는 데 집중을 하죠. '이 방법이 있으니 시도해봐!' 식의 태도밖에 없어요. 길게 사는 것만이 목표라고 모두 추정을 해버려요. 하지만 내 경우에는 길게 사는 것이 목표가 아니게 된 지 꽤 됐어요. 이런 식으로 계속 사는 걸 난 원치 않아요. 어제랑 그저께는 바깥 날씨가 정말 아름다웠지만 집 밖으로 한 발자국도 나서지 않았어요. 내 산소 탱크를 채워서 보행 보조기에 실을 기력도 없으니까요. 약 먹고 운동하는 게 현재 내 삶의 전부예요. 내게 남은 건 요양원에 앉아서 점점 꺼져가는 일뿐이에요. 그 부분은 생략하고 싶어요.

이제 편안한 마음으로 사랑하는 사람들을 만나고 싶어요. 해변에도 가고, 꼭 해야만 하는 일 없이 최대한 자유 시간을 즐기고 싶고요. 그 일이 벌어질 때까지 최선을 다해 한적하고 조용히 지내는 게 소원이에요." 그녀가 말했다. 그러나 실제로는 모든 시간을 자신의 죽음을 준비하는 데 바치고 있었다.

그녀는 또 다른 어려운 문제도 해결해가는 중이었다. 바로 친구들의 큰 슬픔을 위로하는 일이었다. "의료 조력 사망을 할 예정이라고 사람들에게 이야기하면 그냥 갑자기 죽는 것과는 완전히 다른 부담이 생겨요." 욜란다가 말했다. 그녀가 좋아하는 건 맞지만 가장 가깝고 소중한 것까지는 아닌 친구들이 세계 각지에서 찾아와 그녀와 시간을 보내고 싶어 했고, 그녀에게 자신들의 방문 계획을 맡겼다. 욜란다가 만나본 적도 없는 어린 자녀들을 데리고 오길 원하는 사람들도 있었고, 호텔과 식당을 추천해달라고도 했다. 일부는 아무런 예고 없이 그냥 찾아왔다. 문자를 보내고, 그녀가 바로 답하지 않으면 '무슨 문제 있어?'라며 후속 문자를 보내는 친구들도 많았다.

"무슨 문제가 있냐고요?" 욜란다가 어처구니없다는 목소리로 말했다. "숨을 쉴 수가 없다고!"

그 모든 것이, 솔직히 말하자면, 그녀를 화나게 했다. 그들의 반응의 중심에는 욜란다가 아니라 그들 자신이 있었다. "사람들이 나를 잃는 슬픔을 나하고 나누길 원해요. 날 사랑하는 친구들이 이렇게 많다는 건 정말 감동적인 일이지만 내 생애 마지막을 계속 울면서 보내고 싶진 않아요. 나도 슬프죠, 그게 정상이겠죠. 하지만 내 삶의 마지막 며칠을 오직 내 죽음만 생각하며 보내고 싶진 않아요. 날마다 아침에 일어나면 '이제 하루 더 가까워졌구나' 하고 생각해요. 오늘 오후에는 아마 마운트 플레전트 공동묘지에 가서 제 유골이 보관될 자리를 둘러볼 거예요.

날마다 선택을 해요. 그냥 한 번 한 다음 다시는 돌아보지도 않는 선택이 아니에요. 날마다 생각을 하고, 언제나 같은 결론에 도달하곤 해요. 난 이미 죽고 있어요. 일어나지 않을 일을 하려는 게 아니잖아요. 최선을 다하는 건 이제 충분하고도 남을 정도로 해봤어요."

나는 사람들에게 원하는 게 무엇인지, 그녀를 위해 사람들이 무엇을 해줬으면 좋겠는지 물었다. 같은 과정을 거치는 다른 환자들의 가족들에게 전달할 수도 있으니 큰 도움이 될 것이라고 덧붙였다. 욜란다는 이미 마음속에 준비된 답이 있었는지 전혀 주저없이 하나씩 읊어나갔다.

　얼마나 자기를 사랑하는지 말해주기. 당연한 일이지만, 그래서 오히려 표현을 하지 않는 경우가 많다. 서로에게 준 영향에 대한 이야기를 함께 나누기. "필요한 게 뭐야?" 하고 물어주기. 그리고 그녀가 자신이 필요한 게 무엇인지 생각할 수 없을 정도로 지쳐 있으면 아이디어를 제공해주기. '음식을 만들어줄 테니 먹을 수 있을 때 먹어', '잔디를 깎아줄게', '목욕탕 청소를 해줄게'. 저녁 초대를 하고 싶으면 예약 같은 건 좀 알아서 해주기. "그 사람이 뭘 좋아하는지를 생각해보고, 그 일을 해주면 되는 거예요." 그녀가 요약을 했다. 그들이 지금 상태의 그녀를 보는 게 얼마나 괴로운지를 그녀에게 말해줄 필요는 없다.

　욜란다는 모든 종류의 음식을 좋아했다. 푸드 네오포비아의 반대가 있다면 그게 바로 욜란다였다. 그래서 음식 버킷리스트를 만들었다. 친구들이 그녀를 위해 할 수 있는 재미있는 일이기도 했다. 한 친구는 그녀에게 유명한 만두를 사갖고 왔다. 또 다른 친구는 욜란다가 제일 좋아하는 식당으로 그녀를 초대해서 식사 대접을 했다. 내가 마지막으로 방문한 날, 그녀는 내게 4시에 와달라고 했다. 5시에 저녁 초대 손님이 도착할 예정이기 때문이었다. 나는 우리 둘 다 《뉴욕 타임스》에서 보고 이야기를 했던 비트 후무스를 만들어 가겠다고 제안을 했고, 그녀는 행복해했다. 그래서 나도 행복했다.

　그즈음에는 끊임없는 친구들의 방문과 작별 인사를 위한 화상 통화가 점점 줄어들었고, 욜란다는 자신의 생애 마지막 며칠을 어떤 느낌으로 보내고 싶은지에 집중하고 있었다. 그녀는 제일 가까운 가족과 친구들만 보고 싶었다. 손님 접대는 질릴 정도로 했고, 스케줄을 조정하는 것도 그만하고 싶었다. "이 세상에서 지내는 마지막 날을 하루 앞둔 아침에 일어나서 시장을 둘러보고 싶은 생각이 들면 그렇게 할 거예요." 그녀가 말했다. "텔레비전을 보고 싶으면 그렇게 할 거고요." 일부 친구들은 그녀가 성급하게 행동한다고 생각했다. 그녀가 특히 쇠약해 보이지 않았기 때문이었다. 욜란다는 그 친구들을 설득하는 것도 더이상 하고 싶지 않았다. "죽음에는 정말이지 여러 형태가 있어요." 어머니의 친구들 중에는 아직도 "욜란다가 정말 그렇게 하지는 않을 거야"라고 장담하는 사람들도 있었다. 그들과 언쟁을 하는 것도 지쳤다.

심지어 장기 기증 문제로 걱정하는 것도 그만하겠다 결심했다. 7월 31일에 이식 팀이 적출을 할 수 없으면 기증 요청을 취소할 예정이었다. 이제는 자신의 필요를 가장 우선순위에 둘 생각이었다. 다행스럽게도, 7월 초에 R.J.에게서 연락이 왔다. 31일에 역할을 맡을 인력이 모두 준비되었다는 소식이었다. R.J.와 나는 UHN 건물 회의실에서 모든 사람이 모여서 얼굴을 보며 계획을 시작부터 끝까지 점검할 수 있도록 회의를 소집했다. 나는 약속된 시간에 약속된 장소로 갔다. 그런데…, 아무도 없었다. R.J.와 나뿐이었다. 나는 어안이 벙벙했고, R.J.는 모두를 대신해 내게 사과했다. 그가 준비한 파워포인트 프레젠테이션을 나는 아무 말 없이 앉아서 지켜봤다. 그는 각 단계마다 걸릴 예측 시간, 관계 인력, 전화 번호 등이 적힌 일정표도 건넸다. 심지어 이식 수술 팀이 욜란다의 시신을 장의사까지 운송하는 비용을 부담하도록 하는 조치까지 취해 놓았다. 나는 감동을 받았고 R.J.에게도 그런 내 감정을 이야기했다. 그러나 동시에 화가 치밀어 올랐다. 엄청난 재원을 보유한 이 거대한 기관이, 시간을 내서 함께 일할 팀의 얼굴을 마주보며, 이 작은 여성에게 베풀 수 있는 마지막 돌봄에 관해 상의하겠다는 성의도 보이지 않은 것에 나는 부글부글 끓어올랐다.

게다가 욜란다도 마지막으로 나를 놀라게 했다. 영적 돌봄 전문가와 이야기를 나누고 싶은데 혹시 내가 그런 사람을 찾아줄 수 있는지 물은 것이다. 욜란다가 예전에 천주교를 믿었지만 요즘은 성당을 다니지 않고 있다는 사실은 나도 알고 있었다. 그녀가 정신과 의사에게 상담을 받고 있고, 보스턴에 살 때부터 긴 시간 관계를 맺어온 사회복지사 크리스틴이 있다는 사실 또한 알고 있었다(사실 욜란다가 7월 31일을 의료 조력 사망 시행일로 고른 이유 중 하나가 크리스틴이 올 수 있는 날이어서였다). 그러나 나는 그녀가 영적으로 아무런 문제가 없는지 묻는 걸 게을리했다. 이 문제에 관해 병원에서 제공하는 설문지가 있긴 했지만, 적당한 사람을 찾을 수는 없었다. 그녀를 제대로 돕지 못했다는 느낌이 들었고, 그래서 무척 힘들었다. 영적 문제에 대한 대화를 나누는 것이 중요하다는 사실은 나도 잘 알고 있었다. 그런 문제를 표면으로 끌어 올려서 숙고를 할 시간을 갖고, 아무 말 없이 공감을 하며 들어줄 귀가 필요했다. 그러나 이제 시간이 얼마 남지 않았다.

시행 전에 그녀와 마지막으로 대화를 하면서 내세를 믿는지 물었다. 그녀가 과학자라는 것을 고려할 때 놀라운 대답이 돌아왔다. "모르겠어요. 딱 잘라서 믿지 않는다고 하는 건 오만이겠죠. 우리가 계속 배워나가고 있다는 사실만을 알고 있을 뿐이에요." 그녀는 할아버지가 돌아가신 날, 할아버지가 그녀에게 찾아온 느낌을 받았다고 했다. 돌아가신 할머니가 그녀의 침대 발치에 서 계신 느낌이 든 적도 있었다.

"믿을 수 있으면 좋겠어요." 그녀가 말했다. "사람들이 왜 종교를 믿는지, 마지막이 가까워지면 왜 종교에 귀의하는지 이해할 수 있을 것 같아요. 내가 천국에 간다고 우리 부모님이 믿는 걸 종교가 돕는다면 해로울 게 뭐가 있어요? 나는 우리 몸이 에너지로 이루어져 있다고 믿고, 그다음 어떤 상태가 되든 평화로울 것이라고 믿어요. 난 평안할 거예요. 그 상태를 의식하든 못하든 상관없이."

그녀는 확신했다. 의료 조력 사망이라는 선택지가 있다는 사실만으로도 많은 위안을 받았다는 사실을. 그리고 고통을 받지 않아도 된다는 사실에 감사했다. "신이 있다면 자애로운 신일 것이라 믿어요. 신도 제가 한 선택을 이해할 것이라 믿어요."

• • •

욜란다의 의료 조력 사망을 시행하는 날, 간호사 유리를 기다리며 시계 바늘이 10시 30분을 넘어가는 동안 나는 배낭을 열고 커다란 직사각형 상자를 꺼냈다. 시행에 필요한 약물과 주사 바늘이 들어 있는 키트였다. 나는 일부러 방 안에 있는 사람들을 등지고 서서 내가 하는 일이 보이지 않도록 하면서 상자를 식탁에 놓고 봉인된 테이프를 떼어내어 내용물을 베이킹 시트에 늘어놓기 시작했다.

서두르고 싶은 마음이 굴뚝같았지만, 속도를 늦추고 꼼꼼히 일을 하자고 자신에게 타일렀다. 플라스틱 포장을 하나씩 뜯을 때마다 리스트에 체크를 해나갔다. 약물을 주입하는 다섯 개의 커다란 주사기, 체크. 튜브에 약물이 머물러 있지 않고 몸에 잘 들어가도록 식염수를 주입하는 네 개의 작은 주사기, 체크. 나는 각 주사기를 차례로 채웠다(체크, 체크, 체크). 그리고 시간과 욜란다의 이름, 환자 번호를 확인했다. 참석한 사람들 중 몇 명의 이름과 전화번호도 적었다(검시관이 요구하는 정보다). 나는 몸에 익은 리듬에 따라 움직였고, 집중력도 바늘 끝만큼 날카로워졌다. 마지막 리스트까지 모두 체크를 한 다음 나는 몸을 세웠다. 조금 전 모두 노래를 할 때는 울고 있었지만, 이제는 더 이상 울지 않았다.

유리가 10시 40분경에 서둘러 들어왔다(그에게 영원한 축복을!). 창밖으로 영구차와 장의사 직원들도 도착한 것이 보였다. 그들은 현관문 바깥 쪽에서 참을성 있게 기다리고 있었지만 음침한 분위기를 자아내기에 충분했다. 게다가 UHN에서 욜란다의 시신을 기다리고 있는 외과 팀에게 가는 일정도 늦어지고 있다는 걸 상기시켜주는 광경이기도 했다. 증인들이 장의차를 보고 마음이 흔들릴까도 걱정됐다.

나는 욜란다에게 가서 귀에 대고 속삭였다. "오케이, 모두 부엌으로!" 그녀가 외쳤다. 시행 과정을 지켜볼 수 없다고 말했던 친구에게는 "이제 2층으로 올라갈 때야" 하고 말하면서 그를 껴안았다. 그 친구뿐 아니라 참석한 모두를 차례로 껴안았다. 그런 다음 거실 구석에 놓인 벨벳 커버의 1인용 소파에 앉아서 앞에 놓인 푹신한 발판에 발을 올렸다. 고개를 들면 유리창 너머로 거리와 여름의 나무들이 보이는 자리였다. "자, 이게 내 마지막 인용구야." 그녀가 말했다. "나는 사랑과 평화에 둘러싸여 있다. 지금보다 나의 선택에 더 강한 확신이 들었던 적은 없다."

유리는 주사 바늘을 꽂기 위해 정맥을 찾으려 애썼지만 실패했고, 다시 한번 시도를 해야 했다(왜 단 한 번도 뭐가 제대로 돌아가는 적이 없을까). "포트를 쓰면 안되나요?" 욜란다가 차분하게 물었다. 약물 투여를 위해 쇄골 근처에서 시작해 가슴으로 들어가도록 심어놓은 포트로, 약물로 점철된 그녀의 지난 몇 년을 보여주는 장치를 말하는 것이었다. 그걸 생각해내지 못한 걸 창피하게 생각하며 우리는 정맥주사 튜브를 포트에 연결한 다음 튜브를 욜란다의 등 뒤로 보냈다. 무슨 일이 일어나는지 아무도 보지 못하도록 하기 위해서였다.

나는 욜란다 옆에 놓인 낮은 탁자에 걸터앉았다. "이제 동의를 구할 거예요." 그렇게 말하고 여러 사실을 나열했다. "당신은 희귀한 폐 질환 진단을 받았고, 병이 많이 진행된 상태입니다.

당신은 여러 가지 대안에 관한 조언을 들었고, 그 대안 중 어느 것도 받아들일 수 없습니다. 병으로 인해 고통을 받고 있습니다. 당신은 조력 사망을 요청했습니다." 그런 다음 내가 사용할 약물을 하나하나 거명했다. 모든 의사가 다 그렇게 하지는 않지만 나는 우리가 이 일을 제대로 할 것이라는 걸 욜란다가 알기를 원했다. 마지막으로 내가 말했다. "이 시술의 결과는 당신의 사망입니다. 사망한 후 나는 검시관에게 전화를 합니다. 진행하기를 원하시나요?"

내가 질문과 설명을 하는 동안 내내 욜란다는 치열하게 빛나는 눈으로 나를 차분하게 바라봤다. 동의를 할 때 그녀의 목소리는 약간 떨렸지만 명확했다. 철저하게 하기 위해, 그야말로 마지막까지 철저한 그녀는 동의하는 내용을 글로 써두기까지 했다.

그녀의 친구들이 다시 방으로 들어와 그녀 주변을 둘러쌌다. 일부는 그녀 옆에 무릎을 꿇어 앉았고, 일부는 서 있었다. 모두 울면서 동시에 미소를 짓고 있었다. 사랑이 넘쳐났다. 누군가가 욜란다의 발을 주물렀다. "이보다 더 나은 작별 인사는 상상할 수가 없어." 욜란다는 한 사람 한 사람과 눈을 마주치며 그렇게 말했다. "이제 마지막 플레이리스트를 틀어줘."

심플 마인즈의 〈날 잊지 말아줘Don't You(Forget About Me)〉에 이어 콜드플레이의 〈널 낫게 해줄게Fix You〉를 비롯해, 지친 마음과 작별에 관한 노래들이 흘러나왔다. 욜란다는 한 단어도 빠짐없이 모두 따라 불렀다.

그녀가 보지 못한 것은 그녀 뒤에 선 유리와 내가 은근히 주고받는 눈짓이었다. 나는 이미 10cc짜리 주사기로 진정제 미다졸람을 주입했다. 주사액을 주입할 때마다 나는 작은 소리로 시간을 말했고, 유리가 그걸 받아 적었다. 오전 11시 04분 미다졸람. 미다졸람은 보통 효과가 빠르게 나타난다. 포트로 주입을 하면 심지어 더 빠르다.

　그러나 욜란다는 계속 깨어 있었다. 눈을 감은 적도 있지만 계속 노래를 하고 있었다. 그런 힘이 어디서 났는지 알 수가 없었다. 어쩌면 에너지를 쥐어 짜내서 쓰는 데 너무 익숙해져 있어서일 수도 있다. 어쩌면 그녀의 꺾을 수 없는 정신력 덕분일 수도 있다. 나는 튜브에 식염수를 넣어서 주사약이 몸속으로 들어가는 걸 도왔다. 욜란다는 계속 노래를 불렀다.

　나는 유리에게 리도카인을 달라고 속삭였다. 이미 언급했지만, 이 마취제는 혈관의 감각을 마비시킨다. 그다음에 주입하는 프로포폴이 혈관에 들어가며 타는 듯한 느낌을 주기 때문이다. 나는 그녀가 잠이 들었다 하더라도 프로포폴이 들어가면서 몸을 움찔거리는 걸 원치 않았다.

　유리는 내가 가져온 여분의 약 상자에서 미다졸람을 더 가져오겠다고 자청했다(나는 언제나 여분을 가지고 다닌다). "조금만 더 기다려봅시다." 내가 속삭였다. 나는 식염수를 더 주입했다. 눈에 띄지 않게 손을 욜란다의 목 옆으로 가져갔다. 그녀를 편하게 해주는 듯한 자세이기도 했지만 다른 목적도 있었다. 그녀의 맥박을 모니터하기 위해서였다. 노래 〈66번 도로Route 66〉의

중간 정도 지났을 때 욜란다가 마침내 잠에 빠져들었다. 그녀 입에서 나온 마지막 말이 '그 여행을 해'라는 건 너무나 적절하게 느껴졌다.

오전 11시 9분에 프로포폴 1000밀리그램을 주입했다(조의 이야기에서 언급했던 그 걸쭉한 약물 말이다). 프로포폴은 깊은 혼수상태에 빠지게 한다. 많은 환자들의 경우 프로포폴 1000밀리그램은 치명적인 양이다. 약물이 너무 걸쭉해서 프로포폴 주사기와 식염수 주사기를 번갈아 주입해야 했다. 눈에 띄지 않게 몸을 기울여 주사기에 체중을 싣는 요령을 터득하긴 했지만 약을 전부 다 주사하는 데만도 2분가량 걸렸다. 5분 정도 흐른 후, 욜란다의 호흡을 더 이상 육안으로 확인할 수 없었다.

그러나 그게 끝이 아니었다. 그녀의 심장이 여전히 뛰고 있는 것을 감지할 수 있었다. 오전 11시 14분, 마지막 약물인 로쿠로늄을 주사했다. 폐를 마비시키는 약물이다(나는 환자가 이미 사망한 후에도 준비한 약물을 모두 사용한다). 유리와 나는 경동맥으로 욜란다의 맥박을 계속 확인했다. 너무도 오랫동안 호흡을 하기 위해 수많은 근육을 사용해온 욜란다는 혈관이 툭 튀어나와 있었다.

나는 다른 사람들도 욜란다의 맥박을 볼 수 있을까 걱정됐다. 하지만 아무도 이 과정을 지켜보고 있지 않았다. 모두 울고, 노래 부르며, 욜란다의 얼굴이나 바닥 혹은 천장을 보면서, 서로에게, 혹은 욜란다에게 매달려 있었다. 그녀에게 닿을 수 있다면 어디라도, 그녀의 무릎, 그녀의 발목 어디에라도 손을 대고 있었다.

　욜란다가 강하다는 건 나도 알고 있었다. 하지만 그녀는 내가 생각했던 것보다 더 강했다. 이미 약물로 그녀는 깊은 혼수 상태에 빠져든 후였다. 다시 깨어나지는 않을 것이다. 이제 할 수 있는 일은 기다리는 것뿐이었다.

　난 이미 의료 조력 사망을 수십 건 시행했다. 어떻게 해야 내 감정을 제어할 수 있는지 잘 알고 있었다. 머릿속에 떠오르는 생각을 한쪽으로 밀어두고 내가 해야 할 일을 친절하고 효율적으로 해내는 데 집중해야 했다. 내 감정이 끼어들 자리는 없었고, 그래서 감정이 개입되지 않도록 애를 썼다. 그러나 나는 다시 울고 있었다. 대부분의 의료 조력 사망 요청 환자들보다 욜란다와는 더 많은 시간을 함께 보냈다. 음악과 춤과 다정함으로 이날을 하나의 의식으로 만드는 데 성공한 그녀의 가족은 감동을 주었다. 의료 조력 사망을 시행함으로써 나는 욜란다가 원하는 것을 하고 있는 것이지만, 시행의 위력도 잘 알았다. 나는 이 일을 생명을 끝내는 것이 아니라 생명을 존중하는 것이라고 생각한다.

　그러나 욜란다의 가녀린 어깨에 손을 얹은 채 거기 서 있던 그 순간 나는 죄책감도 들었다. 그녀를 실망시킨 여러 가지 일들, 길고도 긴 리스트를 하나하나 짚어봤다. 애초에 주고받지 않아도 됐을 수많은 이메일, 길고도 긴 지연, 심지어 오늘 있었던 부끄러운 실수(이미 약물 포트가 있다는 걸 어떻게 잊을 수 있다는 말인가).

당시에는 몰랐지만 그녀가 죽은 후에도 실수는 계속됐다. 나는 욜란다가 그녀의 이모에게 시신 운반용 부대에 들어간 채 집을 나서고 싶지 않다는 의사를 확실히 밝힌 것을 알지 못했다. 장의사 직원들이 부대를 들것에 싣고 들어와서 그녀의 시신을 넣고 지퍼를 올리기 시작하자, 이모가 정신이 거의 나갈 듯한 상태가 되어 내게로 왔다. 나는 "미안합니다만, 시신을 노출된 상태로 밖으로 가지고 나갈 수 있을지 모르겠어요"라고 말해야 했다.

그때만 해도 장의사 측에서 시신을 받았다는 확인을 해주지 않는다는 전화를 욜란다의 삼촌으로부터 받을지 몰랐다. 한바탕 퍼부어줄 준비를 한 채 장의사에 전화할 때만 해도, 병원 영안실에 장의사 직원들이 갔는데 그녀의 시신을 인계해줄 사람이 없었다는 말을 듣게 될 줄도 몰랐다. 이미 오후 4시가 훨씬 넘어서 장의사와 병원 영안실 양쪽 모두 직원들이 퇴근할 준비를 할 시각이었다. 나는 그녀의 시신이 장의사에 도착해야 가족들이 의식을 치를 준비를 시작할 수 있다는 걸 알고 있었다. "다시 병원에 전화해보세요." 나는 이를 악문 채 장의사 측 코디네이터에게 말했다(다행히 그녀는 내 목소리에 깃든 절박함을 알아차리고 최선을 다했고, 무사히 진행이 됐다).

그러나 달콤한 순간들을 경험하리라는 예측 또한 하지 못했다. 검시관이 다시 전화하기를 기다리는 동안 가족들과 이야기를 나눌 시간이 많았다. 나는 욜란다가 마지막 밤을 아버지 품에 안긴 채 평화롭고 위안을 받은 상태로 보냈다는 이야기를 들었다. 그녀의 아버지가 검시관과 이야기를 하는 증인 노릇을 자처할 것이라고는 상상하지 못했다. 그가 "욜란다의 결정으로 마음이 괴로웠습니다. 하지만 모든 걸 지켜본 지금, 언젠가 때가 되면 나도 의료 조력 사망을 원할 것이라는 생각이 드는군요"라고 말할 것이라고도 상상하지 못했다. 그 말에 나는 거의 무너질 뻔했다.

한참 후에야 나는 깨달았다. 욜란다야말로 내가 희망하는 의료 조력 사망의 가장 모범적인 케이스라는 사실, 다시 말해 적절한 사람에게는 이 제도가 돌봄의 필수적 요소라는 사실 말이다. 그와 동시에, 그녀의 사례는 나를 좌절시키는 이 제도의 부족한 점을 최악으로 보여주고 있다는 사실도 나중에야 깨달았다. 우리는 좋은 일을 하고 있다. 하지만 우리는 이 일을 더 잘 해내야만 한다.

결국 마지막까지 이르는 길을 이끈 사람은 내가 아니라 욜란다 자신이었다. 그녀를 아는 나로서는 그러리라 미리 짐작했어야만 했다.

욜란다의 맥박이 마침내 멈추자, 나는 그녀의 목에서 손을 뗐다. 살살, 부드럽게 그녀의 산소 줄을 떼어냈다. 청진기를 그녀의 가슴에 댔다. 시계를 봤다. 그리고 조용히 말했다. "사망 시간, 오전 11시 23분입니다."

배운 것들

나는 그들을
내 마음에 들여야만 한다.

환자에게 마음을 쓰게 되지만 그와 동시에, 일을 해내려면 감정을 한편에 몰아넣고 돌아보지 않아야 한다는 사실. 누군가를 내 마음에 들이고, 그런 다음 그들의 생명을 중단시켜야 한다. 초기에는 내가 느끼는 도덕적 갈등이 오히려 안심되는 일이라고 스스로에게 이르곤 했다. 내가 간과했던 것은 계속 누적되는 마음의 짐, 한 방울 한 방울 모여서 커다란 파도가 될 수밖에 없는 마음의 짐이었다.

의료 조력 사망을 시행하면서 의학에 대해, 인간에 대해, 나 자신에 대해 배운 것은 무엇일까? 이 일을 시작한 5년 전만 해도 나는 이런 종류의 질문을 하지 않는 사람이었다. 그러나 누군가가 죽는 것을 도울 때 우리 의사들이 해야 하는 일과, 어떻게 그 일을 시행하는지에 대한 이해의 근간에 변화가 왔다. 거기에 더해 이 일에 대해 내가 개인적으로 어떻게 느끼는지도 달라졌다. 모든 것이 아직도 변화 중이다.

교훈 1. 사람들은 조력 사망이라는 선택지를 원한다. 이 글을 쓰고 있는 현재 지구상의 195개 국가 중 열두 개 이상의 국가 내

서른 개 이상의 자치구에서 의료 조력 사망을 허용하고 있다. 캐나다에서는 자신의 몸에 대한 결정권을 인정하는 인권 및 자유 헌장에 이 권리가 새겨져 있다. 그리고 캐나다인들은 이 권리를 행사하고 있다. 의료 조력 사망이 합법화된 지 4년이 채 지나지 않은 2020년 12월까지 2만 1000명 이상의 캐나다인이 이를 통한 죽음을 선택했다. 캐나다 내 사망 건수의 약 2.5퍼센트를 차지하는 숫자다. 이 비율은 점점 더 높아질 게 확실하다. 예를 들어 베네룩스 3국처럼 의료 조력 사망 역사가 더 긴 지역에서는 조력 사망 비율이 4~5퍼센트 수준이다.

사람들은 조력 사망에 대한 요청이 더 쉽고, 방해물은 더 적어지길 원한다. 2021년 3월, 캐나다 의회는 C-7 법안을 통과시켜 의료 조력 사망 자격을 확대했다.

이 책 전체를 통해 RFND 조항, 즉 '어느 정도 가까운 시일 내에 자연사를 할 것이라는 합리적 예측이 가능해야 한다'는 조항에 대해 여러 번 이야기했다. 의사들 사이에서, CAMAP 온라인 포럼에서, 그리고 우리의 양심을 위해 얼마나 이 문제에 대한 치열한 토론이 이루어졌는지도 이야기했다. '합리적'이나 '예측 가능'과 같은 단어가 무슨 의미이며, 그 법률을 어떻게 해석하고, 적용해야 할지에 관한 토론들이었다. 임상적으로 여러 단계가 잘 정의되어 있고, 사망까지의 궤적이 어느 정도 예측 가능한 암과 같은 질병을 가진 환자의 경우에는 명확하고도 잘 규정된 범위 내에서 일할 수 있다. 그러나 사망으로 향하는 궤적을 예측하기에는 너무 모호한 질병들이 매우 많다.

2017년 빅토리아에서 열린 CAMAP 첫 연례 회의를 종료하기 전 우리는 RFND에 대한 임상적 가이드라인이 필수적이라는 데 동의하고, 이를 개발하는 일에 착수했다. 이 가이드라인은 우리가 마음 편히 일할 수 있게 해줄 뿐 아니라 '너무 멀지 않은 미래'에 사망할 가능성을 융통성 있게 해석할 수 있는 여지를 마련해줬다. 다시 말하면, 환자의 사망이 예측 가능하다면 당장 죽어가고 있지 않다 해도 의료 조력 사망 자격이 있다는 의미다. 지난 5년간 우리는 이 프레임워크 내에서 성공적으로 일해왔다.

심지어 모든 질병 중 가장 기준이 모호한, 인지 능력이 저하되어가는 환자들을 돌볼 때도 이 원칙을 적용해 가이드라인 내에서 일하는 것이 가능했다. 예를 들어, 알츠하이머병은 치명적인 질병으로 환자가 5년에서 10년 사이에 죽음에 이를 것이라는 예측이 가능하다. 따라서 위에서 언급한 가이드라인을 사용해서 나는 사망 시기를 정확히 밝히지 않고도 환자가 의료 조력 사망 자격이 있는지 여부를 심사하고 결정할 수 있었다. 이 환자들의 추이를 조심스럽게 주시하고 있다가 동의 능력을 잃기 직전이라 판단될 때 개입해서, 환자와 가족들에게 이제 날짜를 정해 존엄성을 잃지 않고 세상에 작별을 고하겠다는 환자의 소망을 실행에 옮길 시기가 되었다고 조언을 했다. 환자는 이전에 했던 요청을 취소할 수 있다. 모든 환자가 그 권리를 가지고 있다. 그러나 진행하길 원한다는 사실을 확인한 후에도 시행 직전 그들의 동의는 필수적이며, 자신이 한 요청의 결과를 이성적으로 이해할 능력이 없어지기 전에 이런 동의를 할 수 있어야 한다는 사실을 상기시키곤 했다.

2021년 3월 이후, C-7 법안에 따라 이 범위가 확장됐다. 이제는 조력 사망을 제공받을 수 있는 두 가지 경로가 있다. 첫 번째는 몇 가지 업데이트가 있긴 하지만 지금까지 해오던 것과 거의 비슷한 경로다. 환자가 자연사를 할 것이라는 사실이 여전히 합리적으로 예측 가능해야 한다. 그러나 이제는 더 이상 의료 조력 사망을 요청한 후 열흘을 기다리지 않아도 된다. 또, 사망 시 증인이 두 명이 아니라 한 명만 있으면 된다. 거기에 더해 일부 환자들은 시행 당일 날 동의가 불가능해도 시행이 가능하게 되었다.

마지막 조건은 큰 의미를 지닌다. 환자와 시행자가 함께 작성한 서면 동의서가 있으면 의료 조력 사망 자격을 승인받은 환자가 가령 뇌졸중이나 갑작스런 치매의 악화, 혹은 통증 관리를 위해 마약성 약품 용량을 늘린 일 등으로 정신적 능력을 상실해도 시행자는 환자가 바라는 조력 사망을 시행할 수 있다는 보장을 받는 것이다.

이 동의서는 '최종 동의 포기서waiver of final consent'라고 부른다. 이 서류는 사전 지시서나 유언장과는 다르다. 그보다는 자격을 갖춘 환자와 시행자 사이의 서면 동의서라고 이해하는 게 정확할 것이다. 여기에는 상호 동의한 시행 날짜가 명시되는데, 시행 당일에 환자는 자기가 아침 식사로 무엇을 먹었는지 기억할 필요도, 심지어 자기 이름을 기억할 필요도 없다. 그러나 말,

300

몸짓, 혹은 소리로 약물 주입에 대해 조금이라도 거부하는 신호가 보이면 나는 시행을 하지 않는다. 환자가 능력을 잃지 않고, 또 다른 최종 동의 포기서에 서명할 수 있는 상태라면 날짜를 연기할 수도 있다. 의사는 추가로 일을 해야 하고, 이미 어느 정도 혼란을 겪고 있는 환자를 더 혼란스럽게 할 수도 있다. 그러나 내게는, 그리고 수많은 환자 가족에게는 그런 불편을 감수할 가치가 충분히 있는 안전 장치다.

고든은 이런 식의 업데이트가 첫 번째 경로에 해당하는 환자의 마음을 조금 더 편하게 해줄 수 있다는 것을 보여주는 좋은 예다. 내가 그를 만났을 때 그는 아흔 살이었고, 토론토 시내의 작은 아파트에 살고 있었다. 2020년 3월, 첫 번째 코로나19 봉쇄가 있기 며칠 전이었다. 아무도 마스크를 쓰지 않았다. 몇 블록 떨어진 곳에 사는 그의 쌍둥이 딸들도 와서 서성거렸다.

고든은 몸은 야위었지만, 활달하고, 활기차고, 상냥했다. 그는 캐나다 대초원 지역에서 수습 기자로 일하던 시절과 보험 세일즈맨, 예술품 중개인 등을 포함해 30년이 넘는 커리어를 쌓으면서 있었던 이야기, 요약하자면 그의 꽉 차고 멋진 삶에 대한 이야기로 넘쳐 흘렀다. "도전이고 모험이었어요." 그가 말했다.

1분 후 그는 그 말을 다시 했다. 단기 기억력이 매우 약해졌기 때문이다. 그는 이야기를 하고, 되감아서 다시 같은 이야기를 하는 것을 끊임없이 반복했다. 그러나 한 가지만큼은 명확히 했다. 적절한 시기가 되면 조력 사망을 원한다는 사실 말이다. "난 정말 행복한 삶을 살고 있어요." 그가 큰 소리로 말했다. "딸들이 정말 잘 돌봐주고 있고요. 하지만 때가 되면….”

그러나 그 ‘때’라는 것이 언제여야 할까? 그는 이미 길을 가다가 심하게 넘어진 적이 있었다(골다공증에도 불구하고 기적적으로 병원에 입원해야 할 부상은 입지 않았다). 입맛이 없어졌고 체중이 빠져서 이제 거의 해골처럼 보였다. 딸들이 차 열쇠를 뺏고 술을 모두 치워버렸다. 늘 긍정적인 성격의 고든은 술 대신 아이스크림을 받아들였다. 그의 딸들과 나는 너무 오래 기다리면 고든이 동의할 능력이 없어질까 걱정을 했다. 굉장히 아슬아슬한 상황이 될 것이라는 게 확실했다. 그러다가 내가 집에서 나오려고 일어서자 그가 서둘러 다가와 물었다. “오늘인가요?” 나는 더 불안해졌다.

코로나19의 무게에 모두가 가라앉은 상태로 해가 저물어가는 동안 나는 온라인 미팅을 통해 고든의 상태를 주기적으로 확인했다. 그의 상태는 안정적인 듯 보였고, 본인도 아직 살 만하고, 행복하며, 딸들이 잘 돌봐주고 있다고 나를 안심시켰다. 아직은 때가 아니었다.

그러던 어느 날 아침, 고든은 아파트 경비원에게 갔다. 전화에 문제가 있는지 작동을 시킬 수가 없었기 때문이다.

그의 전화는 아무 문제가 없었다. 그냥 어떻게 작동하는지를 고든이 잊어버린 것이었다. 딸들이 내게 전화를 했고, 나는 다시 심사를 했다. 이제 때가 된 듯했다. “난 준비가 됐어요.” 그가 말했다.

고든의 의료 조력 사망을 시행하는 날, 나는 완벽한 방역 복장을 갖추고 그의 아파트에 도착했다. "당신, 내가 아는 사람이죠, 그렇죠?" 그가 물었다.

"그래요, 고든. 복장이 이래서 미안합니다. 하지만 제가 오늘 왜 여기 왔는지 이유를 아시나요?"

"날 저세상으로 보내려고 왔잖아요." 그는 그렇게 대답하고는 다시 자기의 행복한 삶에 대한 이야기를 늘어놓기 시작했다. 안도감이 내 온몸을 휩쓸고 지나갔다.

그의 딸들은 훌쩍거리며 울고 있었다. 지난 며칠 내내 그랬다고 했다. 그들은 잘 다려진 셔츠와 코듀로이 바지를 세련되게 입은 아버지가 몸을 쭉 뻗으며 침대에 눕자 그 옆으로 올라가 그의 손을 잡았다. 그리고 아버지에게 입을 맞춘 다음 눈물을 닦고 영원히 사랑하겠다고 말했다. 고든도 딸들에게 할 말이 많았다. 딸들은 고든의 평생 매 순간마다 가장 소중한 보물이었다. 많지는 않지만 약간의 돈을 남겨 그 둘을 도울 수 있어서 얼마나 기쁜지 모른다고도 했다.

"고든?" 나는 대화가 잠시 중단이 되어 적절한 때라고 느껴진 순간 물었다. "주사를 시작할까요?"

"그래요, 시작하세요." 그가 말했다. 내가 약물 주입을 시작하자 그는 다시 딸들을 바라보며 조금 더 이야기를 했다. 그러다 어느덧 침묵이 방 안을 가득 채웠다.

좋은 죽음이었다.

정신적인 능력을 잃어가는 환자의 상태를 계속 추적하는 것은 쉬운 일도, 마음 편한 일도 아니지만, 고든의 경우는 모범적인 사례였다. 우리는 정신 능력의 악화가 서서히 하향 곡선을 그린다고 상상한다. 그리고 결정적인 순간이 닥치면 알아차릴 수 있을 것이라 상상한다. 그러나 의료 조력 사망을 기다리는 것은 믿음에 입각한 행위다. 환자의 의도에서 벗어나는 일, 예를 들어 목숨을 위협하는 뇌졸중이나 거동을 불가능하게 만드는 낙상 등의 일이 언제라도 벌어질 수 있다. 고든과 그의 딸들은 고든이 동의할 능력을 잃어버릴 수도 있다는 위험을 감수하며 살았다. 그는 운이 좋았다. 1년의 생을 더 즐기고도 좋은 죽음을 맞이할 수 있었다. 최종 동의 포기서 덕분에 고든과 같은 환자들과 그들의 가족들은 동의 능력을 잃어버릴 것에 대해 걱정하지 않아도 된다. 운에 의지하지 않아도 되는 것이다(실라와 리사, 이 부분을 쓰면서 당신들을 생각하고 있습니다).

한 가지 확실히 해두고 싶다. 나는 환자들을 모니터하고, 때가 될 때까지 최선을 다하며 기다리고 있다가, 때가 되면 그들의 눈을 똑바로 쳐다보면서 그들이 내가 무슨 일을 하기 위해 거기 왔는지를 안다는 사실을 확인하는 편을 훨씬 더 선호한다. 그러나 상황이 갑자기 변할 수 있는 환자의 경우 최종 동의 포기서는 환자에게나 의사에게나 신의 은총과도 같다. 이 법령은 2018년 의료 조력 사망을 한 오드리 파커를 기리기 위해 '오드리 개정안'이라고 부르는 사람이 많다. 그녀는 유방암이 뇌로 전이된 상태여서 나중에 동의를 하지 못할지도 모른다는 두려움 때문에 원하는 것보다 더 일찍 죽겠다는 결정을 했다. 그런 상황을 원하는 사람은 아무도 없다.

자, 여기까지가 첫 번째 경로다. 두 번째 경로는 심지어 더 큰 뉴스다.

두 번째 경로는 아직은 가까운 시일 내에 자연사를 할 것이라는 합리적인 예측이 가능하지 않지만 다른 자격 요건은 모두 충족시키는 환자들을 위한 것이다. 심각한 질환 혹은 장애를 가지고 있고, 신체적, 정신적 능력이 회복할 수 없을 정도로 악화된 상태이며, 질병이나 장애 혹은 신체적, 정신적 능력 저하가 지속적이고, 참을 수 없으며, 치유가 불가능한 고통을 초래하고, 고통 완화 치료를 포함한 치료 및 돕는 방법에 대한 정보를 모두 검토한 후 동의를 한 환자들이 여기에 해당한다. 이 환자들의 경우에는 이제 더 이상 가까운 시일 내에 자연사를 할 것이라는 합리적인 예측이 가능하지 않아도 된다.

두 번째 경로에 해당하는 환자들은 의료 조력 사망을 요청한 후 시행까지 90일을 기다려야 하고, 그 기간 동안 사회적, 물리적 서비스와 장애 및 정신 건강 서비스에서 받을 수 있는 모든 도움에 관해 상담을 받고 이를 진지하게 고려해야 하며, 심사자가 환자의 사례에 해당하는 전문 지식이 없을 경우 전문가와 상의해야 한다. 이 모든 조건이 충족되면 의사가 합법적으로 의료 조력 사망을 시행하는 것이 허용된다. 그러나 언제나 그렇듯 새로운 문제들이 고개를 들게 마련이다.

예를 들어, 그냥 단순히 나이가 많은 경우에도 노인 본인이 자신의 능력이 치유할 수 없이 악화되어 치료가 불가능한 고통을 초래하고 있다고 믿으면 의료 조력 사망을 요청할 수 있도록 해야 할까? 만일 그렇다면 고령은 의료 조력 사망을 요청하거나 제공받을 수 있는 충분한 이유가 된다는 말인가? 두 번째 경로의 조건만을 따지면 답은 아마도 '그렇다'일 것이다. 캐나다 인구 고령화 상황을 감안하면, 고립되어 외롭게, 가장 기본적인 욕구만을 충족시키는 생활을 하면서도 남에게 의존을 하거나 창고 같은 장기 요양 시설에서 여생을 보내야 하는 노인들 중 더 많은 수가 그런 종류의 고통에서 탈출하는 수단으로 의료 조력 사망을 볼 수도 있을 것이다. 사실 코로나19 팬데믹 기간 중에 그런 기미가 살짝 보이기도 했다. 인지 능력이 현저히 저하하거나, 인간적 유대와 삶의 목적을 상실했거나, 삶이 아무런 의미가 없다는 느낌. 우리는 준비가 되어 있어야 한다.

그뿐이 아니다. 2023년 3월부터는 '정신 질환이 유일한 의학적 문제'인 경우에도 의료 조력 사망 요청 자격이 인정되었어야 한다. 이 글을 쓰는 현재, '정신 질환이 유일한 의학적 문제'인 경우에 대한 논란과 토론이 격렬하게 진행되고 있다. 이 조항이 법제화되면 캐나다는 세계에서 가장 진보적인 조력 사망법을 보유한 나라가 될 것이다(이 정신 질환 조항이 아니라도 캐나다는 이미 세계 선두 그룹에 속해 있다). '정신 질환이 유일한 의학적 문제'인 경우 자격 요건이 충분한지를 판단하는 것은 어렵고도 지난한 일이 될 것이고, CAMAP 포럼은 다시 한번 질문과 의혹으로 달아오를 것이다. 우리가 앞으로 나아갈 길은 지금까지 걸어온 길과 많이 다를 게 분명하다.

모두가 그렇듯 나도 삶의 가치와 의미, 목적과 같은 문제들과 씨름한다. 그러나 내가 하는 일 때문에 나는 다른 사람의 삶의 정의를 매우 구체적으로 내려야 할 의무가 있다. 그래서 자기 확증과 위안을 얻기 위해 다양한 곳으로 눈을 돌리게 된다.

유발 하라리는 《호모 데우스》에서 인류가 죽음 자체를 정복할 가능성에 관해 이야기한다. 그는 신체 각 부위를 대체하는 것으로 시작해서 인공 지능이 정신을 대체하는 것으로 끝날 것이라 말한다. 죽음을 정복하기 위해 치르는 대가로 우리는 삶의 가치에 대한 의미를 잃게 될 것이다.

그는 자유 인본주의가 종교, 사회주의, 자본주의를 대체해서 신념의 근간으로 등장했다고 주장한다. 우리는 더 이상 내세에 보상을 받기 위해 현세에 잘 살지 않아도 된다. 심지어 더 이상 내세가 있을 것이라 기대하지도 않는다. 민족적 정체성이나 집단 책임감이 개인주의에 영향을 주지도 못한다. 개인의 삶의 가치는 전적으로 그 사람 자신에게 달려 있다. 자신이 왜 존재하고, 삶의 의미가 무엇이고, 삶을 언제 어떻게 끝내야 할지에 대한 존재론적 위기에 처하면 다른 어디에도 의지하지 못하고 스스로 모든 결정을 내려야 하는 불행한 상황에 봉착하는 것이다. 혼자서 감당하기엔 너무나 큰 짐이다. 능숙한 데이터 분석가인 욜란다마저도 그런 문제를 혼자 해결하고 싶어 하지 않았다.

그러나 인본주의는 C-7 법령을 떠받치는 논리의 근간이기도 하다. 바로 인간은 모두 죽는다는 천고의 진리 말이다. 노령은 그때까지 살아있는 모든 사람이 도달하는 마지막 단계다. 그리고 고통은 그 고통으로 말미암아 목숨을 잃게 되기 훨씬 이전부터 참을 수 없는 수준이 되기도 한다. 나이가 들거나 병이 깊어지는 과정에서 정신 능력이 더 좋아지는 사람은 거의 없다. 따라서 고통이 극심하고, 자신의 삶에 대한 가치를 스스로 결정할 수 있다면 조력 사망을 요청할 수도 있고, 의사들이 그런 사람을 도울 수도 있는 일이다.

•••

교훈 2. 우리는 지금보다 훨씬 잘 해야 한다. 팬데믹은 캐나다라는 나라와 우리 사회가 얼마나 노인들을 경시하는지를 수치스럽게도 만천하에 드러냈다. 수십 년에 걸쳐 자금을 다른 곳으로 돌리고, 스태프는 부족하고, 가족 특히 여성들에게 의존한 끝에 노인들에 대한 돌봄이 얼마나 부족해지고 얕팍해졌는지가 너무도 상세하게 보여서 무서울 지경이었다. 코로나19 1차 유행 당시 사망자의 90퍼센트가 노인들이었다. 자그마치 90퍼센트!

재앙과도 같았던 팬데믹 초기 몇 달이었지만 희미하나마 한 줄기 빛이 있었다. 바로 장기 요양원에서 떼죽음당하는 노인들 소식이 소셜미디어에 확산된 것이었다. 공공자금으로 운영되는 요양원은 사립 요양원보다 상황이 조금 나았다. 아주 조금! 그러나 더 사려 깊은 인력 배치 모델, 더 신중하고 책임 있는 돌봄 노동 시간 정책을 사용하면 취약한 노인들을 더 잘 보호할 수 있다는 것을 절감하게 됐다.

앞으로 캐나다의 각 지역 자치구들은 이렇게 얻은 교훈에 귀를 기울일 것인가. 온타리오에서는 직접적으로 환자를 돌보는 시간을 하루 세 시간까지로 기준을 높이고, 대기 시간을 줄이고, 각 환자에게 더 많은 공간을 제공할 수 있도록 하는 법안을 준비 중이다. 하지만 그것은 우리가 감정이 아니라 행동으로 노인들을 돌보는 데 필요한 첫걸음에 불과하다. 24시간 돌봄이 필요한 사람은 너무 많은데, 죽을 때까지 그런 돌봄을 제공받지 못하는 사람들이 너무 많다.

의료 조력 사망을 시행한 5년 사이 알게 된 것 중 가장 가슴 아픈 부분은 너무도 많은 사람이 혼자라는 사실이었다. 친구, 가족이 모두 먼저 죽고 홀로 남은 사람이 얼마나 많은지 모른다. 오래 병을 앓다 보면 좋은 의도를 가졌던 친구들마저 지쳐서 점점 멀어지는 경우가 많다.

우리는 어쩌다 노인과 병약자를 돌보는 것이 사회의 기본 신조가 아니라 보기 드문 일이 되도록 방치해왔을까? 그 사실은 인간의 미래에 대해 어떤 의미를 가지는가? 노인들을 눈에 띄지 않게 시설에 넣고 방치한 채 홀로 내버려두고, 낙상을 방지한답시고 일찍부터 휠체어를 사용하게 하고, 죽는 날을 손꼽으며 기다리는 방식을 계속하다 보면 일부에서 '더 쉬운 출구'라고 부르는 방법으로 사람들이 몰리는 최악의 상황으로 이어질 수도 있다. 나는 의료 조력 사망이 필요하다는 확신을 가지고 있는 사람이지만 우리 사회의 노년층에게 이런 미래가 기다리고 있다는 생각을 하면 두렵고 끔찍하다.

오해하지는 말았으면 한다. 취약한 노인들과 만성 질환을 앓고 있는 환자들이 병원과 장기 요양 시설에서 극진한 돌봄을 누리는 경우도 많이 봤다. 헌신적인 자원봉사자들과 직원들이 단순하지 않은 육체적 장애와 많은 부분이 사라진 정신을 가진 가족이나 타인을 돌보는 광경을 목격하곤 한다. 그들의 가치와 목적 의식을 우리는 인정하고 귀하게 여겨야 한다. 톰의 간호사들처럼 말이다. 그들은 조용한(팬데믹을 거치면서 더 이상 조용히 남아 있지만은 않는) 영웅이고, 취약한 사람들의 수호자다.

그러나 나는 같은 환자라도 시간이 흐르면서 점점 더 많은 돌봄을 필요로 하는 상황이 어떻게 벌어지는지 목격한다. 가족들과 돌보는 사람들에게 슬픔, 애도, 외로움과 함께 두려움, 피로가 어떻게 밀려드는지도 목격한다. 죽는 것 자체도 복잡하고 골치 아픈 일이지만, 그 과정은 죽어가는 사람을 돌보는 막중한 책임을 떠안은 가족들에게도 엄청난 도전이다. 그들은 한순간도 쉬지 못하고, 갑작스러운 위기가 닥칠까 계속 긴장하며 살아가야 해서 번아웃 증후군을 겪을 위험이 가장 높은 사람들이기도 하다.

여든 살이 넘은 나는 노령을 생애 말기 상태로 보는 시각에 대해 특히 민감할 수밖에 없다. 스스로도 이런저런 부족함과 조금 일을 덜 하고 싶어 하는 경향, 조금 도와주겠다는 사람의 제안을 감사히 덥석 받는 나 자신을 잘 알고 있다. 그러나 그렇다고 내 능력이 약화되고 있다고 추정하는 상대를 만나면 멈칫하게 된다.

어쩌면 두 번째 경로가 도입되기 전 이니드의 의료 조력 사망 요청을 승인하지 않았던 것도 그런 이유에서였는지 모르겠다. 그녀는 아흔네 살이었고, 실버타운에서 독립적으로 살고 있었다. 내가 일하는 병원까지 직접 운전해서 왔고, 나와 함께 일하는 간호사는 너무도 젊어 보이는 그녀의 모습에 입을 다물지 못했다. "예순 살 마릴린 먼로처럼 보이지 않나요?" 간호사는 이니드를 복도 끝에 있는 내 진료실로 안내하며 그렇게 크게 말했다(그녀가 환자를 직접 안내하는 일은 한 번도 없었다). 나는 이니드를 진찰했다. 아무런 이상도 발견하지 못하면서 진찰은 더 세밀하고 철저해졌다. 만성 질환도 없고, 혈관도 깨끗했다. 모든 면에서 결점이 없고, 육체적, 정신적, 인지적 능력이 좋았으며, 내게 굉장히 짜증이 나 있었다. 그녀가 원하는 것은 의료 조력 사망이었기 때문이다. 잘 살아왔지만 이제는 끝내고 싶었다. 가족이 많았지만 외로웠다. 이제 해방되고 싶었다.

이니드는 유발 하라리가 말했던 자기 삶의 가치를 스스로 결정하는 개인 그 자체였다. 게다가 아흔네 살 노인이라면 누구나 죽음을 예측할 수 있었다. 그러나 그녀는 내가 가진 의료 조력 사망 자격을 충족시키지 못했다. 내 판단과 행동은 돌봄의 의무에 깊게 뿌리내리고 있고, 인본주의적 계율보다는 사회적 계율에 더 영향을 받는다. 이니드의 경우 나이는 '많이 진행'됐지만 많이 진행된 질병을 가지고 있지는 않았다. 그녀의 삶이 여전히 가치와 목적성을 지니고 있다고 간주하는 내 도덕률로는 "이제 지쳤어요"라는 그녀의 이유가 죽음을 원하는 사유로 충분치 않다는 결론을 내릴 수밖에 없었다. 나는 이니드에게 케이스를 완전히 종결짓지 않고 열어놓을 테니 계속 연락하자고 말했다.

나중에 한 동료 의사에게 이니드와 그녀의 완벽한 건강에 대한 이야기를 했다. "내게 보내지 그랬어요." 그녀가 꾸짖듯 말했다. "적어도 그 정도는 해주시지. 나라면 승인을 했을 텐데."

나는 너무 놀라 물었다. "무슨 근거로요?"

"그녀가 지금까지 살아낸 삶을 근거로요." 그녀가 대답했다. 우리는 각자 다른 의견을 가질 수 있다는 데 의견을 같이했다.

의료 조력 사망을 시행하기 시작한 후 몇 년 동안 나는 이런 종류의 문제를 가지고 내 양심과 씨름하며 밤을 지새우곤 했다. 우리는 환자에게 최선을 다했는가? 그들이 더 많은 도움을 받을 수 있었다면 어땠을까? 나는 이렇게 잠을 못 이루고 있는 것 자체가 내가 하는 질문이 제대로 된 질문이기 때문이라고 스스로에게 타일렀다. 아마도 내 환자들에게 옳은 일을 하고 있을 것이라고.

그런데 이제 내 경험과, 새로 도입된 법률들이 합쳐져서 다시 한번 불면의 밤들로 향하는 것 아닌가 하는 생각이 든다. 우리의 집단적 실패에 대한 나의 도덕적 고뇌가 죽음을 요청하는 환자의 권리를 방해하는 지점에 도달한 것일까?

두 번째 경로의 사례들은 분석하기가 힘들다. 쉬운 방법은 그런 환자들을 다른 심사자에게 넘기는 것이다. 그들은 아마 환자들이 원하는 대로 해줄 확률이 높다. 그러다 보면 결국 또 다른 문제, 의료 조력 사망 요청 심사자와 시행자의 인원이 너무도 적다는 문제에 봉착하게 될 것이다. 대부분의 시행자들은 내가 아는 사람들이고, 그들도 대부분 나를 안다. 더 많은 의사가 절실히 필요하다. 상황이 굉장히 나빠질 것이기 때문이다.

•••

교훈 3. 의료 조력 사망을 시행할 수 있다고 해서 시행해야 하는 것은 아니다. 두 번째 경로에 대해 내 마음이 편치 않은 이유 중 하나는 바로 이것 때문이다. 내게 심사를 요청한 환자들 중 많은 수가 치료법을 하나 더 시도해보고 싶다거나, 곧 태어날 아이를 보고 싶다거나, 한 번만 더 크리스마스를 보내고 싶다고 말하곤 한다. 그러면 나는 고개를 끄덕인다. 그들은 아직 나를 필요로 하지 않는다. 그저 함께 있을 누군가가 필요한 것이다. 결국 그들이 필요로 하는 것은 옆을 지켜줄 사람이지 의료 조력 사망이 아닐 수도 있다.

나는 아직도 내가 의료 조력 사망을 시행한 환자 중 한 명을 생각하면 마음이 괴롭다. 여기서는 그녀를 '세라'라고 부르겠다. 고통 완화 치료 주치의는 세라의 집으로 왕진을 갔다가 급작스러운 상태 악화에 놀라 내게 전화를 했다. "하루 이틀 사이에 시행을 하는 게 가능할까요?" 나는 재빨리 움직였지만 내가 갔을 때 세라는 이미 깨우기도 힘들 정도였다. 성인이 된 그녀의 아들 셋이 모여 있었다. 모든 일이 너무 빨리 진행되는 것에 셋 다 엄청나게 괴로워하는 게 내게까지 전달됐다. 서둘러 도착한 나는 스스로 죽음의 전령 같다는 느낌을 받으며 의료 조력 사망을 시행하고 검시관에게 전화한 다음 자리를 떴다.

몇 년이 지난 지금이라면 아마도 그렇게 하지 않았을 것 같다. 아들들에게 "내가 이걸 하기를 원하세요? 아니면 그냥 어머니와 함께 앉아서 지켜보며 자연스럽게 돌아가시는 걸 지켜보시겠어요?" 하고 물었을 것이다. 그들이 마땅히 누렸어야 할 시간, 죽어가는 어머니와 조용히 함께 할 시간을 내가 빼앗아버린 게 아닐까 하는 생각을 지금도 한다.

얼이라는 환자에 대해서도 자주 생각한다. 그는 10년 동안 만성 통증에 시달려왔고, 계속 상태가 악화되고 있었다. 그러나 마약 중독을 극복한 경력이 있는 그는 마약성 진통제를 복용하지 않으려고 무진 애를 썼다. 그는 서드버리에 있는 노인 생활 지원 주거 시설에서 혼자 살았고, 그가 개인적으로 고용한 사람들이 일주일에 몇 시간만 와서 요리, 청소, 빨래를 도왔다. 그와 이야기를 나눌수록 나는 얼이 의료 조력 사망에 대한 준비가 되어 있다는 확신이 들지 않았다. 나는 의학계에서 케타민이라는 약품을 진통제로 사용하는 것에 대해 새로운 인식이 생기기 시작했다고 설명했다. 케타민 임상 시험에 참여할 수 있다면 어떻게 하겠는지 물었다. 그는 기다리겠다고 동의했다.

몇 달 후, 그가 다시 전화를 했다. 짜증과 좌절감으로 목소리가 굳어 있었다. "케타민 임상 시험에 대해 아직까지 아무도 접촉하지 않았어요!" 그는 기다리기 지쳤다고 했다. 지금 당장 의료 조력 사망을 원했다. 나는 사람들에게 부탁을 해보겠다고 말했다. 도움을 더 받을 수 있게 해주겠다는 말도 했다. 하지만 나는 그를 격려하기 위해 이미 의료 조력 사망을 당근처럼 사용해 버렸고, 그는 자격이 있다는 승인을 받은 상태였다. 사회적 불평등, 중소도시와 시골에 더 부족한 복지 서비스, 얼을 포함한 너무도 많은 사람들에게 다른 선택지가 없는 듯한 느낌을 갖도록 하는 불공평함을 밤새워 비판할 수도 있지만 결국 그가 한 선택이고, 그가 자격을 갖췄다면 그의 선택을 존중할 의무가 우리에게는 있다. 결국 그는 케타민을 사용해봤지만 효과가 없었다. 그리고 의료 조력 사망을 받기 위한 절차를 밟았다. 우리는 그가 장기를 기증할 수 있도록 병원으로 이동하는 것을 도왔고, 그는 그렇게 뭔가를 남길 수 있다는 데 대해 말할 수 없이 기뻐했다.

이 글을 쓰는 현재 나는 두 번째 경로에 해당하는 의료 조력 사망을 한 건도 시행하지 않았다. 그러나 교묘하게 처리한 사례가 한 건 있기는 하다. 길었던 코로나19 봉쇄 기간 중에 환자 한 명을 두 번째 경로에서 첫 번째 경로로 이전시킨 것이다. 여기서는 그녀를 '주디스'라고 부르겠다. 주디스는 예술가이자, 이벤트 코디네이터였다. 한때 미술 기행 팀을 이끌고 유럽 여행을 다니기도 했던 그녀는 엄청난 예술품들이 즐비한 아름다운 아파트에 살았다. 2020년 11월 온라인 미팅으로 첫 심사를 했다. 이야기를 하면 할수록, 의료 조력 사망에 대한 그녀의 확신이 점점 옅어지는 느낌이 들었다. 거기에 더해 내 머릿속에 경고등이 켜지게 하는 말을 계속했다. 자기가 모아놓은 예술품들을 팔고 있다, 아파트를 유지하는 경비가 너무 많이 든다, 계약 기간이 끝나가고 있다 등등. 그녀는 돈이 떨어져가고 있어서 죽고 싶은 것일까? 그녀를 오랫동안 돌봐온 주치의는 확실히 그렇다고 생각했다.

2021년 여름, 코로나19로 인한 제한이 풀린 후 나는 주디스를 직접 방문했다. 그녀의 조카와 조카손자가 와 있었다. 그들은 주디스의 지출을 감당할 만한 충분한 돈이 있다고 나를 안심시켰다. 그녀의 병력을 확인하는 동안 그녀는 새로운 사실을 고백했다. 넘어짐 발작을 여러 차례 겪었다는 것이었다. 심장 부정맥으로 인한 졸도일 것이라고 추측됐다. 정신을 차려보면 바닥에 누워 있는데, 어떻게 그렇게 됐는지 전혀 기억할 수가 없었다. 아직 주치의에게 이야기하지는 않았다.

"주디스, 이건 자세히 검사를 해봐야 할 문제예요." 내가 말했다. "약도 있고 치료 방법도 있어요." 그녀는 고개를 저었다. 이제 더 이상 어떤 검사나 진료도 받고 싶지 않다고 했다. 혈압을 재보니 수축기 혈압이 185였다. 그 정도면 뇌졸중을 비롯한 갖가지 위험한 일이 언제 벌어질지 모르는 수준이었다. 모든 요건을 합치면 그녀를 첫 번째 경로 환자로 분류할 충분한 이유가 됐다.

한 가지 문제가 있긴 했다. 나보다 먼저 그녀를 만난 첫 번째 심사자가 그녀를 두 번째 경로로 분류한 것이다. 두 번째 경로의 환자들은 90일을 기다려야 했다. 하지만 아파트 계약은 9월 1일로 끝이 났고, 주디스는 기다리고 싶어 하지 않았다.

그래서 나는 한 번도 하지 않은 일을 했다. 처음 심사를 한 의사에게 재심을 부탁한 것이다. 평소 그런 요청은 그렇지 않아도 부족한 재원을 낭비하는 것이라 생각하는 쪽이지만 이 경우에는 꼭 필요한 일이었다. 새로운 정보가 나왔기 때문이다. 그는 주디스를 다시 심사했고, 첫 번째 경로에 부합된다는 데 동의했다. 기다리지 않아도 됐다. 나는 그녀의 의료 조력 사망을 8월 31일에 시행했다.

단순하지 않다고 했던 말이 이제 조금 더 이해가 갈 것이다.

•••

의료 조력 사망을 시행할 때 확실한 게 한 가지 있다. 바로 인간 본성의 최선과 최악을 목격할 것이라는 점이다. 해결하지 못한 문제들로 분하고 억울한 감정이 뭉근히 끓거나 끓어 넘치는 가족들을 만나게 될 것이다. 어느 자녀가 가장 사랑을 많이 받았고, 어느 자녀가 가장 관심을 못 받았는지 바로 보인다. 그 모든 것에도 불구하고 의료 조력 사망은 예측이 불가능한 자연사를 기다리는 과정에서는 불가능했을 방식으로 가족들을 한데 뭉치게 하는 힘이 있다. 그것이 바로 다음 교훈이다. 교훈 4. 의료 조력 사망은 아름다울 수 있다.

내 환자들이 의료 조력 사망 요청을 하겠다고 선언을 하면 그들을 사랑하는 사람들은 가슴 아파 한다. 그러나 환자 본인의 결정에 의문을 제기하는 경우는 매우 드물다. 내가 주로 감지하는 것은 신뢰다. 죽기 위한 도움을 요청했다면 충분히 숙고하고 내려진 결정일 것이라는 믿음, 그것이 정말로 필요한 게 틀림없을 것이라는 신뢰. 그래서 존중과 연대가 있다. 사람들이 분발을 한다. 형제, 자매, 자녀들이 필요한 일들을 해낸다. 다 함께 계획하고, 필요한 사람들을 차에 태워서 데려다주고, 음식을 나눈다. 시간을 내서 방문하고 추억을 떠올린다. 의료 조력 사망은 온 가족이 내가 위에서 언급한 감정들을 정리하고, 필요한 말을 할 수 있는 기회를 제공하고, 그 일들을 더 이상 미루지 않고 당장 하도록 한다. 어색할 때가 많다. 그러나 적어도 잘못된 일을 바로잡고, 그 일에 대해 화해와 평화를 구할 수 있는 문을 여는 역할은 한다. 조와 톰을 보면서 절감한 사실이다. 가장 중요한 일을 해내야 할 때, 사랑의 기억이 과거의 상처를 대신할 때가 오면 가족 간의 불화는 일거에 망각되고 만다.

시행하는 날에는 여러 세대가 모두 모인다. 아기를 안고 마지막 입맞춤을 한다. 나는 모인 친척들에게 설교를 하는 환자도 봤고, 살아있는 '망자'를 위한 정통 아일랜드풍 장례식 파티에 참석해본 적도 있다. 죽어가는 성인 자녀를 안고, 그들이 숨을 거둘 때까지 흐느낌을 참는 부모들도 지켜봤다. 눈물을 흘리기 시작하면 통곡을 멈출 수 없을 것 같아서였을 것이다. 그 강건한 용기와 힘은 말로 다 표현할 수가 없다.

• • •

교훈 5는 교훈 4의 필연적 귀결이지만, 의료인에게만 적용되는 부분이다. 교훈 5. 의학계 종사자인 우리는 의학 조력 사망에 동의를 하든 하지 않든 모두 서로를 필요로 한다. 의료 조력 사망 시행을 시작한 첫 5년 동안, 우리가 양질의 고통 완화 돌봄 시스템만 잘 갖추고 있으면 아무도 의료 조력 사망 시행자를 필요로 하지 않을 것이라고 믿는 사람들과 의견 충돌을 겪은 경우가 꽤 있었다. 그럼에도 불구하고 나는 팀으로 접근하는 방식의 장점을 너무도 많이 목격했다.

나는 내 첫 케이스인 조의 의료 조력 사망을 시행한 후 나를 도와준 간호사와 긴 대화를 했다. 그녀는 중환자실에서 일하는 것에 대해 이야기했다. 자신이 환자들의 생명을 얼마나 중요하게 생각하는지, 얼마나 헌신적이고, 굽히지 않는 정신으로 그들을 돌보는지, 그러나 회복의 희망이 전혀 없는 그 생명들을 유지하는 일에 관해 가끔 얼마나 갈등을 겪는지 고백했다.

나는 가톨릭계 병원이나 종교 단체 연계 요양원처럼 의료 조력 사망을 허용하지 않는 기관들의 고통 완화 치료 팀과 긴밀한 협조 관계를 맺으며 일해왔다. 그 팀들도 환자들의 의견을 존중한다. 그래서 양심이 허락하는 한도 내에서 최선을 다해 환자가 다른 기관으로 옮겨갈 수 있도록 돕는다. 환자의 혈관주사 바늘을 뽑지 않은 채 퇴원을 시켜 환자가 집 혹은 내가 일하는 병원에 도착하자마자 의료 조력 사망을 시행할 수 있도록 배려하기도 한다. 소어가 그 좋은 예다.

내가 고통 완화 시설에서 1년 반을 보냈다는 걸 독자들은 잊지 않았을 것이다. 심사자로서 그 경험은 조력 사망 요청을 승인하기 전에 그들의 고통을 완화할 수 있는 현실적 방법이 제안되고, 실행에 옮겨졌는지를 꼭 확인해야 된다는 것을 배우는 계기가 되었다. 그 부분은 내게 매우 중요하다. 자연사가 명백히 예측되는 경우에도 그렇다. 스스로 만든 독학 프로그램 덕분에 나는 고통 완화 치료가 적절하지 않은 경우는 바로 그 사실을 알아차릴 수 있다. 돌보는 사람의 번아웃도 감지한다. 적절한 지원이 부족한 경우에는 바로 느낌이 온다. 나는 소매를 걷어붙이고 절박하게 아픈 환자를 돌보는 방법을 잘 알고 있고, 여전히 그런 상황이 오면 몸을 사리지 않는다. 어느 시점에 약품이 가득 든 가방을 내려놓고 죽어가는 환자의 옆을 지키며 생명이 그의 몸을 떠나는 시간을 함께해줘야 하는지를 안다. 이런 지식은 나를 떠나지 않고, 드물게 숙고의 시간을 가질 때면 표면으로 떠오르곤 한다. 그런 지식은 또 좌절감을 느끼거나, 어떻게 해야 할지 모를 때, 혹은 어디서 도움을 구해야 할지 모를 때도 폭풍처럼 밀어닥친다.

어떤 때는 답이 없다는 걸 나도 안다. 특정 환자의 결정에 대해 내가 느끼는 갈등은 내 자신에 대한 갈등일 때가 많다. 내가 충분히 노력했는가? 우리가 충분히 노력했는가? 그런 건 모두 내 도덕적 짐이고 내 자신에 관한 의혹이다. 나는 그런 내 마음의 짐을 환자에게 전가하면 안 된다는 것을 배웠다. 내가 스스로 해결해야 하는 문제들이기 때문이다.

다행스럽게도 이런 의문과 씨름하는 의료 조력 사망 시행자가 나뿐이 아니라는 것을 알고 있다. 그룹 전체가 실용적인 문제에 초점을 맞추고 토론했던 CAMAP 포럼 초기를 자주 회상하곤 한다. 그 후 우리의 대화는 진화해서 이제는 포럼 전체가 도덕적 난제에 관한 토론으로 넘쳐난다. 마음속에서 생기는 의혹을 입 밖에 꺼내지 않은 채 '그저 그날 주어진 일을 해내'다가 끝내 그 의혹들로 인해 벼랑 끝까지 치닫는 의사가 나만은 아닐 것이다. 그러나 의료 조력 사망 시행자들이 스스로 하는 일의 정신과 가치에 다시 헌신할 수 있도록 포럼이 지지, 인정, 호의를 제공하고 있다는 사실을 아는 것만으로도 마음의 위안이 된다. 초기에 여러 가지 팩트들로 서로의 사기를 북돋웠던 것과 마찬가지로 말이다.

2020년 팬데믹 봉쇄 초기, 나는 묵고 있던 별장에서 토론토로 두 시간을 운전해 들어가서 필요한 약물을 픽업한 다음, 40년 동안 내 환자였던 게일의 삶을 끝내러 갔다. 발견했을 때는 이미 그녀의 난소암이 넓게 퍼져 있었고, 이 질병에 전형적으로 나타나는 피로감과 붓는 증상이 심했다. 뭐든 솔직하고 직선적인 것을 선호하는 자신의 성격에 걸맞게, 게일은 공격적 수술과 화학적 항암 치료를 거부하고, 대신 통증을 완화하고 자신이 원하는 삶의 질을 확보할 수 있는 2차 계열 약제를 선택했다. 그 덕분에 그녀는 8개월의 시간을 벌었다.

그러나 때가 되었고, 나는 방역용 개인 장비를 완전히 갖춘 채 배낭을 메고 그녀의 집에 도착했다. 그녀의 남편과 성인이 된 두 딸(그중 한 명은 임신 중이었다)은 말이 없었지만 넋을 잃은 듯했다. 오랜 시간 노동 운동을 조직해온 게일은 이를 감추지도, 우렁찬 웃음을 참지도 않으며 삶을 살아왔다. 자살 충동을 느낄 정도의 만성 우울증을 성장기에 앓았던 딸 한 명이 왕따를 당했었다. 게일은 그 딸의 맹렬한 옹호자로 관료주의의 높은 벽을 허물어 그녀가 대학을 졸업하고, 국가 보조 주택을 받는 것을 도왔다. 그날, 엄청나게 부풀어 오른 복부를 제외하고는 온몸이 말라붙은 상태로 그녀는 흐느끼는 남편과 딸들에 둘러싸여 희미한 미소를 지으며 내게 딱 한 마디를 했다. "지금요."

시행이 끝난 후 나는 게일의 가족과 긴 시간을 보내지 않았다. 나는 코로나19를 탓했다. 시간을 보내고 서로를 껴안아줄 기회를 앗아간 것이 바로 코로나19라고. 그러나 진실을 말하자면 적절한 말을 찾을 수가 없었기 때문이었다. 나 또한 게일을 사랑했다. 나는 서둘러 집을 나와 차에 앉아서 검시관에게 보고 전화를 했다. "게일을 거의 40년 정도 환자로 돌봐왔어요." 전화를 받은 전문 간호사에게 그렇게 말했다.

"아, 정말 힘드셨겠어요." 그녀가 대답했다.

그 말에 나는 울음을 터뜨렸다. 의료인과 의료인 사이의 다정한 공감은 내 딱딱한 껍질을 단숨에 날려버리곤 한다. 상대방이 어떤 느낌인지 우리는 안다. 환자의 질병, 통증, 사망, 그 모든 것이 우리에게도 힘든 일이다.

급성 환자 치료 병원의 간호사와 의사가 경험하는 트라우마, 특히 코로나19가 극성을 부리던 시기에 그들이 겪었을 트라우마에 대해 자주 생각하곤 한다. 혼란이 소용돌이처럼 몰아치는 곳 한가운데에서는 감정에 대해 이야기하는 것은 물론, 감정을 느낄 시간 여유조차 없다. 소매를 걷어붙이고, 평소의 두 배, 세 배로 일하느라 바쁘다. 복도에 줄지어 늘어선 들것 사이를 뛰어다니며, 환자의 두려움이나 고통을 줄이기 위한 도움을 시도해보기도 전에 눈앞에서 그들이 죽어가는 광경을 목격해야 했다. 어쩌다 빈 바닥을 발견하면 거기 잠깐 몸을 눕히고 몸 아래의 굳건한 땅과 하나가 되어 호흡을 해보기도 한다. 간혹 다른 의료진을 지나칠 때 말을 하기에도 너무 지쳐 그냥 손만 잠시 쥐었다 놓고 다음 업무가 기다리는 곳으로 뛰어간다.

의사에게 감정은 전파 방해 현상과도 같다. 필요한 일을 하는 것을 방해할 수 있기 때문이다. 그래서 감정을 켜켜이 파묻고 돌아보지 않는 데 매우 익숙해진다. 그렇게 파묻은 감정을 다지고 다져 방패로 만든다. 점점 감정을 느끼지 않도록 스스로를 훈련한다. 의료 조력 사망 시행 초기, 감정이 스멀스멀 올라오기 시작하면 나는 일을 더 열심히 했다. 환자를 열 명 더 방문하고, 더 많은 지원 서비스를 동원했다. 마음속에 피어오르는 의혹을 바쁨으로 막아냈고, 그 과정에서 합리적인 노력의 한계를 넘을 때도 허다했다. 생명을 끝내는 일이 내 손으로 이루어진다는 결과에 대한 감정적 짐을 묻어버릴 수 있이라면 뭐든 했다.

2017년 CAMAP 첫 학회가 열린 후, 나는 정신과 전문의에게 '좀 도와달라'고 요청했다. 그 요청은 명확하지도, 잘 표현되지도 않았다. 당시만 해도 내가 얼마나 큰 문제에 봉착해 있는지 알지 못했다. 그녀는 내 말을 주의 깊게 들은 후 책을 한 권 추천했다. 리사 테스먼Lisa Tessman의 《옳은 일을 하는 것이 불가능할 때 When Doing the Right Thing Is Impossible》라는 책이었다.

책에 실린 역설들은 내가 감당하기에 너무 과했다. 나는 책을 들고 읽자마자 잠들어버리곤 했다. 완벽한 방어 기제였다. 그중 기억에 남는 일화 중 하나는, 허리케인 카트리나가 불어닥친 와중에 뉴올리언스의 메모리얼 메디컬 센터 의사들이 맞닥뜨린 끔찍한 역설, 바로 모든 사람을 구할 수 없다는 사실을 깨달은 일이었다(그 일화는 공포스러웠던 코로나19 초기에 다시 자주 떠올렸다). 그러나 그때만 해도 그 상황을 내게 어떻게 적용시킬지 알 수가 없었다. 위로가 되지도, 내가 느끼는 불안을 해소할 수 있는 방법을 찾는 데도 도움이 되지 않았다. 그런 깨달음은 앤드리아 프롤릭이 의료 조력 사망을 시행하는 내 업무를 고위험 의료 활동이라 칭하는 것을 들은 후에야 내게 찾아왔다.

이제 나는 게일의 죽음이 왜 나를 그렇게 힘들게 했는지, 왜 의료 조력 사망 시행 대상의 이름과 얼굴 등을 기록한 공책의 페이지가 쌓여갈수록 내가 추락에 가까워졌는지를 이해한다. 일을 잘하려면, 그리고 하는 일의 의미를 느끼려면 나는 내가 돌보는 환자들과 유대감을 가져야만 한다. 그들이 누구인지를 잊고, 그들의 이야기 전체를 알지 못하고, 그들이 왜 그런 요청을 하게 되었는지를 깊이 이해하지 못하는 것은 내게 저주와도 다름없다. 그들이 살면서 누구에게 영향을 줬는지, 누가 그들을 사랑하는지, 그들은 누구를 사랑하는지를 알아야만 한다. 그들이 자신이 살아온 삶에 어떤 가치를 주는지를 아는 것이 내게는 위로가 된다. 다시 말해 나는 그들을 내 마음에 들여야만 한다.

바로 이게 불가능한 부분이다. 환자에게 마음을 쓰게 되지만 그와 동시에, 일을 해내려면 감정을 한편에 몰아넣고 돌아보지 않아야 한다는 사실. 누군가를 내 마음에 들이고, 그런 다음 그들의 생명을 중단시켜야 한다. 초기에는 내가 느끼는 도덕적 갈등이 오히려 안심되는 일이라고 스스로에게 이르곤 했다. 내가 간과했던 것은 계속 누적되는 마음의 짐, 한 방울 한 방울 모여서 커다란 파도가 될 수밖에 없는 마음의 짐이었다. 그 파도에 밀려 익사하기 직전까지 나는 잠깐 멈추고 재충전하는 방법을 알지 못했다.

•••

마지막으로 교훈 6. 의사들에게 의료 조력 사망을 어떻게 시행하는지만 가르치는 데서 끝내면 안 된다. 그들에게 그 일을 하면서 살아남는 방법도 가르쳐야 한다. 효율은 필요하고 좋은 것이며, 약물을 완벽하게 투여하는 방법을 배우는 것도 필요하고 좋은 일이다. 그러나 우리가 가르치는 것이 그것뿐이라면 이 일을 하면서 번아웃을 겪는 게 나만은 아닐 것이다. 해결책은 의료 조력 사망 시행자들을 엘리트 전문 분야 집단으로 분리해 버리지 않는 것이다. 해결책은 모든 의사들에게 이 일을 가르치는 것이다. 그리고 그 일을 하면서 느끼는 감정을 피하지 않고 느낄 수 있도록 허락하는 것이다.

엉망인 상태를 느끼도록, 그 미숙함과 안도감, 일을 하는 데 드는 노력과 (환자, 그들의 가족, 동료 들을) 실망시키지 않을까 하는 두려움, 슬픔과 확실성, 그리고 생명을 거두고 평화를 주는 과정에서 드는 모든 느낌을 다 느끼도록 말이다.

좋은 죽음

좋은 죽음은
그냥 벌어지는 일이 아니다.

결국 좋은 죽음은 귀를 기울여 듣는 것으로 압축할 수 있다. 귀를 기울여 듣는다는 건 관대한 행위다. 공감이며, 돌봄이다.

나는 환자에게 자격이 충분하다고 안심을 시킨다. 그리고 더 귀를 쫑긋 세운다. 환자는 자신이 한 요청이 '옳다'고 나를 설득시키지 않아도 된다. 그냥 나와 이야기를 나누는 것이다. 그것은 환자와 나 모두에게 큰 위안을 주는 순간이다. 바로 거기서부터 좋은 죽음이 시작된다.

좋은 죽음은 그냥 벌어지는 일이 아니다.

　무엇보다도 타이밍이 맞아야 한다. 적절한 타이밍은 어떻게 알 수 있을까? 만나는 가족들마다 하는 질문이기도 하다. 그때마다 같은 대답을 할 수밖에 없다. 나도 미래를 볼 능력이 있다면 좋겠지만 아쉽게도 그렇지 못하다고. 일반적인 부분을 설명한 다음 가족들에게 자세한 부분은 결정하라고 맡기는 게 최선이다. 가장 좋은 시절은 이제 끝이 났고, 앞으로는 마주하고 싶지 않은 일들을 대면해야 한다는 사실을 모두가 받아들이는 과정이 필요하다.

길고 느리게 진행되는 하향 곡선을 견딜 준비가 된 환자들에게는 그들의 파일을 닫지 않고 몇 달, 심지어 몇 년이라도 열어둘 것이라고 안심을 시킨다. 암이나 말기 심장 질환, 혹은 기억력이 악화되고 있는 환자들의 경우 계속 관심을 두고 관찰하면서, 반복적으로 현재 상태를 평가한다. 그러기 위해서는 병원 진료실에서 나누는 대화의 행간을 해석할 줄 알아야 한다. 어떤 메시지가 오갔는가? 헛된 희망을 주는 이야기가 오간 건 아닌가? 혹은 얼마나 작은 희망밖에 남아 있지 않은지, 그리고 그 희망의 내용은 무엇인지를 명확히 설명했지만 가족들이 원하는 정보만 선택적으로 들은 것은 아닌가? 그리고 이제는 최종 동의 포기서라는 보험도 추가되었으니, 시기를 너무 늦추는 건 아닐까 하는 가족들의 불안을 다독여서 사랑하는 사람이 존엄성과 선택할 권리를 가지고 떠날 수 있을 것이라고 안심시킬 수 있게 되었다.

희망은 끈덕지게 우리를 떠나지 않는 경향이 있다. 굉장히 아픈 환자라도 희망이 고통을 덮기도 한다. 심장과 신장 클리닉은 생애 말기 대화를 거의 진행하지 않는 걸로 악명이 높다. 암 클리닉에서마저도 "이제 더 이상 시도해볼 방법이 없습니다" 같은 대화가 오간 다음에도 가족들은 "의사가 2, 3개월이라고 했는데 그게 벌써 4개월 전이야!" 같은 희망에 기대는 경우가 많다. 사람들은 몇 주라도 죽음의 사자를 피하고 싶어 한다. 내가 가장 중요하다고 여기는 질문, 즉 생애 마지막 며칠은 어떻게 보내길 희망하는지 그리고 무엇을 원하는지 등과 같은 질문은 장황한 의료 시술과 끊임없는 병원 왕래에 묻혀버리기 일쑤다.

뿐만 아니라, 더 이상의 치료를 받지 않겠다고 결정한 환자는 시간을 두고 천천히 고통 완화 치료 팀으로 이전되어야 함에도 불구하고 바로 시스템에서 제외되는 느낌을 받는다. 고통 완화 치료는 클리닉에서 벌어지는 능동적 치료와 경쟁 관계에 있어서는 안 되지만, 그런 느낌을 줄 때가 많다. 능동적인 치료를 하는 동안 죽음을 준비한다는 개념은 상식과 배치되는 면이 있긴 하다(욜란다, 이 부분에서 당신 생각이 나는군요).

그렇다, 타이밍이 핵심이다. 일단 타이밍 문제를 해결하고 나면, 가족, 친구 그리고 환자가 '망자가 살아있는 동안 벌이는 장례식 파티'를 함께 할 기회를 가질 수 있을 때 가장 좋은 죽음이라 느껴지는 경우가 많다. 일이 벌어질 날짜와 시간을 알게 되면 일반적인 장례식에서 흔히 느껴지는 충격과 후회의 감정을 많은 부분 방지할 수 있다. 자녀들에게 선물을 주고, 손자들에게 기억할 만한 증표를 남길 시간을 갖고, 오랜 친구들의 방문을 받으면서 예상치도 못했던 다정한 시간을 나눌 기회를 갖는 것이다. 시행 당일에는 사람들이 하고 싶은 말을 하고, 그 말을 들어야 할 사람이 아직 들을 수 있다. 의미 있는 기억들을 함께 나누고, 필요한 감사 인사를 할 수 있다. 다툼은 잊혀지고, 노래를 부르고, 이야기를 한다. 웃음도 늘 있다. 놀랄 정도로 많은 웃음이 터지고 그 사실은 참석한 모든 사람의 마음을 어루만진다.

나는 늘 환자의 마지막 말을 기대하며 기다린다. 누구나 결국 비슷한 말을 하는 것도 좋다. 서로를 잘 돌봐라. 서로를 친절한 마음으로 대해라. 나를 잊지 말아 달라, 그러나 내 걱정은 하지 말았으면 좋겠다. 난 좋은 삶을 살았고, 이제 갈 준비가 되었다.

좋은 죽음에 내가 전혀 필요하지 않은 때도 많다. 어느 날 아침, 이디스라는 나이 많은 여성에게 의료 조력 사망을 시행하기 위해 그녀의 집에 도착했다. 내가 들어서는데 20년간 그녀를 돌봐준 도우미가 방에서 나왔다. 가톨릭 신자인 그녀는 그 방에 있을 수가 없어서, 나와 이디스 둘만 남겨진 것이었다. 하지만 이디스에게 다가가 보니 그녀가 의식을 잃었다는 걸 알게 됐다. 약물을 투입하지 못할 상황이 분명했다. 본인의 동의를 구할 수 없기 때문이다.

나는 자리에 앉았다. 다가오는 죽음이 느껴졌다. 있어야 할 곳에 내가 있다는 생각이 들었다. 그래서 그녀의 호흡을 지켜보며 거기 그렇게 한 시간쯤 머물렀다. 어느 시점에인가 산소를 공급하는 코의 줄을 뗐다. 그녀는 평안했다. 호흡이 점점 약해졌다. 그러다 멈췄다. 그것도 좋은 죽음이었다.

7년이 지난 지금에도 나는 확신을 가지고 이 일을 하고 있다. 환자의 죽음이 내게도 좋은 죽음으로 느껴질 때가 있다. 내게 있어서 좋은 의료 조력 사망의 모범은 환자가 맑은 정신을 가지고 있고, 고통을 끝내는 것이 자기 손에 달려 있다는 것을 잘 이해하고 있는 경우다. 이 글을 쓰는 현재까지 자신의 생명을 끝내는 것에 관한 동의 의사를 표현하지 못하는 사람에게 의료 조력 사망을 시행할 수 있다는 확신을 갖지 못하고 있다. 지금까지는 특정 상황에서만 최종 승인 포기서를 사용해왔다. 예측은 불가능하지만 일어날 가능성이 있는 뇌졸중이나 암세포 전이 등으로 시행 전에 이성을 흐리게 할 수 있는 증상이 벌어질 수 있는 경우처럼 말이다. 그리고 시간도 길어야 두어 달 이내로 제한한다. 정해진 날이 다가오면, 시간을 더 가질 수 있도록 날짜를 미룰 수 있는지의 여부를 검토하라고 고집한다. 이 시점에 환자와 의미 있는 의사소통을 하지 못한다면 그들의 생명을 끝내는 시술을 할 수 있을지 잘 모르겠다. 확실치 않은 상태는 감당할 수 있다. 이 여정의 모든 부분과 마찬가지로 우리가 함께 짓는 다리들을 건너는 결정은 그 순간의 상황 판단에 따라 내려진다.

뿐만 아니라, 환자가 세상과 맺어온 관계가 느껴질 때 벌어지는 죽음을 나는 좋은 죽음이라 부른다. 가족과 공동체로부터 적절한 지지를 받아왔고, 충분한 장애 지원 서비스를 받을 수 있었고, 최적의 통증 관리를 받아온 경우를 말한다. 뇌리에서 사라지지 않고 나를 괴롭히는 사례들은 내가 조력 사망을 시행한 환자의 집에 홀로 앉아 검시관의 전화를 기다려야 하는 경우들이었다. 그들의 죽음을 애도하고, 좋은 곳으로 가기를 기도하고, 하늘의 별이 되기를 비는 사람이 나뿐일 때. 내가 거기 있게 된 진짜 이유가 그들의 병이나 장애 때문이 아니라 외로움 때문이어서가 아닐까 하는 의문이 들 때 말이다.

나는 생애 말기 환자를 돌보는 사람들에게 깊은 존경심을 가지고 있다. 그러나 의료 조력 사망을 시행하기 시작한 첫 해에는 내가 하는 일, 다시 말해 그들이 돌보는 환자의 생명을 중단시키는 일이 그들이 하는 공헌을 어떤 의미에서든 무효화시키는 의미로 받아들여질까 걱정을 했다. 톰의 요양복지사와 만난 후 이 일에 대한 내 접근 방식이 달라졌다. 그리고 나도 달라졌다. 내가 제공하는 서비스에 대해 재고하게 되었다. 톰에게 진통제를 더 처방하는 데 그치지 않고 그가 사람들과 더 연계하도록 돕기도 했으면 어땠을까? 내가 전문의들이 아니라 그를 돌보고 도와주는 일을 하는 사람들과 먼저 이야기를 나눴으면 어땠을까?

요즘에는 심사를 하거나 시행을 하기 위해 도착하면 나는 가장 먼저 환자를 돌보는 사람의 얼굴부터 찾는다. 그들의 동의를 구하고 싶은 마음에서일 것이다. 이 환자의 고통을 덜어주고자 하는 우리의 공통 목표에 그들이 참여해주길 바라는 마음이기도 하다. 그에 더해 그들이 지금까지 해온 돌봄이 헛되지 않다는 것을 확인해주고 싶기도 하다.

내가 의료 조력 사망을 계속 지지할 수 있으려면 공동체에서 제공하는 서비스와 재원이 늘어나야 한다. 모두가 나와 같은 의견을 가지고 있지는 않다. 일부 동료들은 그런 서비스를 찾아서 환자에게 제공하는 하는 것, 심지어 누구에게 그런 서비스를 받을 수 있는지 알려주는 것마저도 내 업무가 아니라고 나를 안심시키곤 한다. 두 번째 경로가 도입되면서, 심사자에게 환자의 고통을 완화하는 데 어떤 방법들이 동원되어 왔는지를 검토하라는 가이드라인이 공식적으로 주어졌다. 이 방법들에는 '상담 서비스, 정신 건강 및 장애 지원 서비스, 공동체 서비스, 고통 완화 치료' 등이 포함되어 있다. 법 조항에는 환자가 '그 서비스와 케어를 제공하는 관련 전문가들과 상담 기회를 받아왔어야 한다'는 부분이 명시되어 있다.

모두 좋다. 그러나! 법 조항에는 '이용이 가능할 경우'라는 문구 또한 포함되어 있는데, 그렇다고 모든 경우에 이용이 가능하다는 뜻은 전혀 아니다. 이용이 가능해야 한다는 뜻마저도 아니다. "그건 사회 정의의 문제예요." 동료들은 그렇게 조언한다. "지역마다 이용 가능한 서비스에 큰 격차가 있어요. 우리가 해야 할 일은 따로 있지요."

하지만 내가 볼 때 그 두 가지는 밀접하게 연관된 문제다. 그래서 토론토 바깥에 살면서 토론토에서 경찰로 근무하는 내 환자의 오빠가 하는 말에 고개를 끄덕이며 동의하지 않을 수 없었다. "미안하지만 선생님, 온타리오 북쪽 지역의 서비스는 후진적이라고 생각합니다. 여기만 해도 애비뉴 로드에 대학병원이 있잖아요. 동생이 여기 살았다면 어떤 클리닉에서 어떤 서비스를 받을 수 있을지 잘 알고 있어요." 나는 그런 서비스를 찾아서 제공해주는 게 내 일이라고 말했고, 우리 둘은 함께 최선을 다해 정보를 공유하며 협조하고 있다. 그에게도 안심이 되고, 내게도 안심이 되는 일이다. 환자들을 돕기 위해 도움을 구하는 과정에서 내가 얻는 보상은 바로 그런 도움이 오는 경우가 많다는 사실이다. 사람들은 돕기를 원하고, 적어도 시도라도 해보고 싶어 한다. 그 정도면 내게는 충분하다.

코로나19 팬데믹이 한창일 때 시행했던 거리두기의 영향이

2020년과 2021년에 아프도록 명확해졌다. 처음에는 의료 조력 사망 요청이 감소했다. 모두가 납작 엎드려 건강을 유지하고, 죽지 않기 위해 온 힘을 다했다. 그러나 몇 달이 지나면서 요청이 증가하기 시작하더니 2019년 수준을 회복하고도 계속 늘어났다. 의료 조력 사망 건수가 다른 나라와 비슷한 비율이 될 때까지 해마다 늘 것이라는 예상은 했지만, 이 증가는 우리가 의심했던 현상이 현실화되는 듯 보였다. 취약한 노인과 요양원에 있는 사람에게는 고립이 엄청나게 파괴적인 영향을 준 것이다. 사랑하는 사람을 껴안지도, 아무와도 접촉하지도 못하고, 다른 사람들과 함께 앉아 얼굴을 보고 이야기도 나눌 수 없다면 더 사는 게 무슨 의미가 있다는 말인가? 노령층의 인지, 육체 능력이 빠르게 퇴화했다. 팬데믹으로 재확인된 것이 있다면 그것은 다른 사람들과 맺는 관계야말로 삶의 가치라는 사실이다. 그런 기초적인 연결고리마저 끊어지자 의료 조력 사망 요청이 급속도로 증가했다.

법에 따르면 온타리오에 사는 모든 사람은 고통 완화 돌봄 서비스를 평등하게 받을 수 있어야 한다. 그러나 현실은 그렇지 않다. 또 법에 따르면 온타리오에 사는 모든 사람은 충분한 장애 관련 지원을 받을 권리가 있다. 그러나 현실은 그렇지 않다. 의료 조력 사망 법령만을 따르자면 내 의무는 이용 가능한 서비스를 환자에게 알려주는 것에서 끝난다. 그들이 원하는 서비스가 이용 가능하지 않으면 그건 내가 관여할 바가 아니라고 법은 말한다. 도움 없이 침대에서 일어날 수가 없는데 도와줄 사람이 없거나 하루 두 시간만 도우미가 방문을 하는 것으로는 충분치 않아서, 오직 그 이유만으로 누군가가 의료 조력 사망을 요청한다면, 그건 우리 모두의 치욕이다.

그래서 고군분투하게 된다. 환자가 알던 사람 중 누구라도 다시 만날 수 있도록 이메일을 보내고, 전화를 하고, 도움을 구한다. 대화 중 나오는 실낱같은 연관성을 부여잡고, 단서를 찾기 위해 귀를 기울인다. 그리고 환자에게 묻고 또 묻는다. "가정의(혹은 만성 통증 치료 전문의, 또는 정신 건강 클리닉, 아니면 사회복지 센터)는 어떤 일을 해주고 있나요? 일전에 아파트에 와서 향 피우고 기도해준 친구는 어떻게 됐어요? 다시 연락할 수 있나요?"

의료 조력 사망을 시행하는 유일한 이유가 충분히 받을 자격이 있는 적절한 서비스를 받는 쪽보다 죽는 쪽이 더 쉬워서라면, 나도 단순히 편리한 해결책 정도밖에 되지 않는다. 나는 그걸 받아들이지 않을 것이다.

내가 바닥을 치고 있을 때, 감정적으로 진흙탕에서 뒹굴고, 의료 조력 사망에 대해 멈칫하는 마음을 가지고 있을 때조차 도움을 구하는 사람이 있으면 힘을 짜냈다. 언제나 그랬다. 그러나 나를 산 채로 말라 죽게 하는 이 문제가 무엇인지 알아내야만 했다. 따라서 이 일을 하고 싶은 사람에게 내가 해줄 수 있는 조언은 바로 이것이다. 자기 자신을 제대로 알아야 한다는 것. 의료인으로서 45년을 일해온 내가 그 조그만 무너짐에 그렇게까지 무방비로 당할 줄은 상상도 하지 못했다. 이제 생각해보면 나는 내가 이미 알고 있었던 것을 인정하고 싶지 않았던 것 같다. 내가 의료 조력 사망을 시행하는 이유가 가끔은 돌봄의 연결 고리가 제대로 작동하지 않아서였다는 사실을 받아들이는 법을 배워야 한다는 사실 말이다. 나의 상실이자, 사회의 상실이다.

의료 조력 사망 관련법이 진화함에 따라 그 과정을 다시 처음부터 대면해야 한다는 것을 잘 안다. 이제는 죽어가지 않는 사람이라도 의료 조력 사망 자격이 주어질 수 있게 되었기 때문에 심사자와 시행자는 심지어 지금보다 더 조심스럽게 도덕적 지뢰밭을 헤쳐나가야 할 것이다. 가까운 장래에 도입이 될 예정인 '정신 질환만이 유일한 의학적 문제인 경우에도 의료 조력 사망 요청을 인정'하는 조항은 의사들에게 가장 어려운 문제를 던질 것이다. 인간의 생명은 단순하지가 않다. 누구도 완벽하지 않다. 우울증은 깨끗이 사라지지 않는다. 약물 사용과 중독도 한몫하는 경우가 많다. 그러나 의사들은 치료 저항성 우울증 중 약 33퍼센트는 명백한 치료를 더 이상 하지 않고도 자체적으로 나아진다는 연구 결과에 주목한다. 내 환자가 그렇게 나아지지 않은 66퍼센트 중 하나라는 걸 나는 어떻게 알아내야 할까?

의료 조력 사망 시행자들은 항상 도덕적 고통이라는 비용을 감당해왔다. CAMAP 포럼과 심포지엄에서 지난 몇 년 동안 항상 등장하는 단골 주제이기도 하다. 2024년 3월 C-7 법령의 정신 질환 조항이 효력을 발휘하기 시작하면, 결국 새 법안이 실제 현실에서 만나는 환자들에게 어떤 의미를 지니는지 해석하는 책임은 다시 한번 우리 의료인들에게 전가될 것이다. 내가 내리는 결정이 '맞는' 것이라고 생각할 수는 있지만, 그 결정이 '옳은' 것일까? 어떻게 그걸 알 수 있는가? 결국 윤리학자 케빈 릴Kevin Reel이 "최종적 최선의 판단"이라고 부르는 결정을 내릴 책임은 우리 의료인들에게 지워질 것이다.

내가 처음으로 케빈을 만난 것은 2021년 말 온라인으로 진행된 CAMAP 심포지엄에서였다. 나는 그와 그의 이야기에 완전히 빠져들었다. 화면상으로도 그는 따뜻하고 열린 사람처럼 보였다. 그는 요다와 같은 침착성을 유지하면서 일상적인 대화에서 성찰로, 일화를 얘기하다가 도덕성에 관한 토론으로 자연스럽고 유려하게 옮겨 갔다. 캐나다에서 자란 그는 작업치료사가 되었다. 학생이었을 때부터 에이즈 환자들이 집 중심으로 서비스를 받도록 돕는 그룹을 조성하는 데 한몫했다. 자원봉사자들이 환자의 집에 방문해서 그들이 무엇을 필요로 하는지를 알아내 문제를 해결해주는 단체였다. 얼마 지나지 않아서부터 그는 자원봉사자들을 위한 비공식적 지원 모임을 달마다 열기 시작했다. 봉사자들은 이 일에 수반되는 문제가 무엇이며, 정서적으로 어떤 타격을 받는지에 관해 숨기지 않고 대화를 나눴다. 그 과정에서 케빈은 환자를 돌보는 사람이 살아남기 위해 어떤 도덕적 딜레마를 헤쳐나가야 하는지에 관한 지식을 많이 얻었다.

그 후 그는 영국으로 가서 생명윤리학으로 석사 학위를 딴 다음 연로하신 부모를 돌보기 위해 집으로 돌아왔다. 이제 그는 자신이 마주쳤던 모든 도덕적 난제를 절충하고 넘어서는 실용적인 방법을 종합해서 가이드를 만들었고, 나는 그 가이드가 의료 조력 사망 시행자들이 결국 봉착하고야 마는 도덕적 위기에서 빠져나올 수 있는 구명정이라 믿는다.

두 번째 경로의 의료 조력 사망 요청자에 대해서는 단순히 옳고 그른 선택지가 없이 어려운 선택지만 있다는 것을 잘 아는 케빈은 '최종적 최선의 판단'을 도출해내기 위한 IDEA 지시문을 만들어냈다. 그중 I는 팩트를 식별하기Identify, D는 충돌하는 원칙들을 밝혀내기Determine, E는 건강의 사회적 결정 요인을 고려해서 임상적, 법적, 윤리적, 조직적인 차원에서 이용할 수 있는 모든 선택지를 탐색하기Explore, A는 최선의 선택지를 실천에 옮기기Act를 말한다.

왜 IDEA라고 이름을 지은 이 프레임워크가 이렇게 큰 도움이 될까? 이것은 환자의 요청과 그 요청을 실현시켜야 하는 시행자가 겪는 고통을 모두 고려하고 있기 때문이다. 의사들이 할 수 있는 것과 해야 하는 것 사이의 균형을 맞추고 있기 때문이기도 하다. 또 내가 환자의 삶에 나 자신을 끼워넣으면(소어와 톰에게 내가 했던 것처럼), 그들이 희망, 혹은 좌절로 방향을 트는 데 내가 영향을 줄 수 있다는 사실을 인정해주고 있기 때문이다.

요즘 같으면 소어도 두 번째 경로로 요청할 자격이 충분했을 것이고, 그랬다면 그의 삶은 1년쯤 더 빨리 끝났을 것이다. 그의 딸들은 햇빛을 받으며 함께 산책했던 수많은 기억과 주말의 추억들을 갖지 못했을 것이다. 하지만 또 한편으로는 아버지의 뇌졸중과 골절과 입원을 경험하지 않아도 되었을 것이다. 그들은 안도했을까? 여분의 시간이 주어지지 않는 것이 슬펐을까? 나도 안다, 이런 질문에는 답이 없다는 것을.

이제는 의료 조력 사망을 신청한 환자에게 "어떤 일이 벌어졌으면 지금과 같은 요청을 하지 않으셨을까요? 그런 일이 있나요? 있다면 어떤 것일까요?" 하고 물을 때 노화, 사회적 고립, 빈곤, 인종, 교육 부족, 불균등한 의료적 재원 등으로 인한 제한이 있다는 사실을 의식하고 묻는다. 그럼에도 그 질문을 하는 것은 나와 환자가 함께 최종적 최선의 판단을 내릴 수 있도록 하기 위해서다. 옳은 판단이나 유일한 판단이 아니라, 우리가 내릴 수 있는 최선의 판단. 그렇게 생각하면 조금은 위안이 된다. 이 정도라면 오랫동안 고통을 받아온 사람들과 정신적인 질병을 앓는 사람들이 좋은 죽음을 맞을 수 있도록 돕는 데 충분할까? 두고 봐야 할 일이다.

···

결국 좋은 죽음은 귀를 기울여 듣는 것으로 압축할 수 있다. 귀를 기울여 듣는다는 건 관대한 행위다. 공감이며, 돌봄이다.

환자의 이야기를 들으면서 내가 감지하는 모든 뉘앙스를 다 묘사하기란 쉬운 일이 아니지만, 내가 가장 귀를 바짝 세우는 부분은 고통이다. 말을 꺼내자마자 고통에 관한 언급이 나오는 경우도 있다. 혹은 통증이 몰아닥칠 것을 걱정하거나 목적 의식이나 맑은 정신을 잃을까 걱정하거나, 살아갈 의지를 잃었다고 토로하다가 고통에 관한 언급이 나오기도 한다. 누군가의 고통을 내가 덜어줄 수 있다는 것을 아는 것이야말로 이 일을 계속해나갈 수 있도록 해주는 원동력이다. 환자들의 이야기에는 왜, 그리고 왜 지금 이런 요청을 했는지가 들어 있지만, 그걸로 충분하지는 않다. 전체적인 그림을 파악하려면 그들에게 주어진 재원이 무엇이고, 주어지지 않은 재원이 무엇인지, 그리고 그들의 의혹과 의문들까지도 헤아릴 필요가 있다. 빠트린 디테일은 없는지, 탐색해보지 않은 가능성은 없는지, 그들의 이야기에 귀 기울이지 않는 사람은 누군지.

이 일을 시작한 초기, 내 멘토 중 한 명이 예리한 조언을 했다. "환자가 고통스럽다고 하면, 그건 우리가 입증하고 말고 할 문제가 아니에요. 환자에게는 그 상황이 고통스러운 것이죠." 그리고 환자가 자신이 경험하고 있는 고통이 자기가 접근할 수 있는 어떤 수단으로도 치유할 수 없거나 받아들일 수 없다고 하면, 그런 것이다.

그래서 고통에 관한 이야기가 나오면, 나는 환자에게 자격이 충분하다고 안심을 시킨다. 그리고 더 귀를 쫑긋 세운다. 바로 그 순간부터 긴장을 풀고 자신의 본모습을 내게 보여주기 시작하기 때문이다. 내가 이미 자신이 하려는 이야기를 이해했다는 것을 아는 것이다. 자신이 한 요청이 '옳다'고 나를 설득시키지 않아도 된다. 그냥 나와 이야기를 나누는 것이다. 그것은 환자와 나 모두에게 큰 위안을 주는 순간이다. 바로 거기서부터 좋은 죽음이 시작된다.

나는 이 일을 하면서 많은 변화를 겪었다. 처음에는 오랜 의사 생활을 하면서 다져진 확신으로 일을 시작했다. 침묵과 고립 속에서 고통을 받으면서 자신의 투쟁을 품위 있게 끝내고 싶어 하는 내 환자들에게 아무 도움도 주지 못하고 무기력하게 지켜보기만 하면서 다진 확신이었다. 캐나다의 전문의 시스템 구조상 내 환자들이 추구하는 목적을 이루기 위해 계획하는 과정 혹은 적어도 자신의 고통과 의존성을 끝내고자 계획하는 과정에서 정작 나는 배제되는 경우가 많았다. 내가 조치를 취할 수 있었을 때는 고통을 경감해준다는 표면적 이유를 대야 했고, 그에 따른 죽음은 반가운 결과로 받아들여졌다. 우리가 실제로 하고 있는 일을 전혀 인정하지 못한 채 가족들과는 오직 무언의 이해와 우리가 취한 행동에 대한 고통만을 묵묵히 공유해야 했다. 그 시절로는 절대 돌아가고 싶지 않다.

바로 그 이유에서 의료 조력 사망을 그토록 온 마음으로 받아들였고, 지금도 그 마음에는 변함이 없다. 그러나 초창기를 돌이켜보면, 내가 심사를 60분 만에 완전히 끝낼 수 있다는 사실에 긍지를 느꼈던 때가 있었다는 사실에 아연실색하지 않을 수 없다. 이제는 서두르지 않아야 한다는 것을 배웠다. 서두르고 싶지도 않다. 이 사람들에 대해 알고 싶고, 그들의 성격과 그들에게 영향을 준 것이 무엇인지 이해하고 싶다. 우리의 대화는 그들의 부모부터 자녀에 이르기까지 이리저리 왔다 갔다 한다. 그들의 이야기는 조각보 같은 그들의 삶을 엮는 실타래다. 생각해보면 우리의 삶은 그야말로 조각보가 아닌가. 오래된 조각, 새로운 조각, 행복한 추억이 점점이 박힌 어두운 기간들, 시간이 흐르면서 흐릿해지고 부드러워진 고생했던 기억들, 따뜻한 어조로 되새기는 소중한 성취들.

말할 것도 없이 어려움에 봉착할 때도 많다. 삶의 가치를 해석하는 과정이기 때문이다. 지금이 몇 월인지, 바깥 날씨는 어떤지 말할 수 있고, 음식을 먹고 맛을 느낄 수 있으면 날마다 아침에 다시 눈을 뜰 가치가 충분한가? 우리가 가장 두려워하는 것, 기억을 잃어버리고, 점점 더 쇠약해지고, 독립적으로 살아갈 능력을 상실하는 것을 피하기 위해 지금 행동을 취해야 하는가? 더 시간을 가질 수 있기를 희망하는가, 아니면 놓아버린 희망이 풍선처럼 바람에 날려서 멀어져 가는 것을 보면서 위안을 받는가?

더 이상 살기를 고집할 충분한 이유가 없다는 판단을 내리는 것은 매우 까다롭고도 미묘한 일이다. 그런 결정을 하고 나면 타인에 대한 의무에서 자유로워질 수도 있다. 그런 후에는 자기 자신만을 위해 행동한다. 자신의 필요가 우선시된다. 그러나 이 과정에서 가족과 돌보는 사람들의 감정은 뒷전이 될 수도 있다. 그래서 이기적으로 느껴지기도 한다. 그 부분도 놓치지 않아야 한다. 생명을 중단시키는 데는 늘 대가가 따르게 마련이다.

이렇게 환자들과 함께 하는 여정은 큰 의미가 있다. 그들은 스스로 선택하기를, 스스로 제어하기를 원한다. 그들의 존엄성은 목적 의식, 명예 그리고 고통에 대해 그들이 옹호하는 가치에 둘러싸여 있다. 그리고 품위. 질병, 죽음과 싸우는 데 50년 가까이 바친 나는 이제 경외감을 가지고 그들이 한 선택을 바라본다. 독립적으로 일한다는 것에 긍지를 느끼면서 평생을 일한 내가 이제는 고통 완화 치료 팀, 전문의들, 돌봄 제공자과 힘을 합쳐 일하고, 내가 더 이상 혼자가 아니라는 사실을 깨달으면서 나는 묘한 만족감과 겸허함을 느낀다.

환자들과 동료 의료진, 돌봄 제공자들이 하는 이야기를 듣고 있자면 그들이 내가 하는 말을 그저 다른 단어로 표현하고 있다는 것을 깨닫게 된다. 그들에게서 애정을 감지하고, 불만을 감지하고, 가끔 절망도 감지한다. 그러나 가장 큰 위안은 평정을 감지할 때다. 내가 그들에게 그들이 원하는 존엄성과 존중과 평화를 줄 수 있다는 확신이 들 때. 그런 때도 위안이 된다.

에필로그

나아갈 길

독자가 이 책을 읽는 동안에도 의료 조력 사망은 계속 변화하고 있다. 의료 조력 사망을 시행하는 것도 빠르고 큰 변화를 거치고 있어서 결국 시행 초기 5년 동안 나를 괴롭혔던 문제들 중 많은 부분이 해결될 것이다. 이 변화들은 또 의료 조력 사망 자격에 관한 규칙이 너무 제한적이라고 생각하는 수많은 캐나다인에게 도움이 될 것이다. 물론 그에 따라 새로운 문제가 나와서, 새로운 사고 방식과 협조 관계를 필요로 하게 될 것이다.

법적 상황

캐나다 의회에서 2021년 3월 C-7 법안을 통과시켰기 때문에 어느 정도 가까운 시일 내에 자연사를 할 것이라는 합리적 예측이 가능하지 않은 캐나다인도 조력 사망을 요청할 수 있게 되었다. 그 전까지 나와 같은 의료 조력 사망 시행 의사들은 RFND 조항을 넓게 해석해서 적용해왔다. 그렇게 해서 엄청나게 희귀한 신경 변성 질환을 가졌지만 스물여덟 살밖에 되지 않았던 애슐리에게 의료 조력 사망을 시행할 수 있었다. 새로 통과한 법안이 효력을 발휘하기 시작하면 소어, 톰을 비롯해서 자기가 정한 방식으로 죽기 위해 도움을 구하는 수많은 사람에게 이전에 했던 것보다 조력 사망을 더 일찍 시행을 해줄 수 있게 될 것이다. 그들의 고통을 덜어주기 위해 모든 수단을 탐색하는 것이 내 의무라는 생각에는 변함이 없지만, 그들과 그들의 가치에 대해 알게 되면서 앞으로 어떻게 일을 추진할지에 대한 내 생각은 바뀌었다.

처음에는 두 번째 경로의 환자들을 돕느라 일이 많아질 것을 우려했다. 앤드리아 프롤릭 박사가 예측한 인적 자원의 부족이 망령처럼 나를 살짝 괴롭혔다. 그러나 일을 하다 보니 모든 의료 조력 사망 요청 사례에 조금 더 노력을 기울여야 하는 것이 현실이었다. 체크리스트를 아무리 여러 번 확인해도 작은 문제는 생기게 마련이다. 혈관 주사를 놓을 간호사가 제때 오지 않을 수도 있고(율란다, 다시 한번 미안해요!), 뒤늦게 친척이 참석하겠다고 해서 스케줄을 바꿔야 할 때도 있다. 의료 조력 사망은 일상이 될 수 없고, 일상이어서도 안 된다.

새로운 법 개정으로 우리 의료 조력 사망 시행자들이 해야 할 일이 늘어났다. 얼마나 늘었는지를 보여주기 위해 법 조항

자체를 인용해보자. 우리는 '상담 서비스, 정신 건강 및 장애 지원 서비스, 공동체 서비스, 고통 완화 치료' 등 모든 가능한 수단을 검토해야 한다. 거기에 더해 의료 조력 사망을 원하는 사람에게 '그런 서비스를 제공하는 관계 전문가들과의 상담 기회가 제공되어야 한다'. 마지막으로 환자는 의사 혹은 전문 간호사와 '합리적으로 이용 가능한 범위 내에서 환자의 고통을 완화할 수 있는 수단'에 관해 논의하고⋯ 그 모든 수단을 진지하게 고려했다는 사실에 동의해야 한다'.

이미 이야기했지만 '이용 가능한' 수단이라는 말은 문제가 있는 표현이다. 이 재원이 쉽게 이용 가능하지 않고 특히 농촌과 벽지에서는 희소하다는 사실을 분명히 보여주는 표현이기도 하다. 이용 가능한 서비스가 정부 부처 여러 곳에 파편화되어 퍼져 있거나 벽이 높아서, 도심을 방황하는 노숙자나 조상의 땅을 빼앗긴 선주민처럼 사회적 약자의 특정 문제를 해결해주지 못할 수도 있다.

자연사를 합리적으로 예측하는 것이 가능하지 않은 두 번째 경로의 환자를 돌보는 일에는 의사뿐 아니라 재활전문가, 사회복지사, 정신과 전문의, 상담사, 종교인, 자원봉사자 등 수많은 전문가의 참여가 필요하다. 일부 단체에서는 의료 조력 사망 시행자가 환자의 요청을 심사하는 데 필요한 임상적 전문 지식을 제공해줄 전문 인력 풀을 조성하기 위한 작업을 이미 시작했다. 나는 이 전문가들의 도움을 구하는 데 주저하지 않는다. 그들의 신중하고도 포괄적인 응답이 고맙고, 우리 환자들이 죽느냐,

사느냐 사이의 삭막한 선택을 앞에 두고 있을 때 다른 대안을 제공하기 위해 그들이 최선을 다할 때면 안도의 숨을 내쉰다. CAMAP는 설립 정신에 충실하게도 정보, 상호 지원, 그리고 새로운 짐을 져야 하는 의료 조력 사망 시행자들에게 격려를 보내는 중요한 역할을 계속 꾸준히 수행하고 있다.

팬데믹을 계기로 장기 요양 시설의 부끄러운 현실이 드러나자 캐나다인은 지방 정부들에게 상황을 개선하거나 아니면 존엄성을 잃지 않으면서 나이 들어 죽을 수 있는 다른 방법을 제공하라고 목소리를 높였다. 이와 더불어 분명해진 또 다른 사실은 인간 사이의 연계가 얼마나 중요한지와 서로를 돌보며 가장 취약한 사람들에 대한 책임을 저버리지 않는 것이야말로 캐나다인들이 스스로를 규정하는 데 적용하기를 원하는 가치라는 점이었다.

의료 조력 사망을 시행하는 의사는 환자의 고통을 덜어주기 위한 지식을 연마하는 과정에서 다른 어느 때보다 생명의 가치를 소중히 여기고, 거기에 깃든 존엄성을 존중하며, 선택권을 가질 수 있는 것이 옳다는 사실을 인식한다. 그러나 그 모든 것은 존중의 마음이 담긴 돌봄 시스템의 기본이 잘 갖춰져 있다는 확신이 들 때만 가능한 일이다.

•••

나는 알츠하이머병을 가진 환자의 의료 조력 사망 자격을 다음과 같이 심사한다. 알츠하이머병은 진단을 받은 후 사망에 이르기까지 평균 6년에서 10년의 과정을 거치는 치명적인 질병이다. 이런 사실을 근거로 나는 환자들에게 조력 사망을 받을 자격이 있다고 안심시킬 수 있다. 그런 후에는 환자의 상태를 면밀히 주시하면서 서너 달에 한 번씩 확인을 한다. 의료 조력 사망 요청에 대한 환자의 이해 수준이 한계에 도달했다는 생각이 들면 나는 우려를 표현하고, 시행일을 정한다.

왜냐고? 내가 일하는 곳이 온타리오이기 때문이다. 온타리오에서는 환자가 시행을 받는 순간 동의를 할 수 있어야 하기 때문이다.

현재, 연방법은 최종 동의 포기서를 인정하고 있다. 다시 말해, 환자가 의료 조력 사망 시행자와 합의할 경우, 특정일에 조력 사망이 시행되거나, 그 특정일 전에 동의 능력을 상실할 경우 예정보다 앞서 시행될 수 있도록 한 것이다. 그러나 이 포기서는 환자가 첫 번째 경로로 의료 조력 사망 자격을 갖췄다는 승인을 받은 후에야 작성이 가능하다.

그러나 퀘벡은 더 포괄적인 선택지를 제시해서 모범이 되고 있다. 2015년 퀘벡주 정부는 '생애 말기 존중 돌봄에 관한 법령'을 시행했다. 이 법령은 조력 사망을 퀘벡 주민을 위한 생애 말기 돌봄 서비스라는 넓은 범주에 포함시켰다. 그리고 2019년 퀘벡 고등 법원은 RFND 조항이 위헌이라는 판결을 내려 다시 한번 이 분야를 선도했다. 그 판결은 캐나다 의회가 C-7 법안을 통과시켜 시대에 뒤처지지 않았다는 것을 증명하도록 하는 동력이 됐다.

거기에 더해 2023년 6월, 퀘벡 의회는 소리 소문 없이 '법안 11'을 통과시켜 내게 희망을 선사했다. 법안 11로 퀘벡주 안에서는 사전 요청이 합법화되었다. 이에 따라 자격 요건을 갖추기 전에 의료 조력 사망을 신청하면, 그 사람이 자격 요건을 모두 갖추게 된 후에 조력 사망을 받을 수 있게 된 것이다. 심지어 자격을 갖추게 된 시기가 결정 능력을 상실한 후에 오더라도 시행이 가능하다.

캐나다 국민의 대다수는 이미 의료 조력 사망 사전 요청을 허락하는 안을 지지한다. 시행 당일 날 동의할 수 있는 능력을 잃었다 하더라도 의료 조력 사망이 가능하도록 사전 승인의 합법화를 원하는 것이다. 이런 형태의 요청은 고령화되어 가는 캐나다에서 사람들이 원하는 바를 인정하는 것이며, 장기 요양 시설에서 짐짝 취급을 받으면서 공동체와 단절되고 사랑하는 이들을 알아보지도 못한 채 살아가야 할지도 모른다는 많은 사람들의 불안을 잠재워줄 것이다. 우리 의사들은 "가족도 못 알아보면서 껍질만 남은 채 요양원에서 살게 내버려두지 말아주세요!"라는 말을 너무도 자주 듣는다. 사전 요청은 마음에 평화를 가져오고 우리가 가진 최악의 공포를 누그러뜨려준다.

알츠하이머병과 같은 심각하고도 치료 불가능한 병이라는 진단을 받은 사람들에게 사전 요청이라는 선택지가 어떤 의미일지 상상해보라. 사랑하는 사람들의 승인과 축복을 받으면서 자신이 견딜 수 없는 수준이라 스스로 정의한 단계에 이르면 시행 당일 날 의사 결정 능력이 없다 하더라도 원했던 조력 사망을 맞이할 수 있을 것이다. 환자와 가까운 사람들은 환자 본인이 심사숙고한 계획과 소원에 따라 행동하고 있다는 것을 이해할 것이다.

물론 퀘백은 법안 11을 통과시킬 때, 2년 후 이 법안이 실행될 때 필요할 안전 장치를 모두 갖춰두었다. 환자는 사전 요청을 하는 시점에 이 요청의 의미와 그 결과를 이해할 능력이 있어야 하며, 동의할 능력을 잃을 것이라고 예측하는 진단이 나와 있어야 한다. 여기에 더해 동의 능력을 잃은 후 조력 사망이 시행될 것이라는 예상 또한 할 수 있어야 한다.

자격 요건은 한 가지 추가 사항만 빼면 이전과 거의 동일하다. 요청을 하는 당사자가 심각한 질병이나 장애를 가지고 있으며, 심신의 능력이 돌이킬 수 없이 악화되어 있어야 하고, 본인이 받아들일 수 있는 수단으로는 치유할 수 없고, 참을 수 없는 육체적 혹은 심리적 고통을 겪고 있어야 한다는 부분은 변함이 없다. 새로 추가된 조건은 환자가 조력 사망을 하기 전, 두 명의 독립적인 심사자가 사전 승인에 명시된 육체적 혹은 심리적 고통을 '식별'할 수 있어야 한다는 부분이다.

실제로는 다음과 같이 일이 진행될 것이다. 의사나 전문 간호사가 진단을 하고, 환자에게 예상되는 병의 진행 과정을 설명할 것이다. 이 단계에서 환자가 스스로 이런 일을 해낼 수 없을 때를 대비해서 '고통을 식별' 가능케 하는 행동이나 증후가 어떤 것인지 항목을 만드는 일을 도와줄 수 있다. 나중에 환자를 만나게 될 의료 조력 사망 심사자들은, 설령 진단으로부터 몇 년 후에 개입을 한다 하더라도 요청서에 명기된 식별 가능한 고통이 환자의 진단과 이 질환에 대한 환자의 이해와 궤를 같이 하는 것이라는 사실을 확인해야만 한다. 심사자들은 환자를 정기적으로 돌보는 팀, 그리고 환자의 가족, 친지들과 함께 이 요청을 논의할 것이다.

이뿐이 아니다. 환자는 사전 요청을 할 때 의료 조력 사망이 결국 시행되지 않을 가능성도 있다는 사실을 이해해야만 한다. 환자의 고통이 원래 진단의 내용과 일치한다 하더라도 두 명의 심사자는 객관적으로 볼 때 그 고통이 영구적이며, 참을 수 없고, 치유 불가능하며, 다른 모든 자격 요건이 충족되었다는 데 합의를 해야 한다.

환자는 사전 승인에 신뢰할 수 있는 제3자를 개입시킬 수 있고, 아마도 그렇게 하는 게 바람직한 일일 것이다. 이 제3자는 환자를 돌보는 사람들에게 요청 사항을 실행할 시기가 되었다고 신호하는 역할을 담당한다. 환자는 이 제3자가 그 역할을 수행할 수 없는 상태가 되거나, 요청을 실행에 옮기기를 거부하거나, 이 임무에 태만할 경우에 대비해 신뢰할 수 있는 제4자를 추가할 수도 있다.

사전 요청서는 환자, 이 과정을 안내해온 의사나 전문 간호사, 그리고 제3자와 경우에 따라서 제4자 모두가 서명을 하고 날짜를 기입한다. 이 서명은 공증인 또는 증인 두 명의 입회 하에 이루어지는데, 이들 또한 서명을 하고 이 서류가 환자의 사전 승인 내용을 담은 것이라는 사실을 확인해야 한다. 그런 다음 서류는 앞으로 설립될 등록소 혹은 이 과정을 주관한 공증인이 보관한다.

심신의 능력이 유지되는 동안 환자는 언제라도 이 요청을 취소하거나 새로운 내용으로 대체할 수 있다. 마지막으로, 환자가 지정한 신뢰할 수 있는 제3자, 혹은 제4자가 때가 되었다고 판단하면, 두 명의 독립적인 심사자가 명시된 사항들을 모두 식별할 수 있는지 확인하고 의료 조력 사망 시행을 승인한다.

2024년 퀘벡에서 이 법안이 효력을 발휘하기 시작한 후 캐나다 전체가 이 모범을 따르게 되면 나 같은 시행자에게는 어떤 변화가 올까? 알츠하이머병 진단을 받고 자기 집에서 거주하고 있으며, 병이 어느 정도 진행된 노령의 환자를 상상해보자. 그에게 배우자가 있을 수도 있다. 아마 그 배우자도 나이 들고 건강하지 못할 테지만 하루 24시간, 연중무휴로 돌보는 일의 제일 큰 몫을 담당하고 있을 것이다. 자녀, 친구, 요양복지사 혹은 다른 방문자들이 돌보는 일을 일부 덜어주고, 사회적인 욕구도 어느 정도 충족해주고 있을 수도 있다.

우리 어머니는 노쇠해지면서 노인을 위한 데이케어 프로그램에 다니며 친구를 사귀고 다양한 활동에 참여했다. 하지만 차에 타는 것을 불안해하며 거기 가는 것 자체를 싫어했다. 어머니가 편안하게 느끼는 환경에서 벗어나도록 고집한 우리가 그녀를 더 비참하게 만들었을까? 어쩌면 그랬을 수도 있다. 그러나 어머니는 집에 혼자 있을 때면 너무 불안한 나머지 경찰에

에필로그

전화하기 일쑤였다. "어머니에 대해 무슨 대책 좀 세우세요." 경찰관 한 명이 내 동생에게 그렇게 말했을 정도였다.

인지 능력의 저하가 느리게 진행되기 때문에 상황이 얼마나 나쁜지를 우리가 깨닫기도 전에 사랑하는 사람들이 위기에 처해버리는 경우가 많다는 것이 냉혹한 현실이다. 혹은 무슨 사고가 일어나(대부분 낙상 사고) 병원에 입원하고 나서야 집에서 할 수 있는 수준 이상의 돌봄이 필요하다는 것이 명확해질 때도 많다.

앞서 말한 가상의 알츠하이머병 환자와 가족들이 그런 미래가 오고 있다는 것을 깨닫고 환자가 내게 사전 승인 요청을 하기로 결심했다고 가정해보자. 나는 환자, 그리고 그의 배우자와 함께 알츠하이머병의 예후에 대해 논의하는 것을 잊지 않을 것이다. 환자는 자기가 이미 그 병이 무엇인지, 어떤 증상을 보일지 다 잘 알고 있다고 강하게 주장하지만(어쩌면 그의 부모 중 한 분이 알츠하이머병으로 고통을 받았을 수도 있다) 나는 심하게 악화되지 않고 몇 년을 버틸 수도 있으며, 병의 진척을 가늠하기 위해 인지 기능 검사 도구들을 사용할 것이라고 설명한다.

나는 그에게 알츠하이머병으로 인해 경험하는 '식별 가능한' 행동과 필요 중 그가 심각하고도 참을 수 없는 고통이라고 규정하는 것들을 명확히 서술한 서류를 준비하라고 제안한다.

환자와 그의 아내는 그 리스트를 마련하고 우리는 함께 긴 시간을 들여 내용을 검토한다. 두 사람의 숙고 끝에 환자가 시행 당일에 동의하지 못하더라도 그가 요청한 조력 사망을 시행할 시기가 되었다는 것을 알리는 식별 가능한 행동과 필요라고 정한 것은 다음과 같다. 환자가 옷 입는 일과 화장실 가는 일에 도움이 필요할 때, 계속적인 보호가 필요할 때, 언어를 사용하고 이해하는 능력이 상당히 저하되었을 때, 온화와 난폭 사이를 오가며 기분이 변덕스럽게 자주 변할 때, 전반적으로 세상에 대한 관심이 현저히 줄어들 때, 그리고 피아노 연주 등 평생 가지고 있던 기술을 잃었을 때, 배우자와 자녀들을 자주 못 알아볼 때 등등.

환자는 아내를 신뢰할 수 있는 제3자로 지정한다. 우리는 자녀 중 한 명을 신뢰할 수 있는 제4자로 지정하기를 원하는지도 논의한다. 우리는 그의 요청서에 서명을 하고 날짜를 기입한 다음, 환자의 사전 승인이 담긴 서류의 증인이 되어줄 두 사람을 찾아 서명을 받고 날짜를 기입한다. 그런 다음 나는 환자의 다른 의학적 정보와 함께 그 서류를 곧 생길 등록소에 등록을 하고, 변호사에게도 보낸다.

환자의 전반적인 상황이 그다지 변하지 않은 상태에서 그의 증상이 악화되면, 사전 승인 내용을 촉발하는 과정이 순조로울 것이라 예측할 수 있다. 그러나 몇 년 시간이 흐른 후를 상상해보자. 나는 은퇴를 했고, 그의 배우자는 사전 승인 요청을 등록한 지 얼마 되지 않아 갑자기 세상을 떠나고 말았다. 환자의 자녀들은 그를 기억에 문제가 있는 환자들을 돌보는 장기 요양 시설로 옮겼다. 환자는 그곳에서의 생활에 만족하는 듯 보이지만 점점 더 수동적이면서 말수가 적어지고, 완전히 으깬 유동식만을 먹을 수 있는 상태가 되었으며, 가족들을 못 알아볼 때가 많아졌다. 아내가 죽은 후 환자가 원래 요청서를 수정해서 신뢰할 수 있는 제3자로 지정해둔 아들이 아버지의 변호사에게 사전 승인 요청서를 보여달라고 한다. 그는 아버지가 참을 수 없다고 규정한 고통 속에서 살고 있지 않다는 것을 확인하고 싶어 한다.

과거에 아버지가 두려워하던 상황이 바로 지금이라는 판단을 아들이 내리면 이제 모든 책임은 환자가 있는 시설로 넘어간다. 두 명의 심사자는 환자가 미리 정해둔 규정에 따라 그의 행동과 필요에서 영구적이고 참을 수 없는 고통을 식별할 수 있는지에 관해 의견 일치를 봐야 한다.

그다음에 오는 단계는 간단하다고 할 수 없다. 사전 요청을 허용하는 지역에서 법, 윤리, 의학계의 돌볼 의무, 그리고 우리의 집단적 가치 등을 두고 뜨거운 토론이 벌어지고 있다. 이런 일은 단순한 일이 아니고, 앞으로도 절대 단순해질 수 없는 문제다. 그러나 대부분 결국 의료 조력 사망을 신청하지 않겠지만 이 선택지는 나이가 들어가는 대다수의 캐나다인들이 원하는 것이다. 이보다 심지어 더 어렵고 더 다급한 문제는 노인들에게 진정한 대안을 제시하는 것이다. 살던 집에서 더 이상 계속 생활을 할 수 없어졌을 때 존엄을 잃지 않고, 총체적이며, 정중하고, 안전하게 생애 말기를 보낼 수 있는 대안 말이다. 그런 시설이 존재하긴 한다. 엄청나게 많은 돈을 낼 수 있는 사람들은 그렇게 생애 말기를 보낼 수 있다. 이런 시설을 더 많은 사람들에게 제공할 수 있으려면 캐나다 국민들이 일치단결해서 정부에게 우리 요구를 관철시켜야 할 것이다.

...

사전 요청서가 뜨거운 쟁점이라면, '정신 질환이 조력 사망 요청의 유일한 이유' 문제는 화산 폭발에 버금가는 큰 문제일 것이다. 이 문제는 너무도 이견이 많고, 사회적, 역사적, 임상적 신념과 가정이 복잡하고 위험하게 얽혀 있어서 퀘벡 의회는 이 문제를 법안 11의 기준에서 명시적으로 제외했다.

항정신성 의약품이 도입되서, 예전에는 특정 시설에서 고립되어 치료받던 환자들이 공동체에 다시 합류할 수 있게 된 지 50년이 지났지만, 우리는 여전히 정신 질환에 대한 우리의 이해와 그 치료법에 대해 의문을 가지고 있다.

그럼에도 불구하고 정신 질환으로 고통을 받는 사람들도 다른 캐나다인들과 똑같은 권리를 누릴 자격이 있다. 그들이 가진 질환에 대한 진단이 시대에 따라 변화했다고 해서 그들이 겪는 고통을 다른 것으로 간주할 수 있을까? 단지 그 고통이 육체적 혹은 신경학적이 아니라 정신적인 데서 기인했다고 해서?

'돌이킬 수 없는'이라는 부분이 논쟁의 핵심이다. 정신 질환을 앓는 사람들 중 일부는 아무런 치료를 받지 않거나, 다른 사람들에게는 효과가 전혀 없었던 특정 치료를 받고 증상이 완화되거나 치료되는 경우도 있다. 상황이 그렇다면 정신 질환을 앓는 환자가 '돌이킬 수 없는' 혹은 '치료 불가능한' 질환이라는 자격 요건을 충족시킬 수 있다는 확신을 가지는 것이 가능하기나 한 일일까? 끊임없는 우울증에 시달리다가 의료 조력 사망을 신청한 환자를 어떻게 정확하게 심사할 수 있을까?

내가 확실히 아는 한 가지는 만성 질환을 앓거나 너무 쇠약해진 내 환자들 중 많은 수가 자살 시도를 했고, 그보다 더 많은 수가 자신의 삶에 절망해서 자살을 고려한 적이 있다는 사실이다. 의료 조력 사망을 요청한 환자라도 그들이 자격 요건을 충분히 갖췄다고 안심시키기 전까지는 내게 그런 종류의 생각을 털어놓지 않는 경우가 많다. 그러다가 봇물이 터진다. 얼마나 심한 고통을 견뎌왔는지, 그리고 스스로 가장 중요하다 생각하는 가치들을 손상하지 않고도 자신이 원하는 방식으로 끝을 맞을 수 있어서 얼마나 안심이 되는지 털어놓는다.

자살을 하고 싶다는 생각을 하는 사람과 진심으로 의료 조력 사망을 원하는 사람들을 어떻게 구분해야 할까? 법적인 부분이 점점 진화함에 따라 환자들을 돌보는 사람들도 거기에 맞춰 분발해야 한다. 우리는 모든 환자들이 그동안 받아온 치료 과정, 성공과 실패를 모두 포함한 과정을 다 고려해야 할 것이다. 짧은 시간에 해낼 수 있는 일은 아닐 것이다.

이 글을 쓰는 2023년 10월 현재, 정신 질환이 유일한 이유인 의료 조력 사망을 인정하는 법안이 캐나다 전역에 걸쳐 2024년 3월부터 효력을 발휘할 예정이다. CAMAP가 개발하고 퀸스대학교를 통해 제공되는 의료 조력 사망 심사자와 시행자를 위한 훈련 프로그램이 캐나다 전역에서 운영되고 있다. 이 프로그램은 조력 사망에 대한 일관성 있는 접근과 높은 수준의 임상 수준, 시행자와 환자 모두를 위한 지원을 가능하게 한다.

어려운 여정이 될 것이고, 의료 조력 사망 시행자들은 환자들을 돌보는 팀의 지원을 필요로 할 것이다. 우리 중 아무도 적대적이거나 배타적으로 행동할 여유가 없다. 모두 협력해서 일해야 한다. 환자의 고통을 덜어줄 수 있는 가능한 모든 방법을 검토해야 하지만 자신이 원하는 방법으로 죽을 수 있게 도움을 청하는 사람들의 소원을 간과해서는 안된다.

지역적 상황

우리가 당연시해오던 생활 패턴이 코로나19로 인해 완전히 중단되자, 다른 모든 분야의 사람들과 마찬가지로 의료 조력 사망 시행자들도 온라인 플랫폼에 적응을 했다. 그 결과 내가 심사할 수 있는 지역이 크게 확장되었다. 화상 회의를 통해 나는 수백 킬로미터 떨어진 곳에 있는 가정을 방문할 수 있게 됐다. 온라인 미팅을 할 때는 전 세계에 퍼져 사는 환자의 자손들이 함께했다. 많은 부분에서 더 쉽고 더 풍부한 연결이 가능해졌다.

비상시에는 온라인으로 의료 조력 사망 요청을 심사하는 것이 가능하지만 내가 오래 돌봐왔던 게일의 사례에서 설명했듯 실제로 시행을 하는 것은 완전히 다른 이야기다. 마스크, 고글, 장갑 등을 착용하고 제한적 접촉을 해야 하는 상황 때문에 좋은 죽음을 제공하기보다는 유해 환경을 방문하는 느낌이 들었다. 존경과 감사의 마음을 표현하며 삶을 돌아보는 시간도 제한됐다. 직접 찾아와 작별 인사를 하는 것이 허락된 사람은 극소수에 불과했고, 화상으로 하는 작별 인사는 의미가 축소된 느낌이었다. 손을 잡거나 포옹을 하는 것도 드물었고, 그나마 주저하는 몸짓으로 이루어졌다.

그러나 삶이 다시 정상으로 돌아오더라도 나는 의료 조력 사망 업무에 온라인 플랫폼을 활용할 것이다. 직접 얼굴을 보고 접촉하는 만남을 대체할 수 있는 것은 없지만, 시간과 에너지를 아낄 수 있다. 더 많은 환자를 볼 수 있고, 더 많은 가족 구성원들이 화상 회의에 참여해 환자를 보고, 환자에게 목소리를 들려주는 데 그치지 않고 얼굴을 보여주는 것이 가능해졌다. 팬데믹의 부산물로 노인들이 태블릿이나 화상 전화 등 최신 기술을 능숙히 다루는 것을 보는 즐거움도 경험할 수 있게 됐다. 애슐리의 조력 사망을 시행했을 때만 해도 무리를 해야만 가능했던 일들이 이제는 일상이 됐다.

개선이 필요한 또 다른 부문은 의료 조력 사망 시행과 장의사들 간의 연계다. 조력 사망을 거치는 모든 환자는 시행 장소, 안락함, 공간에 대한 저마다의 희망이 있다. 병원이나 기관에서 의료 조력 사망을 위해 만든 별도의 방을 좋아하는 사람들도 있다(스카보로 그레이스에서 시행됐던 조의 조력 사망을 생각하면 아직도 얼굴에 미소가 떠오른다). 욜란다처럼 그런 공간을 인간미나 개성이 없다고 생각하는 사람들도 있다. 조력 사망을 요청하는 환자의 수가 늘어남에 따라 장의사들도 계속 적응을 해서 어디서 조력 사망이 시행되든 유족들을 도와 그 장소에서 장의사까지의 시신 이전이 걱정 없이 순조롭고, 환영받는 느낌을 가지고 이루어질 수 있기를 바란다.

희망적인 변화도 있다. 온타리오 검시관 사무국은 이제 환자가 장애자(이 용어에 대해 꽤 많은 토론이 이루어졌다)인지, 선주민(캐나다 원주민, 이누이트, 메티스)인지, 혹은 다른 인종 집단 소속인지에 관한 정보를 의료 조력 사망 시행자가 제공하도록 요구한다. 성별 구분 범위도 넓어졌다. 시행자는 환자에게 차별을 받거나, 불이익을 당하는 느낌을 받는지, 혹은 빈곤한지를 묻는다. 우리는 어떤 장애 지원 서비스가 제공되었는지, 얼마나 오래 제공받았는지도 기록한다.

캐나다 전역에 거쳐 이런 내용을 기록하는 목적은 인종 혹은 다른 이유로 인한 불이익과 차별을 받는 사람들에게 더 나은 돌봄을 제공하기 위함이다. 이런 식으로 의료 조력 사망 현황에 대해 알리고 보고하는 것은 모든 캐나다인이 선주민을 더 존중하고, 우리 사회에서 가장 소외된 사람들이 지금까지 얼마나 방치되어 왔는지를 인정하는 문화적 큰 파도의 일부가 될 것이다. 그러나 캐나다에 사는 모든 사람들이 최선의 삶을 영위할 수 있도록 자원을 재분배하려면 기록에 그치지 않고 행동이 따라야 한다. 캐나다는 넓은 땅에 적은 인구가 사는 나라지만 이 부문에서만큼은 세계를 선도할 수 있다.

마지막으로 동료 가정의들에게 환자 돌봄의 연장으로 의료 조력 사망을 직접 시행하는 것을 고려해달라고 간청하고 싶다. 처음에는 아무런 교육 프로그램이 없었기 때문에 조력 사망 시행자가 되려면 독학을 해야 했다. 고통을 덜어달라고 애원하는 환자와 법적 제한 사이에서 균형을 맞추기 위해 전문가가 되어야만 하는 시기도 있었다. 이제는 대부분의 문제가 해결됐기 때문에 더 이상 조력 사망을 일부 전문가들의 특수 분야로 간주하지 않아도 된다. CAMAP는 2023년 말에 다양한 지역과 분야를 대표하는 의료 조력 사망 전문가들이 가정의들을 위해 짠 전국 규모의 커리큘럼을 발표할 예정이다. 그때까지 CAMAP는 모든 회원들에게 멘토링과 공감을 바탕으로 한 상담, 그리고 어려운 시기에는 말할 것도 없이 너무도 중요하고 진심 어린 지원을 제공하고 있다. 새 법안으로 자격 요건이 확대됨에 따라 의사들은 점점 더 복잡한 조력 사망 요청을 맞닥뜨리게 될 것이다. 동료들과 여러 문제를 두고 토론을 하다 보면 이런 이야기들이 벌써 나온다. 사려와 배려심이 깊고 자신의 지식과 경험을 널리 공유하고 싶어 하는 이 동료들과 어깨를 나란히 하며 함께하는 것이 자랑스럽다. 그러나 이 일은 우리끼리 할 수 있는 일이 아니다. 모두가 손을 모아 도와야 한다.

이미 언급한 대로 내게 오는 대부분의 의료 조력 사망 요청 환자들은 의뢰를 통해 온다. 소문을 듣고 온 경우, 의사 의뢰로 온 경우, 환자 가족들이 의뢰한 경우, 그리고 줄리 캠벨이 당국의 의료 조력 사망 사이트를 통해 들어온 요청들을 보내는 경우 등 다양하다. 첫 5년 동안 내가 시행한 조력 사망 중 내 가정의 클리닉에 속해 있던 환자는 단 세 명뿐이었고, 그중 아이린이 처음이었다. 의료 조력 사망 시행은 절대 일상적인 업무가 될 수 없지만, 모든 가정의가 시행자가 되면 아무도 나처럼 많은 수의 시행을 하지 않아도 될 것이다.

지난 2년 동안 나는 이전 어느 때보다 온라인에서 시간을 많이 보냈다. 내가 가지고 있던 평생 교육의 개념이 폭발적으로 확장되었고, 이는 꼭 필요한 일이었다. 분자생물학, 유전자 편집, 로봇 공학, 인공 지능 기술 덕분에 새로운 치료법이 속속 나오고 있다. 파킨슨병, 다발 경화증, 루게릭병, 치매 등의 치료 분야에 이룩된 발전은 불과 10년 전만 해도 들어보지도 못했던 것들이고, 나는 이 변화를 예의주시하고 있다. 우울증, PTSD를 비롯한 여러 정신 건강 문제에 대한 새로운 이해가 나올 때마다 부지런히 공부하고 동료들에게 알린다. 적시 학습은 늘 내 업무의 핵심이었고, 모든 후배들에게 꼭 필요한 일이 될 것이다.

새로 의료계에 진입하는 젊은 동료들은 환자의 고통을 줄이고, 증상 악화를 늦추는 데 나는 상상도 할 수 없는 방법들을 사용할 수 있을 것이다. 그러나 그런 최신 지식과 치료법으로 무장한다 하더라도 조력 사망 요청이 들어오면 환자의 고통에 대해 마음을 열고 귀를 기울여 진정으로 이해하기 위해 노력해야 할 것이다. 노령화 사회에서 삶의 질은 향상되지 않은 채 수명만 늘어나는 현상이 의료 조력 사망 요청 이유의 많은 부분을 차지한다. 원래 의료 조력 사망이 합법화된 것도, 내가 시행자가 된 것도 바로 이 이유이고, 수명과 함께 삶의 질도 높이도록 우리 모두 열심히 노력해야 하는 이유이기도 하다.

동시에 나는 의료 조력 사망을 시행하는 일이 매우 특별한 일이고, 그에 따라 특별한 짐도 져야 한다는 사실을 받아들인다. 환자를 죽이고 싶어 하는 의사는 없다. 가정의가 요람에서 무덤까지 환자를 돌봐야 한다는 내 개념은 어쩌면 구식인지도 모른다. 노인들은 더 오래 살고, 의사들은 은퇴를 하며, 치료는 과별로 분리되어 협진이 잘 되지 않는 데다, 사람들은 이사를 더 자주 다닌다. 그 결과 친절하지만 거리감이 있는 의료 조력 사망이 시행되고 있고, 어쩌면 그것도 의사에게나 환자에게나 그다지 나쁜 일이 아닐지 모른다.

그러나 대부분의 가정의가 참여하지 않더라도(7년 사이 내가 모집하는 데 성공한 가정의는 세 명에 불과했다) 다양한 분야에서 협조가 이루어지고 있다. 전문 간호사는 신념과 열정을 가지고 책임을 다한다. 고통 완화 치료 전문의는 적절한 시기가 오면 환자들을 이전한다. 그들의 책임감과 자신감, 그리고 점점 커지는 도전을 포용하겠다는 확신이 느껴진다. 우리 숫자는 절대 늘어나지 않을 수도 있다. 그래서 사람들에게 이 소중한 서비스를 제공하는 우리가 서로를 지원하고 지지하는 것이 더욱 중요하다.

환자가 참을 수 없는 고통을 끝내고, 존엄성을 잃지 않은 채 평화롭게 떠나는 것을 도우며, 환자와 그들의 가치관, 그들이 삶에 두는 의미를 존중하는 것. 축복과 은혜의 순간. 우리 모두가 원하는 것이다. 그것을 제공하는 일을 할 수 있어서 영광이다.

대법원의 판결은 언제나 시민의 삶에 광범위한 영향을 끼친다. 그러나 2015년 9 대 0 만장일치로 형법을 개정해 캐나다인에게 의료 조력 사망권을 허락하라는 판결은 특히 내게 즉각적인 효과를 발휘했다.

그 판결은 의사로서 내 커리어의 방향을 바꿨고, 고통 없이 존엄하게 죽을 수 있도록 돕는 것은 환자를 돌보는 우리 의사들 모두가 원하는 것이라는 내 평생의 신념을 재확인해줬다. 이제 내 신념을 실행에 옮길 수 있게 되었다.

욜란다 마틴스를 만나고 그녀가 폐 이식 후에 발병한 암과 투병하는 과정을 함께하지 않았다면 이 책을 쓰지 않았을 것이다. 존엄성을 잃지 않고 죽음을 맞이하겠다는 절박하고도 어길 수 없는 그녀의 요청은 이 프로젝트의 원동력이 되었다. 욜란다는 내가 돌보던 다수의 다른 환자들과 달랐다. 그녀는 암 치료와 고통 완화 치료 과정의 삶과 죽음의 질과 관련된 연구를 시작하고 분석하는 분야에서 일을 했다.

공동 저자 조해나 슈넬러는 일찍부터 집필 작업에 참여했다. 그녀와 공동 집필을 하게 된 덕분에 환자 비밀 유지의 제약에서 벗어나 이 책을 대중에게 선보일 수 있었다. 초기에 그녀가 진행한 욜란다와의 인터뷰가 아니었으면, 나는 의료 조력 사망 경험의 중심을 이루는 다른 환자들의 이야기를 싣는 이 귀중한 협업을 꿈꾸지 못했을 것이다. 우리는 이 책에서 다룬 이야기에 등장하는 환자들의 가족에게서 이름을 실어도 좋다는 허락을 받았다. 그들의 삶을 존중하고, 조력 사망을 향한 여정을 나, 조해나, 그리고 독자들이 이해하는 데 필요했던 그들의 기여를 잘 포착하는 것이 우리의 목표였다. 내밀한 이야기를 책에 실을 수 있도록 허락하는 것은 용기가 필요한 일이었고, 우리 두 사람은 그들의 시간과 열린 마음과 관대함에 깊이 감사한다. 조해나와 내가 그들이 사랑하는 사람들의 기억에 누가 되지 않았기를 희망한다.

이 책을 쓰는 과정은 또 용감하게 죽는 일에 대한 내 신념과 취약한 부분, 열정에 대해 내가 알게 된 것들을 다시 한번 되짚어보는 계기가 되었다.

의료 조력 사망을 제공하고 싶어 하는 마음에서 시작해, 어떻게 그 일을 잘 시행할지를 배우는 여정에서 나는 많은 멘토와 스승의 도움을 받았다. 방향마저 뚜렷하지 않은 목표를 향해 헤매는 나를 제프 마이어스 박사는 고통 완화 치료 부분으로 안내했고, 내게 보여준 그의 믿음과 변함없는 지지 없이는 꿈도 꾸지 못했을 것들을 경험하고 배웠다. 캐나다에는 의료 조력 사망 전문의가 없었으므로, 의료 조력 사망 시행 의사가 되는 법을 배울 수 있는 전례가 없었다.

아넬 바귀어, 샌드라 블랙, 샌디 부크먼, 앤드리아 프롤릭, 데이비드 켄들, 데니즈 마셜, 케빈 릴 등 나를 이끌어준 수많은 동료 의사들에게도 변함없는 감사의 마음을 전한다. 내가 크게 공감하는 개인적인 경험을 나누어준 동료 의사들도 많다. 이 심각하고 중요한 일을 하는 우리 모두의 목표는 동일하지만, 가끔 주고받는 어두운 유머는 의무와 돌봄의 무거운 짐을 조금이나마 가볍게 해주기도 한다.

간호사, 케어 코디네이터, 약사 등 우리가 제공하는 서비스의 근간이 되는 이들이 없이는 어느 의사도 이 일을 해내지 못할 것이다. 먼 길을 함께 이동하면서 민감한 사안들에 관해 토론하고 가능한 해결책을 제시하면서 긴 시간을 함께 한 전문 간호사 줄리 캠벨에게 마음 깊은 곳에서 우러나오는 감사 인사를 전한다. 그리고 욜란다의 시행일에 곤경을 면하게 해줬을 뿐 아니라, 가끔 당황해서 연락하는 나를 한 번도 저버리지 않고 곧바로 온 마음을 다해 도와주는 구세주 간호사, 내 강한 오른팔 유리 자카리아에게도 감사를 전한다.

CAMAP가 창립되지 않았다면 캐나다 전역에서 증가하는 의료 조력 사망 요청이 지금보다 훨씬 순조롭지 못하게 처리되었을 것이다. 캐나다 의료 조력 사망 심사자 및 시행자 협회Canadian Association of MAiD Assessors and Providers, 다시 말해 CAMAP는 의료 조력 사망 심사자와 시행자들 모두에게 지원, 동지애, 전문 교육 기회를 제공하는 온라인 민간 단체다. 조력 사망 시행 초기인 2016년에 만들어진 후 강력한 조직력으로 원 법령을 여러 면에서 개선한 C-7 법안에 반영된 변화를 이끌어내는 데 선도적 역할을 해냈다. 캐나다 내의 의료 조력 사망을 둘러싸고 앞으로 생길 모든 문제들에 대처하는 데도 CAMAP는 없어서는 안 될 귀중한 단체가 될 것이다.

조해나와 나는 펭귄 캐나다의 격려를 받아 큰 용기를 낼 수 있었다. 펭귄 캐나다는 처음부터 끝까지 변함없는 지지와 전문적 편집 지식을 제공해줬다. 특히 초기에는 다이앤 터바이드, 그리고 그녀의 후임자로 2021년에 이 책의 편집자로 참여한 라라 힌치버거는 이 책이 담은 서사의 핵심을 다듬는 데 큰 도움을 줬다. 우리 두 사람의 에이전트인 에이미 무어-벤슨과 마이클 레바인은 힘을 합쳐 각각의 저자를 지지해줬다.

남편 밥 램지에게 무한한 감사의 마음을 전한다. 밥은 날마다 글을 쓰는 사람이고, 그렇게 글을 쓰는 행위는 그의 가치관과 신념의 중심을 이룬다. 그는 책을 쓰는 데 어떤 노력이 들어가는지를 잘 보여주는 좋은 모델이 되어주었다. 그리고 항상 좋은 의도만으로 똘똘 뭉친 날카로운 비평을 해주는 내 첫 번째 독자였다.

그가 '의사 언어'라고 부르는 표현들을 대중적인 언어로 바꾸는 일은 쉬운 일이 아니었지만, 그 결과로 더 명확하고 더 인간적인 서사를 담을 수 있었기를 희망한다. 결코 자발적으로, 쉽게 할 수 있는 일이 아니었다.

우리 아이들은 의료 조력 사망 시행 의사가 되고, 이 일에 대한 책을 내겠다는 내 결의를 줄곧 흔들림 없이 지지해왔다. 어느 토요일, 쇼핑을 하고 집에 가는 길에 급한 용무로 걸려온 전화 통화를 옆에서 들은 막내가 말했다. "흠, 이젠 적어도 이런 통화들을 이해할 수 있게 됐어요. 사람들이 엄마를 필요로 하는 거잖아요."

진 마모레오

기꺼이 나의 죽음에 동의합니다

있는 힘껏 산다는 것, 최선을 다해 죽는다는 것

초판 1쇄 인쇄 2024년 1월 19일
초판 1쇄 발행 2024년 1월 31일

지은이 진 마모레오, 조해나 슈넬러
옮긴이 김희정
펴낸이 이승현

출판2 본부장 박태근
지적인 독자 팀장 송두나
편집 박은경
디자인 신나은

펴낸곳 ㈜위즈덤하우스 **출판등록** 2000년 5월 23일 제13-1071호
주소 서울특별시 마포구 양화로 19 합정오피스빌딩 17층
전화 02) 2179-5600 **홈페이지** www.wisdomhouse.co.kr

ISBN 979-11-7171-128-4 03100